운명의 발견

일러두기

1 한글 맞춤법, 표준어 규정, 외래어 표기법 등을 최대한 따랐으나, 내용을 설명하는 과정에서 좀 더 다양한 표현이 필요하다고 판단한 경우에는 규정을 따르지 않았음을 밝혀둡니다.
2 공연, 방송 프로그램, 영화, 책 등의 이름을 표기할 때는 〈 〉로 통일하였습니다.

운명의 발견

사주명리로 만나는 스티브 잡스의 모든 것

개념이 쏙쏙 박히는
운명 안내서

임성민
정문교

봄꽃 여름숲
가을열매 겨울뿌리

머리말

네이버 사전에서 운명(運命)을 검색하면 이런 설명이 나옵니다.

1. 인간을 포함한 모든 것을 지배하는 초인간적인 힘. 또는 그것에 의하여 이미 정하여져 있는 목숨이나 처지
2. 앞으로의 생사나 존망에 관한 처지

여러분은 운명이라는 말을 들으면 머릿속에 어떤 것들이 떠오르는지요? 저희는 그리스 비극이 생각납니다.

그리스 비극에는 고르고 가지런한 관계나 상태를 흔들어놓는 인물이 나오지요. 그리스 문화가 중요시하는 균형, 조화, 절제를 파괴하는 오만과 광기에 빠진 인물이 등장합니다. 일이나 행동에서 한계를 망각한 주인공들은 슬픔과 불행과 비참을 불러옵니다. 이 슬픔과 불행, 비참은 그것을 초래한 인물에게서 마무리되지 않고 이어집니다. 한 번으로 끝나지 않고 끊임없이 반복되는 것이지요. 문제가 되었던 일이나 관계가 완전히 정돈되는 파국의 지점(원점)까지 쉼 없이 달려가는 어떤 것. 그것이 바로 비극이 말하는 운명성이지요.

비극의 운명성은 근현대 희곡 작품에서도 등장인물의 말을 통해 우리에게 전달됩니다. 어둡고 무겁고 우울한 느낌으로 말이지요. 유진 오닐이 쓴 〈밤으로의 긴 여로〉에는 이런 대사가 나옵니다.

"운명이 저렇게 만든 거지 저 아이 탓은 아닐 거야. 사람은 운명을 거역할 수 없으니까. 운명은 우리가 미처 깨닫지 못하는 사이에 손을 써서 우리가 진정으로 원하는 것들과는 거리가 먼 일들을 하게 만들지.

그래서 우리는 영원히 진정한 자신을 잃고 마는 거야." 민승남 역

체호프의 희곡 〈갈매기〉에는 이런 말을 하는 여인도 나옵니다.

"저는 마치 아주 오래전에 태어났다는 그런 느낌이 들어요. 마치 끝도 없는 치맛자락처럼 제 인생을 질질 끌고 다닙니다." 김규종 역

운명은 뭘까요? 작품 속 인물이 얘기하는 것처럼 우리가 진정으로 원하는 것들을 하지 못하게 막는 장애물일까요? 생기 있는 삶을 살 수 없게 우리를 잡아당기며 짓누르는 무엇일까요?

이제 음양오행에서 말하는 운명도 알아보지요.

운명은 우리가 태어난 연월일시에서 나옵니다. 존재로 태어나면 누구나 자신만의 고유한 연월일시를 갖게 되지요. 그것을 네 개의 기둥이라는 뜻으로 사주(四柱)라 합니다. 명식(운명방정식), 운명, 명이라고도 일컫습니다.

운명은 연월일시입니다.

운명이니라는 말에서 풍기는 막연한 두려움 때문에 우리는 운명이 뭔지 제대로 알 기회를 얻지도 못한 채 운명은 '내가 어떻게 해볼 수 없는 것, 이미 정해져 있는 것, 알아도 별수 없으니 차라리 모르는 게 약!' 이렇게 생각하기 쉽습니다.

운명은 생년월일시일 뿐입니다. 나의 연월일시가 내 운명이지요. 그렇다면 운명을 두려워하거나 멀리할 이유가 없지 않을까요? 아니 멀찍이 두고 피할 게 아니라 바싹 끌어당겨서 속속들이 파고들어야 하지 않을까요?

이런 얘기를 하는 분이 있을 것 같습니다.

"그래. 내 운명이 중요한 건 나도 안다. 그래서 시중에 있는 운명책, 찾아봤다. 말이 너무 어렵더라. 역술가의 책도 보고 인문학자가 쓴 책을 봐도 내 운명을 이해할 수 없었다. 사주팔자가 뭔지 다가가려다 그만 포기했다."

네. 맞습니다. 시중에서 구할 수 있는 대부분의 운명 책들은 고전사주에서 사용하는 용어와 접근방법을 그대로 가져와 설명합니다. 그러다 보니 책은 많지만, 초보자가 차근차근 따라갈 수 있게 안내하는 책은 별로 없습니다. 또 자신의 운명을 풀 수 있는 단계까지 세세히 설명하는 책은 찾아보기 어렵습니다.

이 책은 그 문제를 해결했습니다.

운명을 현대인의 감각과 정서에 맞게 고전사주와는 다른 방식으로 설명했습니다. 또 책 한 권을 다 읽은 독자라면 적어도 자기 운명의 밑그림을 그려볼 수 있게 '따라 하기' 과정을 넣었습니다. 1955년 2월에 태어나 2011년 10월에 세상을 떠난 스티브 잡스의 사주를 분석했습니다. 그의 인생을 출생부터 사망까지 하나도 빠뜨리지 않고 살폈습니다. 성취와 상승, 추락과 좌절, 찬란한 재기와 화려한 귀환, 육체의 무너짐을 운명이라는 잣대로 처음부터 끝까지 낱낱이 해석했습니다.

스티브 잡스의 생애를 따라가다 보면 독자 스스로 자신의 사주에 다가갈 수 있습니다.

책은 전체 3부로 짜여 있습니다.

1부 '운명 속의 과학'에서는 그리스 자연철학, 뉴턴의 힘, 아인슈타인의 상대성이론을 설명했습니다. 음양에서 오행으로 발전하는 과정, 오행(木火土金水)의 토(土)가 공간의 휨을 표현하는 일반상대성이론과 어떻게 연결되는지 확인할 수 있습니다. 운명 속에 깃든 힘의 정체를 느낄 수 있습니다.

2부 '운명 속의 관계'에서는 오행(목화토금수)이 10간과 12지로 나아가는 마법의 과정을 따졌습니다. 오행으로 드러난 기(氣)가 어떻게 시간언어 10간과 공간언어 12지로 확장되는지, 지구순환주기 60갑자는 어떤 조합으로 결정되는지 설명했습니다. 여기서 우리의 운명을 구성하는 10간과 12지를 200페이지가량 할애해 현미경을 들이댄 것처럼 세세히 따졌습니다. 10간과 12지를 모르면 운명을 이해할 수 없기 때문입니다. 10간과 12지는 사주를 구성하는 척추입니다.

3부 '운명을 실다'에서는 운명방정식의 구조, 내 운명에 동승한 이야기를 얹어줄 육친, 운명을 푸는 방법을 실었습니다. 사주를 구성하는 연월일시가 어째서 양자파동이 빚어낸 건축물인지, 운명농사는 왜 끊임없이 이어지는지 살폈습니다. 더불어 왜 내가 인식의 주체인지, 그래서 뭘 어떻게 해야 하는지도 시시콜콜히 따졌습니다. 이 과정에서 조지 오웰, 마르셀 프루스트, 스티브 잡스의 운명을 해석했습니다.

조지 오웰은 타자의 관점에서 자신의 욕망을 제어한 운명으로, 마르셀 프루스트는 부족한 재료로 운명 풍경화를 그린 인물로 등장합니다. '운명방정식 이렇게 푼다'라는 꼭지의 스티브 잡스를 통해서는 사주와 대운이 어떤 관계로 작동되는지 설명했습니다. 글을 읽는 독자도 자신의 운명을 생각하는 계기가 될 것입니다.

앞에서 우리는 운명을 생년월일시로 얘기했지요. 그럼 그 운명을 이해하면 어떤 걸 얻을 수 있을까요? 이제 운명이 내게 주는 것들을 알아봅시다.

삶의 방식

운명을 알면 내가 어떻게 살아야 하는지 결정할 수 있습니다. 내게 맞는 일, 내가 집중적으로 파고들어야 할 분야를 흔들림 없이 선택할 수 있습니다. 내가 원하는 삶의 방향, 삶의 호흡, 삶의 속도가 운명에 들어있으니까요.

풍성한 서사

연월일시로 짜인 운명에는 선조의 인생, 부모의 삶, 나의 여정, 후손의 이야기가 함께 숨 쉬고 있습니다. 사주는 의식과 무의식을 오가며 진행되는 거대한 운명 드라마입니다. 이 서사를 잘 읽어내면 조상과 부모, 나와 내 자식의 관계를 이해할 수 있습니다.

리얼리티 발견

운명은 내가 누군지 정확히 진단합니다. 나의 강점, 나의 약점, 나의 특성, 나의 기질, 나의 욕망, 타인과 다른 나의 질적 차이를 냉정한 시선으로 포착해냅니다. 일상에서 느끼는 긴장과 분열, 모순의 실체까지 알려줍니다. 내 운명에서 나온 자료와 정보가 바로 나의 리얼리티입니다. 이 리얼리티를 인식하지 않으면 다른 사람의 욕망, 세상이 좋다고 하는 것을 좇으며 살게 됩니다. 멋진 나를 만들어가는 줄 알지만 실은 타인의 삶을 흉내 내며 허송세월하는 것이지요.

내게 맞는 인생해법

운명을 알면 삶에서 만나는 문제를 넓고 깊게 들여다볼 수 있습니다. 나아갈 때와 물러설 때를 조절하며 내가 겪는 갈등과 사랑, 곤경과 난관을 나만의 해법으로 돌파할 수 있습니다. 나를 둘러싸고 전개되는 문제에 내 운명이 전하는 답안으로 대처해나가는 것이지요.

삶을 복원

우리 삶은 어느 한순간도 조용하게 진행되지 않습니다. 파동처럼 요동치고 있지요. 그래서 生이라는 그릇에는 균열선도 생기고 파열선도 보입니다. 더러는 그릇 자체가 아예 부서지고 있다는 절망감도 들지요. 삶이 더는 어쩌해 볼 수 없을 정도로 망가져 버렸다는 느낌이 드는 그 순간에도 운명은 삶을 복원할 수 있는 적절한 방안을 제시합니다. 그 누구에게도 기댈 수 없는 삶의 구렁텅이에서도 내가 가진 재료, 내게 남아있는 자원으로 다시 일어설 수 있는 계기를 운명은 찾아냅니다.

원리, 윤리, 진실

운명은 우주의 원리, 인간의 윤리, 삶의 진실을 알려줍니다. 이 책에서는 원리는 '운명 속의 과학'을 통해 접근하고 윤리는 '운명 속의 관계'를 거쳐 이해하며 삶의 진실은 '운명을 살다'편에서 다루었습니다.

원리와 윤리와 진실을 인식하면 나와 다른 존재들, 인간이 아닌 동물, 식물, 하찮고 보잘것없어 보이는 물건 하나도 소중히 대해야 함을 느낄 수 있습니다.

자율성과 역동성

운명에 자율성의 여지는 없다고 생각하는 분이 있을 겁니다.

연월일시는 이미 정해진 것이니 어떻게 자유의지가 개입할 수 있겠냐는 거지요. 운명은 연월의 파동과 일시의 파동이 함께 작동하는 구조물입니다. 여기서 일의 파동은 '나'를 의미합니다. 인식의 주체, 판단하고 결정하는 나, 현재를 호흡하며 살아가는 존재를 가리킵니다.

과거 시간을 돌아보고 미래 시간을 향해 발걸음을 내딛는 내가 있으니 운명 또한 꽉 막힌 답답한 구조물이 아니라 역동성을 발휘하는 생기 넘치는 건물이 되는 것이지요.

이쯤 되면 이런 의문을 품는 분이 있을 겁니다.

"운명이 중요하고 또 알면 도움이 된다는 것도 충분히 이해했다. 그런데 그걸 꼭 내가 봐야 할까? 그것만 전문적으로 파고드는 사람들이 있으니 그들을 찾아가는 게 더 낫지 않을까?"

이제 내 운명을 왜 내가 봐야 하는지 따져보지요.

운명은 하나의 기호입니다. 기호는 해석의 실마리를 품고 있지요. 연월일시라는 부호, 사주라는 문자에는 너무도 많은 해석의 겹들이 잠재해 있습니다. 그것을 읽어내는 일이 쉽지는 않겠지요. 그래서 누군가에게 대신 좀 읽어달라고 요청하고 싶지요. 사주 해석을 잘하는 명리학자나 역술인을 찾아가 내 운명을 좀 풀어달라고 부탁하는 것이지요.

운명을 이해하려면 의식과 무의식을 총체적으로 읽어내야 합니다. 그런데 어떤 운명 감정가가 내 운명을 정성을 다해 읽어냈다고 해봅시다. 그는 내게 자신이 파악한 나의 운명을 하나하나 설명해주겠지요. 문제는 그다음입니다. 내가 운명을 모르면 역술인이 전해주는 운명풀이를 알아들을 수 없습니다. 설령 그들이 내 운명의 무의식까지 꼼꼼히 들추어 운명처방전을 건네준다 하더라도 그게 나를 흔들어놓지 못합니다. 내 안에서 출렁거림이 일어나지 않았으니까요.

나를 발굴하고 구출할 사람은 나

운명은 내가 진단할 수밖에 없습니다.

내 운명을 제대로 풀 수 있는 사람은 나입니다.

운명을 읽는 건 나를 건져내는 작업입니다. 내 안에 가라앉아 있는 조각 하나, 파편 한 점, 거품 하나, 작은 알갱이 하나를 조심스레 발굴하는 과정입니다. 그렇게 찾아낸 조각과 파편과 거품과 입자들을 찬찬히 읽어내는 것! 그것이 바로 내 운명을 이해하는 길입니다.

운명탐구를 시작하겠습니다.

차례

머리말

1부 | 운명 속의 과학

아르케와 힘

그리스 자연철학, 오행을 탐구하다   29
자연철학자 = 오행사상가   30
탈레스 - 끊임없이 순환하며 만물을 배양하는 물
헤라클레이토스 - 만물을 활달하게 변화시키는 불
엠페도클레스 - 결합하고 분리하는 우주의 힘
아리스토텔레스 - 4원소설의 완성자
자연철학에는 없는 토

음양오행   40
음양오행의 탄생배경   40
중국의 기원
누런 토와 황제

오행 사상   44
음양에서 어떻게 오행이 나올까?   44
오행의 발생
오행의 원전, 하도와 낙서   47
성리학자가 연구한 음양오행

하도와 낙서 - 오행의 기원

하도와 낙서　50

창조설화 속에 등장한 하도　51
4원소설과 주역에는 없는 土
여름에서 가을을 순조롭게 연결하는 토
한 점으로 응축되는 하도의 운동!

대홍수와 낙서　56
하도와 낙서의 차이점
팽창하는 낙서, 상생에서 상극으로
낙서에서 숨은 10토 찾기
힘을 알아야 운명을 안다

상대성이론과 힘

힘은 무엇인가?　63

힘! 철학을 낳고 과학을 낳다　64
뉴턴의 힘　65
힘에 대한 아리스토텔레스의 우혜
힘과 가속도
안다고 착각하는 관성의 법칙

아인슈타인의 상대성이론 - 힘과 공간의 이상야릇한 진실　69

힘이 어떻게 공간을 휘게 할까?　69
설정조건에 따라 다른 상대성이론
특수상대성이론 - 관성에 의해 힘이 작용하지 않는 운동　71
속도와 광속도
시간과 시계
공간과 시간의 비밀 - 빛시계로 풀자

일반상대성이론　79
시공 빛시계로 접근하는 휘는 공간
휘어진 공간
뫼비우스의 띠
하도 낙서와 뫼비우스 띠
하도와 낙서에도 적용되는 일반상대성이론

2부 | 운명 속의 관계

오행五行

오행으로 표현되는 기氣의 순환　91

水기운　93
水의 본질　94
水의 특성　95
水는 영혼이 머무는 곳이다
수는 타자의 감정을 헤아린다
수는 얼굴이 여러 개다
수는 유연성·유목성·방랑성을 활용해 생명을 배양한다

木기운　98
木의 본질　98
木의 특성　99
목은 외부와 맺는 관계를 소중히 여긴다
木은 분열과 팽창을 통해 생명력을 이어간다

숲과의 팽팽한 대항관계에서 살아남아야 한다

火기운　102

火의 본질　103

火의 특성　104

가볍고 밝고 빠른 火는 앞만 보고 나아간다
숲을 제어하고 木을 도와 문명을 이룩한다
火는 공간 창조의 마법사다
토로 돌아온다

土기운　107

土의 본질　108

土의 특성　108

4행을 담는 그릇이 되어 안정감을 제공한다
토의 숭간성은 시간의 변화도 품고 있다
토는 계절의 리듬을 호흡하는 생명체다
토는 자연의 인과응보가 구현되는 최후의 보루다

金기운　112

金의 본질　112

金의 특성　113

金은 강하고 단단하며 형식을 중요시한다
金은 물질을 중시하고 자본을 축척하려는 경향이 있다
비밀스러운 金生水과정을 통해 생명 탄생에 기여한다

동양문명과 서양문명　117

동양, 土木문명　118

서양, 金水문명　120

지구의 순환주기, 60갑자

양자파동　122

시공의 휨과 60갑자　123

60갑자, 10간 12지를 결합하는 단위조합　126

60갑자의 구조　126
60갑자, 순환시간

갑자甲子기원설　127
60갑자의 출발

60갑자와 미메시스 mimesis　130
존재의 본질을 드러내는 미메시스 언어
시간코드, 10간

10천간, 존재의 본질을 드러내는 시간언어

갑목甲木, 튀어 오르는 생명의 기운　138

갑목의 성정　140
생명의 기운을 확장해간다
바르고 곧게 자란다

을목乙木, 여러 갈래로 뻗어 나가는 유연한 기운　144

을목의 성정　145
강하고 끈질긴 생명력을 가졌다
가르치고 배우는 활동과 깊은 관련이 있다
섬세한 미적 감각이 있다

병화丙火, 순식간에 사방으로 퍼져나가는 기운   149

병화의 성정   150
빠르고 밝은 丙화는 순식간에 세상 만물을 드러낸다
木을 북돋우어 다양한 활동으로 확장해나간다
병화는 현대 미디어 문화와 깊은 연관이 있다
순간에 모든 것을 거는 병화는 지속성이 없다
병화의 최후는 한 줌의 흙으로 돌아가는 것이다

정화丁火, 좁은 영역을 파고드는 기운   154

정화의 성정   155
병화에 비해 좁은 곳을 비추며 조용히 타오른다
木과의 유대가 각별하다
정화는 금을 연단하고 개조해 유용한 도구로 만든다
과학과 기술의 급격한 발전은 정화의 작품이다

무토戊土, 서로 다른 속성을 조정하는 기운   159

무토의 성정   160
공동체의 터전이 된다
무토의 기질은 인간 삶에도 고스란히 반영된다
무토는 삶의 현장을 관장하면서 죽음의 세계도 함께 포용한다

기토己土, 생명에게 호의적인 부드러운 기운   163

기토의 성정   165
부드럽고 촉촉해 생명이 깃든다
우리 삶은 기토에서 누적되고 보존된다
己토는 木과 金을 모두 품을 수 있다

경금庚金, 변화방향을 돌려놓는 뻣뻣한 기운   167

경금의 성정   169
규칙과 절차를 중시한다
경금은 강한 자에게 복종하는 종혁縱革성이 있다
火로 연단하고 水로 씻어내는 과정을 통해 산업의 중요한 자원으로 쓰인다

신금辛金, 모습은 단정하고 구조는 치밀하다   172
신금의 성정   173
내부 구조가 촘촘하다
물질적 유토피아를 지향한다
신금은 법적 권한을 이용해 대상을 통제한다
水와 결합해 감수성의 세계로 진입한다

임수壬水, 기억과 정보를 싣고 미래로 나아가는 기운   177
임수의 성정   178
임수는 금을 녹여내는 마법사다
기억과 정보를 싣고 미래로 나아간다
임수가 고인 곳에는 생명현상이 있다

계수癸水, 생명을 배양하는 창조적 기운   181
계수의 성정   182
어둡고 비밀스러운 계수는 생체에너지로 변모한다
계수는 木과 접속해 생명을 배양한다

12지지, 깊이와 넓이를 갖춘 공간

12지지地支와 지장간地藏干　185

지장간, 10간을 품다　186
봄 호흡
음력 1월, 寅木
음력 2월, 卯木
음력 3월, 辰土
12지 산책
12지를 이해한 프루스트　192

인목寅木, 생명에 대한 강력한 의지를 분출하는 곳　196

寅의 분위기　198
일상에서 발견하는 寅의 형상　//
호랑이띠　200
어린 싹이 자라는 인월에 왜 무서운 호랑이를 배정했을까?

묘목卯木, 생기발랄한 생명의 공간　202

卯의 분위기　202
일상에서 발견하는 卯의 형상　204
토끼띠　205
생명에 대한 애착이 강하다

진토辰土, 생명체의 욕구가 반영된 공간　207

辰의 분위기　208
일상에서 발견하는 辰의 형상　210

용띠 210
야심과 포부가 대단하다
이무기가 승천해 용이 된다?

사화巳火, 흥청망청하다가도 셈을 따지는 곳　214

巳의 분위기　215
정신문명과 물질문명의 절묘한 배합
사화가 전하는 자연의 리듬

일상에서 발견하는 巳의 형상　218

뱀띠　218
어쩌다 뱀은 간사하고 교활한 동물로 낙인이 찍혔을까?

오화午火, 열정이 타오르는 곳　220

午의 분위기　221
午가 뿜어내는 열정
기토의 작용

일상에서 발견하는 午의 형상　224

말띠　225
뒤돌아보지 않고 앞만 보고 달린다

미토未土, 지식과 정보를 갖춘 자료창고　227

未의 분위기　227
기록을 보관하고 기억을 간직한다

일상에서 발견하는 未의 형상　230

양띠　231
엄청난 정보를 갖고 있지만 생동하는 기운은 다소 부족하다

신금申金, 팽창에서 수축으로 기세가 바뀌는 곳　234

申의 분위기   234
경금의 등장 배경
경금의 작용
일상에서 발견하는 申의 형상   238
원숭이띠(잔나비)   238
외롭고 고독하다?

유금酉金, 냉혹한 통제가 일어나는 곳   241
酉의 분위기   241
일상에서 발견하는 酉의 형상   243
닭띠   244
분석하고 판단하고 예측하는 능력이 있다

술토戌土, 소멸 앞에서 삶의 의미를 재정립하는 곳   246
戌의 분위기   247
일상에서 발견하는 戌의 형상   249
개띠   250
다정하나 답답하다

해수亥水, 삶과 죽음을 연결하는 공간   253
亥의 분위기   253
삶과 죽음을 이어붙이는 해수
일상에서 발견하는 亥의 형상   256
돼지띠   257
주변을 두루 살피고 신경을 많이 쏟다

자수子水, 지나간 것을 새로운 것으로 전환한다   259

자의 분위기　259

일상에서 발견하는 자의 형상　261

쥐띠　262
발길이 닿은 영역은 빈틈없이 이해하는 전문가적 기질이 있다

축토丑土, 축적된 에너지가 가득한 곳　264

축의 분위기　264

일상에서 발견하는 축의 형상　266

소띠　267
힘들고 괴로운 임무를 꿋꿋이 잘 견딘다

3부 | 운명을 살다

명식命式, 운명방정식

운명을 결정하는 양자파동　274

사주四柱, 4대가 머무는 집　274
네 기둥과 여덟 글자
양자파동이 빚어낸 건축물

대운大運, 일간의 인생행로人生行路　278
끊임없이 계속되는 운명 농사
대운 찾기
이 세상에는 몇 개의 사주가 존재할까
0.000001929의 확률

육친六親, 관계의 바다

육친六親, 관계에 다가가다 285

육친 관계 285
육친산책

육친을 이해하는 세 가지 시선 289
인연관계

시스템이론

일간과의 거리에 따른 근접과 원격

육친六親, 관계를 파헤치다 296

인성印星, 일간의 배후 297
인성의 본질

인성과 명분

아버지를 집밖으로 내쫓는 자식

인성의 순기능

인성의 역기능

인성과 직업

인성에 의지해 살아가는 운명

비겁比劫, 화합도 하고 배척도 하고 304
비겁의 본질

비겁의 순기능

비겁이 많을 때의 역기능

비겁과 직업

비겁이 위력을 발휘한 운명

식상食傷, 욕구충족의 해결사 307
식상의 본질

공부, 인성과 식상의 합작품

식상, 생명을 유지시켜주는 수호신
식상 없는 사주
식상의 순기능
식상의 역기능
식상과 직업
식상을 반기는 운명

재성財星, 물적 향유의 대상이자 인격적 교류의 당사자 312
재성의 본질
재성에 이르는 길
지름길을 허락하지 않는 재성
재성 : 물적 대상이자, 일간과의 교류를 원하는 인격적 존재
재성의 순기능
재성의 역기능
재성이 부담스러운 운명

관성官星, 성찰 가능한 자의식·타자의 관점에서 자신의 욕망을 제어하는 능력 321
관성의 본질
관성의 작동방식
관성의 순기능
관성의 역기능
관성을 극복해낸 운명, 조지 오웰
관성과 식상이 팽팽히 맞서다

운명 풍경화, 한 사람의 세계를 고스란히 드러내다 328

프루스트, 부족한 재료로 화폭을 채우다 329
소설을 쓰고 예술을 살다
직선적 시간을 거부한 운명

명식, 이렇게 풀어라!

스티브 잡스, 빛의 세계에서 빛을 발한 운명   334

운명방정식, 이렇게 푼다   336
1. 음과 양의 비율을 가늠한다
2. 육친을 살핀다
3. 일간을 탐색한다
4. 부족한 오행이 무엇인지 판단한다

대운을 적용한다   341
대운진입 전
30년간 이어지는 정축 병자 을해의 겨울대운
丁丑대운 (겨울의 끝) : 7~16세 (1962~1971)
丙子대운 (겨울의 한복판) : 17~26세 (1972~1981)
乙亥대운 (겨울의 초입) : 27~36세 (1982~1991)
30년간 이어지는 갑술 계유 임신의 가을대운

스티브 잡스 사주의 특유성   348
전자 기기에 매료된 이유
식습관
에너지의 소진
글 뒤에

1부 | 운명 속의 과학

아르케와 힘

그리스 자연철학, 오행을 탐구하다

독일 철학자 카를 야스퍼스(1883~1969)는 기원전 8세기부터 기원전 3세기를 인류문명사에서 정신문명의 축이 확립된 때로 보고 '차축시대'(axial age)라 불렀다. 이 시기에 동양과 서양은 문화적 교류도 없었지만, 각자의 문명권에서 스스로 성숙하게 되었다는 것이다. 그는 동서양의 어떤 사상들을 염두에 두고 이런 구분을 했던 것일까?

동양의 차축 시대는 춘추전국시대(기원전 770년~기원전 221년)에 해당한다. 이 시기에 수많은 사상가들이 등장했지만 대표적 인물은 공자를 들 수 있다. 그는 우주의 근원이나 존재의 기원을 탐구하는 문제보다는 현실적 차원에서 "사람은 어떻게 살아야 하는가?"에 깊은 관심을 가졌다.

공자가 실천 윤리에 집중하던 당시에 동양은 우주의 변화를 이해하고 인간의 영혼이나 정신까지 헤아릴 수 있으며 일상생활에까지 널리 활용할 수 있는 믿음체계가 따로 있었다. 음양 사상이 존재하고 있었던 거다. 음양 사상은 황하 강 근처에서 농사를 지으며 4계절을 경험했던 동양의 고대인들에게서 나왔다. 토를 중심으로 음과 양의 변화가 목화금수로 드러나는 음양오행 사상은 중국의 건국설화[01]에도 영향을 끼쳤다.

음양 사상은 야스퍼스가 언급한 차축 시대보다 2000년 이상이나 앞서 존재했다. 차축 시대에는 노자와 공자를 비롯해 제자백가의 수많은 사상들이 공존했는데 그런 사상들에는 음양오행이 자연스럽게 스며들었다.

자연철학자 = 오행사상가

공자가 활약하던 시기에 서양은 소크라테스, 플라톤, 아리스토텔레스로 이어지면서 인간에 대한 자각과 이성에 대한 믿음을 확립해 나갔다. 서양에서도 이성에 대한 깨우침이 있기 전, 음양오행 원리와 유사

---

01 중국인들이 시조로 여기는 '황제'와 관련된 설화에 음양 사상의 핵심인 10간 12지가 들어있다.

한 생각을 품었던 초기 철학자들이 있었다. 바로 우주의 변화를 꾸준히 탐구했던 그리스 자연철학자들이다. 그들은 우주의 근원, 우주의 원질을 아르케(arke)라 명명하고 그것을 알아내기 위해 자연을 탐구했다.

여기서 서양의 오행 사상가라 부를 수 있는 그리스 자연철학자들을 잠시 살펴보는 것이 좋겠다. 먼저 물이 우주의 아르케라 생각한 탈레스를 보자.

탈레스 – 끊임없이 순환하며 만물을 배양하는 물

그가 물을 아르케라 생각한 이유는 무엇일까?

생명은 물 없이 존재할 수 없다. 문명도 강을 기반으로 생겨났고 신화에도 강의 요정, 바다의 신처럼 물과 관련된 요소들이 있다. 하데스라는 저승도 물의 신비로움을 설명해주는 것으로 생각할 수 있다. 탈레스가 물이 만물의 근원이자 우주의 실체(substance)라 생각한 까닭은 따로 있었다. 과정을 정리하면 이렇다.

대지의 내부에는 강물이 흐르고 외부는 바다의 광대함으로 둘러싸여 있다. 물은 하늘로 솟아올라 대지를 감싸고서 비를 뿌려준다. 물은 세상의 모든 것을 떠받치고 그 모든 것에 스미어 있다. 만물은 물로부터 생겨나며, 물로 배양되고, 다시 물로 돌아간다. 생명체의 요란한 현상은 모두 물과 관계있다.

탈레스에 따르면 만물의 원천은 물이고 만물은 에너지를 물에서 얻어 변화하며 물로 귀환한다. 그는 만물에 스며들어 끊임없이 순환하며 만물을 배양하는 물의 속성에 주목했다. 물질 속에 존재하는 속성을 만물의 원리로 인식하려는 탈레스의 자세는 철학자들이 감성과 이성을 구분하는 시작점이 되었다. 그것을 계기로 인간은 감성과 환상에 그치지 않고 냉철한 관찰과 이성적 사유를 동원해 사물의 본질을 파악하고자 노력했다. 다음은 '만물은 흐른다流轉'라는 명제로 잘 알려진 헤라클레이토스다.

헤라클레이토스 - 만물을 활달하게 변화시키는 불

그는 우주의 근원을 정적인 물로 파악한 탈레스와는 달리 동적인 시각에서 불의 빠른 변화에 주목했다. 부단히 변화하는 세계의 본질은 무거운 물보다는 불에 있다고 보았다. 인간이 살고 있는 땅에서 만물은 물의 무거움 때문에 하행下行하며 조용히 변하지만 이를 극복하는 동인은 근본적으로 상행上行할 수 있는 불의 힘에 있다는 것이다. 존재의 본질을 움직이게 하는 더 근원적인 이유는 불이며 변화의 주체는 물이 아니라 불이라 보았다.

그에 의하면 불에는 로고스(이성)라는 바른 판단력이 있다. 이성은 사고하는 능력이다. 불의 급격한 변화에는 부조화 때문에 생기는 다툼도 있지만 그 속에는 갈등과 대립 속에서 만물을 통일시키고 발전시키는 '영원히 타오르는 힘, 로고스'가 있다는 것이다.

탈레스가 만물의 본질을 정적인 고요함에 두었던 것에 비해 헤라클레이토스는 세상을 빛나게 하고 만물을 활달하게 변화시키는 불의 역할에 주목했다. 서로의 관점은 달랐으나 하나의 본질에서 아르케를 발견하려는 철학적 태도는 다르지 않았다. 탈레스는 고요한 물에서 존재의 실체를 발견하고자 했고 헤라클레이토스는 빠르게 변화하는 불의 힘에서 변하지 않는 '영혼의 힘'을 발견하려 했다. 특이한 것은 두 사람이 주목한 물과 불의 원리가 오행사상에서 水와 火의 속성과 같다는 점이다. 다음은 4원소설을 주장한 엠페도클레스다.

엠페도클레스 - 결합하고 분리하는 우주의 힘

4원소설의 구체적 내용은 엠페도클레스가 창안해낸 사상이라기보다는 당시 그리스 사회에서 보편적으로 통용되던 것이었다. 그는 탈레스, 헤라클레이토스를 비롯한 여러 사람들의 주장을 종합하고 체계화시켜 '4원소설'이라 불렀다. 만물의 근원이 되는 존재는 한 가지가 아니라 물, 불, 공기, 흙의 네 가지 기본원소들이고 그것들의 배합 비율에 의해 만물은 생성하고 변화한다고 보았다.

엠페도클레스에 의하면, 이 기본원소들 간에는 두 종류의 힘이 존재한다. 하나는 결합하는 사랑의 힘이고 다른 하나는 분리되는 미움의 힘인데 이때의 힘은 원소에 생명력을 불어넣어 주는 우주의 살아있는 영혼을 의미한다. 즉 우주에는 결합하는 사랑의 힘과 분리되는 미움의 힘이 존재하는 것이다.

엠페도클레스의 4원소설과 관련해서는 철학자 김용석의 〈미녀와 야수, 그리고 인간〉에서 참고할 만한 내용(232~234쪽)이 있어 일부를 소개한다.

"엠페도클레스에 의하면, 모든 변화에는 '필리아(philia)'와 '네이코스(neikos)'라는 우주의 힘이 작용하는데, 필리아는 사랑 또는 정情, 즉 합치고자하는 힘이고, 네이코스는 증오 또는 불화, 즉 분리하고자하는 힘입니다. (…) 필리아는 4가지 요소들을 서로 끌어당겨 화합하게 하고 네이코스는 분리하도록 작용합니다. 필리아가 전적으로 우세할 때에는 4개 요소가 뭉쳐서 완벽한 조화를 이루는 구체(sphere)를 형성합니다. 그것은 완전한 동일성과 일체성의 존재이고 완벽한 내적고독을 즐기는 세계죠. 네이코스가 우세하게 작용하기 시작하면 이러한 통일체는 깨지고 4요소의 분리 현상이 일어납니다. 네이코스가 전적으로 우세하게 되면 마침내 완전한 카오스(chaos)의 단계에 이릅니다. 그러면 다시 필리아가 힘을 발휘하면서 네이코스가 분리한 것을 화합하게 합니다. 즉 두 가지 우주의 힘은 이렇게 교체성을 가지고 상호 작용합니다."

인용한 부분은 곧 다루게 될 '하도'의 수축하는 힘과 '낙서'의 팽창하는 힘에 대한 설명과 정확히 일치한다. 이 점에 대해서는 앞으로 자세히 설명할 것이다. 다음은 엠페도클레스의 필리아와 네이코스를 표

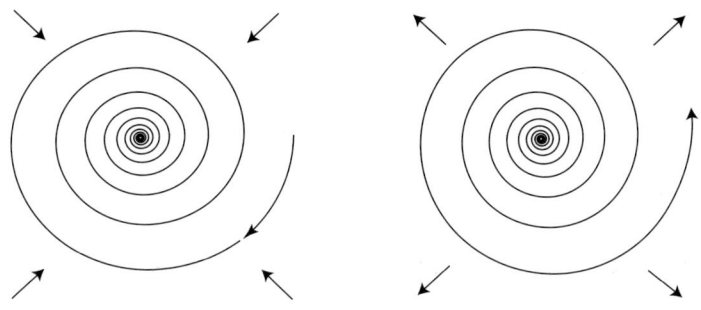

4원소의 결합과 분리

현한 그림이다.

왼쪽은 필리아가 작용한 결합이고, 오른쪽은 네이코스가 일으키는 분리다. 엠페도클래스에 따르면 필리아는 4원소들을 내부로 끌어당겨 화합하게하고 네이코스는 4원소들을 분리하게 만든다. 하지만 서로 다른 힘이 맞닿는 극한(extremity point)에서는 어떻게 조화를 이룰 수 있는지에 대한 자세한 설명은 빠져있다.

아리스토텔레스 – 4원소설의 완성자

자연철학자는 아니지만 논리적 사고로 고전 철학의 체계를 완성한 사람이다. 그를 가리켜 자연철학의 4원소설을 완성한 사람이라 하면 의아하게 여길 분이 있을 것이다.

아리스토텔레스의 4원소설을 알아보자. 그는 먼저 엠페도클래스의 4원소설을 인정하면서 원소의 영원불변성 개념을 수정한다. 논리 철학자답게 원소라는 요소에서 '우주의 영혼'이 함께 한다는 추상적 개념을 제거하고 우주의 변화를 물질의 성질로 이해한다. 4원소를 영원히 변하지 않는 존재가 아니라 따뜻함熱, 차가움冷, 축축함濕, 건조함燥과 같은 성질을 가진 물성적 존재로 격하시켰다.

예를 들면 물은 차고 습하며 불은 뜨겁고 건조하다. 무거운 원소는 아래로 향하고 가벼운 원소는 위로 향한다. 4원소는 따뜻함과 차가움, 가벼움과 무거움의 배합에 따라 지상을 올라갔다 내려갔다 하며 영혼을 부여받지 않고도 물성만으로 자연스럽게 상승하고 하강하는 운동이 가능하다고 한다. 설명을 듣고 보면 무언가 허전하다. 자율적이면서 또 지속적인 변화를 끌어낼 수 있는 요소가 빠져버렸기 때문이다.

아리스토텔레스도 그 점을 인식했던지 물질과는 좀 다른 독특한 존재를 하나 설정하여 하늘에 있다고 했다. 그는 이 존재를 색깔도 없고 냄새도 없고 무게도 없는 '제5원소'라 여겨 에테르라 불렀다. 이것은 지상으로 떨어지지도 않고 하늘 주위를 빙빙 돌며, 불멸하는 우주의 본질을 나타낸다고 했다. 4원소의 물성만으로는 설명하기 어려운 결합과 분리라는 자발적 변화를 나타내기 위해 이상적 존재를 설정하고 하늘에 있다고 판단했다. 문제는 이 이상적 존재와 4원소의 관계에 대해서는 아무런 언급도 하지 않았다는 점이다.

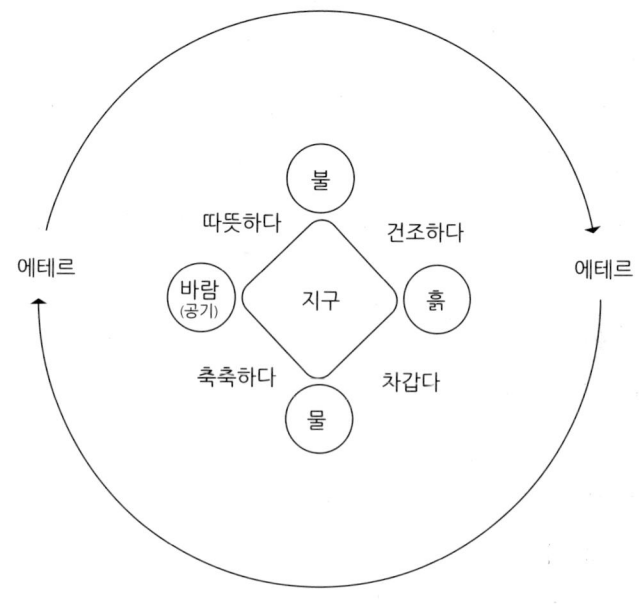

아리스토텔레스의 4원소와 에테르

위의 그림에서 각각의 원소는 인접한 두 원소의 성질을 공유한다. 물水은 차가움과 축축함(무거움)을 갖고 공기木는 축축함과 따뜻함을 지닌다. 불火은 따뜻함과 건조함을 동시에 드러내며 흙(표기는 土지만 설명내용은 金이다)은 건조함과 차가움을 갖는다.

4원소의 성질은 오행의 木火金水와 일치한다. 우선 물과 불은 오행의 수水와 화火로 완벽하게 같다. 다음으로 공기와 흙을 보자. 공기는 물의 축축함과 불의 따뜻함으로 촉발되는 요소라 하였으니 물에서 불로 변화하는 과정에서 발생하는 원소다. 그렇게 생각하면 공기는 음양

아르케와 힘 37

오행의 목木에 해당한다.

이제 표기에 혼란을 일으키는 흙 원소를 보자.

흙은 오행에서 토에 해당한다. 성질을 따져보면 4원소에서의 흙은 오행에서 토土가 아니라 금金이다. 아리스토텔레스의 설명에 따르면 흙은 건조하고 차갑다. 이것은 음양오행의 금[02]과 일치한다. 아리스토텔레스는 흙[03]이라는 용어를 사용하고 있지만 성질을 보면 금의 속성을 설명하고 있다.

    4원소 : 오행

      물 : 수

      불 : 화

    공기 : 목

      흙 : 금

자연철학에는 없는 토

오행의 토土에 해당하는 원소가 자연철학의 4원소에는 없다는 말일까? 그렇다. 진정한 의미에서의 토 개념은 빠져있다. 자연철학자들이 우주의 아르케를 발견해낼 수 없었던 것도 그 때문이었다. 만약 그들이 토에 대한 개념을 이해했다면, 아리스토텔레스가 천상의 에테르로 설

---

[02] 금에 대한 설명은 하도와 낙서에서 오행이 어떻게 도출되는지를 설명할 때 자세히 다룬다.

[03] 흙이라는 명칭에 구속받지 않기 바란다. 흙이라는 이름에는 토(土)라는 의미가 있지만 실제 그 내용은 금(金)의 속성을 가졌다.

정한 5원소를 지상의 4원소와 긴밀하게 연결시킬 수 있었다면, 서양의 과학사는 달라졌을 것이다.

아리스토텔레스가 만들어낸 에테르는 지상에 머물지 않고 하늘에 근원을 두고 있는 초월적 존재로 지상의 4원소와는 어떤 관계도 형성하지 못했다. 아리스토텔레스는 이것이 냄새도 없고 색깔도 없고 무게도 없기 때문에 땅으로 떨어지지도 않고 천상에서 우주의 존재를 떠받치며 영원히 운동을 한다고 생각했다. 이런 이상적 발상은 이후 우주의 진리를 탐구하려는 과학자와 철학자의 사유를 방해한 측면도 있다.

토가 제 5원소인 것은 분명하다. 그렇지만 제 5원소라고해서 세속과 분리되어 고상하게 하늘에 있다는 것은 좀 이상하다. 이름값을 하려면 가장 낮은 곳과 지극히 높은 곳에서 동시에 작용하는 보편적 존재가 되었어야 했는데 자연철학사에 등장하는 에테르는 지상과의 긴밀한 관계를 이어가지 못했다.

음양오행

춘추전국시대에는 여러 사상들이 함께 존재하고 있었다. 그 중에는 발생과 동시에 희미해진 것(명가, 농가)도 있고 한동안 명맥을 이어가다 사라진 것도 있다(묵가). 유교와 관련된 사상들은 몇 번의 침체기가 있었지만 오늘날까지도 살아남아 여러 갈래에서 연구되고 있고 정치적으로도 영향력을 발휘한다.

그런데 탄생이후 수천 년이 흐른 지금까지 단 한 번도 끊어지지 않고 명맥을 이어가는 사상은 음양오행뿐이다. 합리성이 우리의 정신을 압박하고 물질세계에 대한 놀라운 과학적 분석들이 넘쳐나지만 인간의 운명과 연관해 일상에서 음양이론이 갖는 영향력은 끊임없이 이어지고 있다.[04] 음양 사상은 언제 어떤 근거로 형성되었기에 지금도 우리에게 영향을 미치고 있을까?

음양오행의 탄생배경

중국의 기원

음양오행의 근원을 따지는 과정은 중국의 기원과도 깊은 연관이

---

[04] 자식의 대학진학, 직장에서의 승진, 새로 벌이는 일의 성공 여부를 알고 싶을 때, 용하다는 역술가를 찾아 상담을 하는 것도 하나의 예다. 규모가 큰 사업체를 꾸리는 기업인들은 자신과 가족, 회사의 운명이 걸린 중대 결정을 해야 할 때는 먼저 역술원을 방문해 의논하는 경우가 많다고 한다.

있다. 중국 최초의 정사正史인 사기史記에는 꽤 많은 정보가 들어있다. 사기는 한 무제 때 태사령을 지냈던 사마천이 한나라 시대(기원전 206~기원후 220)를 기록한 역사서이다. 그는 자신이 살던 시대에서 3000년을 거슬러 올라가 중국역사의 기원을 기술하였다. 국가 형태를 띠고 있었다고는 보기 어려운 태고시대까지 올라간 것이다. 기원전 2000년경의 부족 국가 하나라에서 무려 1000년을 더 거슬러 오제본기五帝本紀를 역사에 편입시키고 중국의 기원을 황제黃帝로 잡았다.

전설적인 제왕들을 말하는 삼황오제의 삼황(천황·지황·인황)은 신석기말기에서 청동기 초기의 창조신화에 등장하는 임금들이다. 그 뒤에 이어지는 오제는 황제, 전욱제, 곡제, 요임금, 순임금이다. 사마천은 오제 중의 황제를 중국의 시조로 심고 이야기를 펼쳐 나갔다.

역사가 사마천은 왜 객관적 사료가 부족한 황제를 중국의 시조로 잡았을까? 정치나 문화적 위상에서 볼 때 중국 문명의 창시자로는 황제가 가장 적합했기 때문이다. 황제와 관련한 설화나 기록들을 보면 영역이 다양하다. 한자, 법제, 병기, 역법, 농업, 한의학 등 개입하지 않은 분야가 거의 없을 정도다. 그래서 설화 속에 등장한 인물이지만 중국 역사의 시조로 당당히 역사서에까지 편입되었을 것이다.

누런 토와 황제

황제와 관련한 기록에서 중요한 것은 따로 있다. 바로 음양이론에 근거한 오행 사상이 들어있다는 점이다. 유심히 뜯어보면 이름에서도 오행의 흔적을 느낄 수 있다. 여기서 황제는 제왕이라는 뜻의 황제皇帝가 아니라 중앙에 자리 잡은 누런 토土라는 의미의 황제黃帝다. 황제에서 순임금까지 오제를 거치는 동안 중국은 비로소 부족국가 형태의 나라가 되는데 그 첫 번째 국가는 하夏나라다. 하나라는 순임금의 뒤를 이은 우禹가 세운 나라로 유물이 발견되지 않아 고고학적 연대를 확인할 수는 없다. 그 뒤를 잇는 상(기원전 1600년경, 은나라로 알려져 있다)나라도 오랫동안 하나라와 같은 처지에 놓여 있었다. 그러다가 20세기 초반에 도읍지 은허가 발견되었고 이어 갑골문자가 수 만점 드러나면서 역사적 기록을 가진 최초의 중국 고대국가로 인정받게 되었다.

주목할 만한 것은 갑골문의 내용이다. 당시 지배계급은 국가의 중대사를 결정할 때 하늘에서 신탁을 얻기 위해 점을 쳤다고 하는데 발견된 뼈 조각에는 그런 기록들이 무척 많다. 이것은 10간과 12지가 결합된 60갑자가 기원전 1600년경에도 사용되었음을 의미한다.

고대 부족국가는 농경이 삶의 기반이었다. 특히 중앙에 큰 땅이 있는 중국은 농경문화가 형성되기 쉬웠고 그것을 기반으로 안정된 사회공동체를 꾸려나갈 수 있었다. 농경사회의 구성원들이 가졌던 최대의 관심은 기후와 날씨를 살피는 일이었다. 그 일에 몰두하던 그들은 점차 하늘의 움직임을 관측하고 그 결과를 인간사의 길흉에 적용해보는 단계에까지 이른다.

태양을 중심으로 일어나는 4계절의 변화는 1년 주기로 순환한다.

계절의 순환이 일어나는 기준점은 동지와 하지다. 동지는 밤이 가장 길고 하지는 낮이 가장 긴 날이다. 동지는 음이 가장 왕성하고 추운 날인데 이 날을 기점으로 조금씩 따뜻해지다가 하지에 이르면 양의 기운이 최고조에 이른다. 그러면 다시 음의 기운이 서서히 반전하기 시작해 동지가 되면 완전히 음의 기운으로 복귀한다. 동지와 하지, 두 개의 기준점을 오가며 계절이 변화한다. 일월성신(日月星辰 해와 달과 별)이 만들어내는 음과 양의 기운이 순환한다는 것을 알아차린 고대인들은 그 기운이 인간의 생활에도 영향을 미친다고 생각하게 되면서 이치를 깊이 연구했고 그 결과들을 축적해 나갔다.

위 내용은 고대인들이 음양오행을 인식하게 된 과정을 현대인의 관점에서 추리해본 것이다. 그런데 3천년 이상 이어져 내려오는 음양오행이 이 정도 설명에 그치고 말까? 보편적 해석이나 상식적 설명 외에 무언가 더 깊고 근원적인 이치가 숨 쉬고 있지는 않을까?

고대인들의 일상에 깊이 스며들어 많은 영향을 끼쳤으며 현재를 살아가는 우리에게도 여전히 공명하고 있는 음양 사상을 자세히 탐구해보자.

오행 사상

음양에서 어떻게 오행이 나올까?

주역은 음양이론의 원전原典으로 알려져 있다. 주역에 의하면 음양은 컴퓨터의 비트(bit)처럼 0,1의 2진법을 사용한다. 즉 음과 양이 한 번 분열하면 4상四象이 생기고, 한 번 더 분열하면 8괘卦가 생긴다. 이 과정에서 8이 주역의 기본 괘가 되었고 이 기본 괘를 중첩(8×8=64)시켜 64괘라는 상징부호를 만들었다.

주역은 4상을 4계절로, 8은 8방위로 해석하면서 우주 만상의 변화를 64괘로 모두 설명할 수 있다고 한다. 주역에서 말하는 산술로 우주의 구조와 원리를 설명할 수 있을까?

이제 오행의 발생과정을 보자.

오행은 주역과는 조금 다른 방식으로 구성된다.

오행의 발생

다음 그림은 5행의 발생과정을 나타낸 것이다.

오른쪽으로 회전운동이 일어난다.

양陽 : 팽창하는 따뜻한 기운, 木과 火

음陰 : 수축하는 차가운 기운, 金과 水

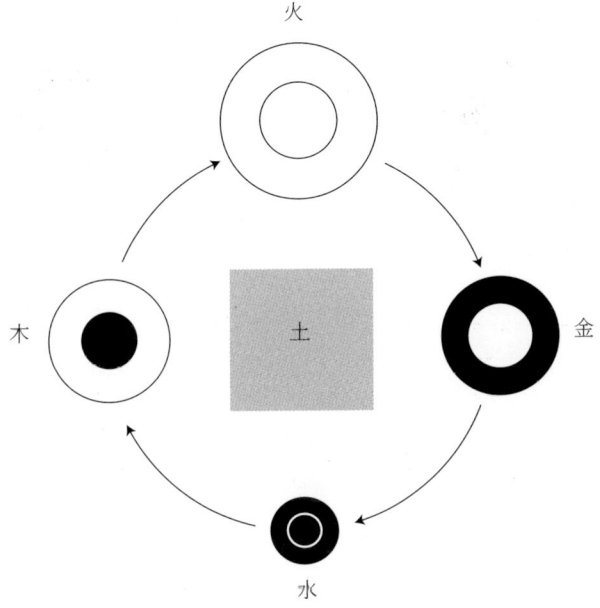

수목화금, 각 단계를 살펴보자.

(음은 검정색 원, 양은 흰색 원으로 표현되었다.)

압축단계 : 안과 밖 모두 음-음이다. 안도 검정 원, 밖도 검정 원으로, 음밖에 없는 이 상태를 수기水氣라고 한다.

팽창단계 : 바깥은 양이고 안은 음인 양-음의 구조다. 목기木氣라 한다.

발산단계 : 최대로 팽창한 상태로 안과 밖이 모두 양-양이다. 완전한 양인 이것을 화기火氣라 한다.

수축단계 : 되돌아가는 귀환단계로 바깥은 음, 안은 양이다. 금기金氣라 한다.

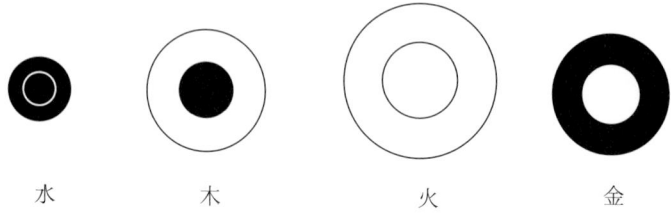

水　　　　木　　　　火　　　　金

이렇게 4단계로 변해가는 과정은 사계절과 연관된다.

4행	수	목	화	금
계절	겨울	봄	여름	가을

겨울(winter)은 만물이 얼어붙고 활동성이 약화되니 수水와 짝이 맞다. 봄(spring)은 세상 만물이 생기 있게 살아 움직이는 목木기를 드러낸다. 더운 여름(summer)에 이르면 삼라만상은 멋진 외형을 한껏 과시하며 화火기를 띤다. 성장의 최고 단계에 이른 것이다. 가을(autumn)은 태양의 열기가 줄어들면서 다시 냉기가 감돌고 만물은 수축과정을 맞는다. 외부는 단단하게 굳어가고 내부는 부드러운 양기가 들어있는 금金이 되는 것이다. 이처럼 수목화금, 4행이 연출하는 시간의 변화가 계절에도 반영돼 있다.

그런데 뭔가 좀 허전하다. 4행인 목화금수는 나왔는데 토土가 없다. 토는 어디 있을까?

토는 4행과는 성질이 다른 요소다. 4계절의 변화가 일어나는 동안 중앙에서 그 변화에 함께 하고 있었지만 공간적 기운이기에 드러나지 않았다. 음양으로 구분되지 않는 토는 4행이 일으키는 시간의 변화를 담아주고 공간의 팽창과 수축을 주도한다.

여기서 우리는 중요한 사실 하나를 발견할 수 있다. 음양오행은 시간의 변화를, 수축하고 팽창하는 공간과 연계해 시공간으로 표현한다는 점이다. 5행에서 10간 12지가 나오고 10간 12지에서 다시 60갑자로 전개될 수 있는 것은 4행을 포용하는 토가 있기 때문이다. 토에 대한 깊이 있는 해석은 서양의 4원소설이나 주역에서는 찾아보기 어렵다.

오행의 원전, 하도와 낙서

음양 사상의 깊이를 헤아리려면 먼저 유학을 철학의 자리에 올려놓은 성리학을 살펴보아야 한다. 12세기경 송나라의 유학자 주희에 의해 집대성된 성리학은 우리에게는 고려 말에 처음 소개되었다. 이후 서서히 세력을 형성해가다가 조선시대에는 통치이념이 되면서 각종 제도와 일상생활에까지 깊이 개입한다. 사서삼경을 기반으로 한 성리학은 우주의 생성과 구조를 이해할 때나 인간의 심성을 논할 때 이理와 기氣의 개념으로 설명한다.

성리학은 이를 앞세우고 그 뒤를 기가 따르는 학문이다. 이와 기의 구분은 서양철학을 공부할 때 필수적으로 나오는 형이상학, 형이하학이라는 개념과 유사하다. 사물에 대한 본질(이데아)과 그것을 모방하는 현상을 분리시켜 접근하는 서양철학과 맥락이 닿는다. 대상을 정신적인 가치와 물질적인 가치로 구분하거나 원형과 사본으로 나누어 이해하는 것이다. 이런 이원론적 방법은 생생한 현실을 지나치게 이념화하거나 이상화하는 위험을 안고 있다. 현상이나 사건의 이해를 도우는 점은 있으나 문제에 봉착하면 공리공론에 그치고 해결의 실마리를 제공하기 어렵다.

성리학자가 연구한 음양오행

주희가 살았던 시대에 한족이 세운 송나라는 변방에 있는 이민족의 침략으로 몹시 불안한 상황이었다. 당시 성리학자들이나 집권층에 있던 사람들은 위태로운 정세 속에서 현실의 공허함을 정신으로나마 보상받기 위해 우주의 변하지 않는 이상적 원리를 이理로 설정하고, 당장은 해결할 수 없는 현실세계는 물질적 현상에 속하는 기氣라 생각했다. 그래서 한동안은 기가 득세하는 듯 보여도 때가 되면 기를 바로 세우는 이가 출현해 어지러운 기를 밀어내고 안정과 조화를 회복하는 이의 세상이 된다고 믿었다. 그들은 음양오행도 이와 기로 나눈 다음 이는 우주의 정신적인 원리며 기는 그보다 한 단계 낮은 물질적 현상으로 이해했다. 이런 태도는 후대 학자들의 음양오행 연구를 방해한 점이 있다. 원리와 현상을 함께 이해해야 했음에도 현상은 도외시한 채 원리에 치중해버려 성리학자들이 이해한 음양오행은 현실적 문제는 빠져버린 절름발이 사상이 되어버렸다.

오행에서 물질적 현상, 즉 기에 대한 탐구는 사라져버린 것일까? 다행스럽게도 인간의 삶을 생생하게 이해하려면 우주의 변하지 않는 이치도 중요하지만 현실세계의 기도 함께 연구해야한다고 믿었던 학자들도 있었다. 또 관료나 귀족 중에서도 겉으로는 이에 비중을 두고 기를 도외시하는 척했지만 중대 사안이 생기면 기로 문제를 해결했던 사람들이 많았다. 민간에서는 복서卜筮와 점술占術을 활용했던 술사들에 의해 고대인들이 감각했던 방식에서 한층 더 진전된 상태로 오행은 꾸준히 이어지고 있었다. 이들이 있어 음양오행은 나라가 바뀌든 왕조가 바뀌든 상관없이 지금까지 전해지고 있다.

한 가지 의문이 있다.

오랜 세월 동안 명맥이 끊이지 않고 후세대에 잘 전달돼 왔다면 그냥 입에서 입으로만 전해지지는 않았을 것이다. 근거가 될 최소한의 자료나 체계화된 기록은 있기 마련이다. 이 부분에서 사서삼경의 하나인 주역이 음양오행의 원전이라 생각하는 사람도 있을 것이다. 주역은 근거가 될 수 없다.

하도와 낙서 - 오행의 기원

주나라의 역을 풀이한 주역은 주 시대에 제작되었다. 하도는 기원전 3000년경에 만들어졌으니 주역보다 2000년이나 앞서 나왔다. 낙서도 기원전 2000년경 하나라 때 나왔다. 문서의 제작 시기만 보더라도 주역보다는 하도와 낙서가 음양 사상의 기원인 것은 분명해 보인다.

하도와 낙서[05]는 오랜 세월동안 흙을 중심으로 안정적인 농경생활을 해왔던 고대인들의 깊은 성찰 과정에서 나왔다. 하도와 낙서에는 첨단과학의 시대를 살고 있는 현대인도 쉽게 포착할 수 없는 고대인들의 직관이 들어있다.

하도와 낙서

하도와 낙서는 오래된 설화에서 비롯되었다. 설화나 신화라고 하면 정확성에서는 의문이 생기지만 그렇다고 무턱대고 부정할 수 없는 것은 그런 이야기에도 인류의 무의식적 기억이 스며있고 근거가 부족한데도 오랜 세월을 견디며 후대에 전해지는 데에는 숨겨진 의미가 있기 때문이다.

중국의 기원과도 연관이 있는 하도설화는 모계 중심 씨족사회에서 부계중심의 씨족사회로 넘어가는 과정에서 만들어졌다. 신석기 말기(기원전 4000년 전쯤)에서 초기 청동기까지는 권력보다 관계를 중요시한 모계중심의 사회로 비교적 평온했다. 사람들은 의식주를 해결하고 자손을 이어가는 것 외에는 크게 욕심을 부리지 않았고 간혹 분쟁이 생긴다손 치더라도 규모가 작았다.

청동기에 접어들어 큰 힘을 발휘할 수 있는 도구와 무기가 생기면

---

05 음양오행의 원전인 하도와 낙서는 위서(緯書)에 속한다. 위서는 시위·역위·서위·예위·악위·춘추위·효경위 등 7위서 외에 상서중후, 논어참, 하도(河圖), 낙서(洛書) 등도 함께 거론된다.

서 다툼이 점차 많아졌다. 그러면서 힘을 가진 자는 지배자가 되고 그렇지 못한 경우는 피지배자가 되는 과정을 통해 인간사회는 큰 변화를 겪었다.

평화가 중요하던 모계사회에서 정복과 힘을 지향하는 부계사회로 변모하고 씨족사회에서 부족사회로 바뀌게 되면서 힘이 중요해졌다. 조용한 모계 사회에서 힘을 가진 정복자가 영웅이 되는 시대가 되었음은 삼황오제의 출현으로도 알 수 있다.

하도와 낙서는 힘을 중요하게 여기던 시기에 나왔다. 하도와 낙서에는 힘이 작동하는 원리가 오행으로 표현돼있다.

오행을 이해하는 것은 바로 힘의 원리를 이해하는 것이다. 음양오행에는 황하 강이 흐르는 넓은 중원에서 농경문화를 이룩한 사람들이 처음으로 힘을 인식한 과정이 들어있다. 이런 배경을 기억하면서 하도와 낙서를 탐구해보자.

창조설화 속에 등장한 하도

사기에 따르면 중국역사 최초로 등장한 부족국가 제왕은 황제(黃帝 기원전 2700년경)다. 중국의 창조설화는 황제보다 앞서 삼황(세 명의 제왕으로 복희, 신농, 여와)이 있었다고 전한다. 복희씨는 하늘의 지혜를 스스로 터득하여 땅 위에 사는 인간을 살핀 신인神人이었다. 그는 그물을 만들었고 사람들에게 수렵을 가르쳐 주어 먹고사는 어려움을 해결해주었다. 또 창조의 여신인 여와를 아내로 삼았다.

어느 날 그는 하늘에서 미세한 무늬[06]를 관찰하고 대지에 나타난 신묘한 변화도 포착하여 문서로 남겼는데 그것이 하도다. 다음은 설화의 내용이다.

기원전 3000년경 복희씨가 황하 강기슭에서 인간의 미래를 염려하며 천지의 뜻을 살피고 있었다. 바로 그때 갑자기 하늘에서는 번개가 치고 강에서는 용머리를 한 기이한 말이 하늘로 날아올랐다. 놀란 복희씨는 급히 이 용마에 올라타고 궁으로 돌아왔다. 그런 다음 타고 온 용마를 자세히 살펴보니 옆구리에 점으로 표현된 이상한 그림이 있었다. 그는 단순해 보이는 문양을 오래 궁구한 끝에 그 속에 우주 변화의 원리가 있음을 깨닫게 되었다. 이후 그는 자신이 터득한 그 원리로 세상을 다스렸다.

복희씨가 하늘의 계시로 얻었다고 생각한 그림에는 바둑알 같은 점들이 표시돼 있다. 너무도 단조롭고 간단하게만 보이는 그림 속에 도대체 무슨 우주의 비밀이 있다는 말일까?

그림을 자세히 분석해보자.

---

06 하늘에 나타난 무늬를 관찰하고 땅의 결을 연구했다는 것은 음양오행을 이해하는 초기 단계에 있었다고 볼 수 있다.

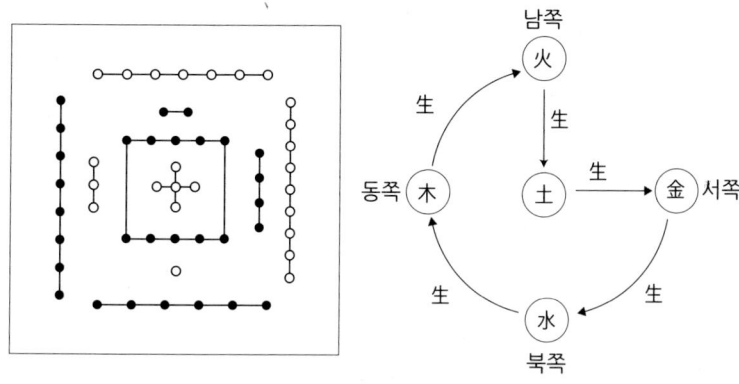

바둑알 개수를 오행과 방위, 계절과 연관시키면 이런 표가 나온다.

동쪽 (목, 봄)	남쪽 (화, 여름)	서쪽 (금, 가을)	북쪽 (수, 겨울)
검은 점 8개	검은 점 2개	검은 점 4개	검은 점 6개
흰 점 3개	흰 점 7개	흰 점 9개	흰 점 1개

1과 6은 水를 나타내고 방위는 북쪽이며 계절은 겨울이다.[07]

2와 7은 火와 남쪽, 여름에 해당한다.

3과 8은 木과 동쪽, 봄을 의미한다.

4와 9는 金과 서쪽, 가을을 나타낸다.

---

07 보통 지도에서 북쪽은 위쪽에 배치하는데 오행을 설명할 때는 아래쪽에 둔다. 북쪽은 水와 연관이 있다. 물은 무거운 기운이고 아래로 흐르는 속성이 있어서 위보다는 아래에 두는 것이 자연스럽기 때문이다. 북쪽이 아래라는 점을 기억하기 바란다.

4원소설과 주역에는 없는 土

4원소설이나 주역으로도 목화금수 4행을 이야기할 수는 있다. 그러나 토를 연결시키는 것은 쉽지 않다. 하도에는 토가 보인다. 그래도 그림만 보고는 토가 하는 역할을 이해하기 어렵다. 외곽에 있는 4행과 달리 중앙에 있다는 정도만 알 수 있다.

여름에서 가을을 순조롭게 연결하는 토

겨울은 차가운 水의 기운이다. 봄은 水를 흡수해 조금씩 자라며 생명의 기운인 木이 된다. 여름은 木의 기운을 급격하게 팽창시키며 불타오르는 火가 돼 주위를 무덥게 만든다. 여기까지는 변화가 순조롭게 진행된다. 문제는 여름에서 가을로 넘어가는 단계다.

가을은 만물이 딱딱하게 굳고 차가워지는 金이 지배한다. 여름에서 가을로, 뜨거운 화가 갑자기 싸늘한 금이 되는 과정은 자연스럽지 않다. 팽창하는 화 기운과 수축하는 금 기운은 반대 방향이니 서로 충돌하는 게 정상이다. 이것은 상생이 아니다. 이런 관계를 방지하기 위해 지금까지 가만히 있던 토가 나선다.

중앙을 차지한 토는 화와 금의 불편한 대립을 피하고 여름에서 가을로 넘어가는 과정을 순조롭게 연결하는 징검다리 역할을 한다. 그리스 자연철학자들은 미처 생각해내지 못한 토는 공간에 가깝다. 그들은 자연의 아르케를 깊이 탐구해 우주의 4원소는 창안해내었지만 공간을 토로 연결 지을 생각은 하지 않았다. 이것은 그들의 사고력이 동양의 고대인들보다 못하다는 얘기가 아니라 환경이 달랐다는 의미다.

서양문명은 지중해를 중심으로 한 해양상업 활동에서 형성되었고 동양문명은 넓은 땅과 강을 중심으로 한 농경생활에서 비롯되었다(이 차이를 상세하게 다루는 부분이 따로 마련돼 있다). 의식주를 해결하는 조건이 달랐던 만큼 우주와 자연을 인식하는 태도도 달랐던 것이다.

한 점으로 응축되는 하도의 운동!

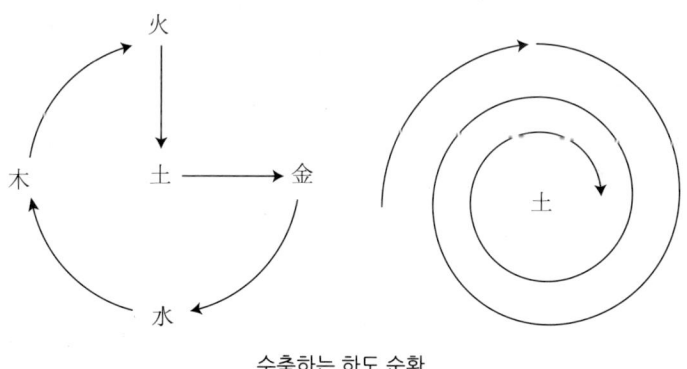

수축하는 하도 순환

하도는 중앙 토에서부터 힘이 작용한다. 이 힘은 오른쪽으로 상생하면서 순환한다. 금을 거쳐 수와 목에 이르고 여름이 돼 남쪽 위치의 화에 다다르면 힘은 다시 안쪽의 토 방향으로 작용한다. 이 과정을 반복하면서 힘은 안쪽으로 빨려든다.

순환의 움직임이 반복될수록 기는 중심을 향해 점점 축소되고 이윽고 한 점으로 응축될 것이다.

대홍수와 낙서

낙서가 나온 것은 하도가 출현하고 1000년이 지난 기원전 2000년 경이다. 낙서는 하나라를 건국한 우왕과 연관이 있다. 우왕은 순 임금 시대에 홍수를 막아내는 공을 세웠다.[08]

요순시대는 어진 임금이 천하를 잘 다스려 태평한 시절로 알려져 있다. 그렇지만 어김없이 발생하는 자연재해는 골칫거리였다. 나라의 가장 시급한 과제는 홍수를 막아내는 일이었고 그것을 해결할 수 있는 인물이라면 제왕도 될 수 있었다. 하나라의 건국시조가 된 우왕이 바로 그런 인물이었다. 사연은 이렇다.

오랜 세월에 걸쳐 계속되는 황하의 범람으로 나라에 어려움이 가중되자, 순임금은 홍수 전문가인 우를 불러 홍수 막는 일을 맡겼다. 그는 넘쳐흐르는 물에 대처하기 위해 13년 동안 집에도 못가고 밤낮으로 일했다. 그러던 어느 날 우는 낙수(황하의 지류)에서 물길을 고치는 공사를 하다가 희한한 무늬가 그려진 거북이등을 발견했다. 그는 이 무늬에 하늘의 뜻이 들어있을지도 모른다고 믿고 그림무늬를 깊이 연구했

---

08 전해오는 얘기는, 아버지 곤이 하던 일을 우가 이어받았다고 한다. 아버지는 보를 쌓아 물을 막으려다 치수에 실패했지만 우는 보를 없애 물을 흘려보내는 방법으로 성공했다는 것이다.

다. 그 과정에서 낙서는 하도와 연관이 있음을 알아차렸다.

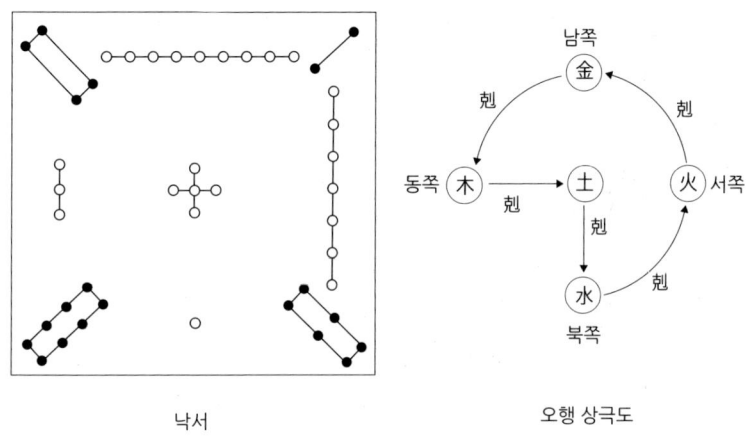

낙서   오행 상극도

낙서에서의 바둑알 모양은 하도와는 사뭇 다르다. 표시된 점들이 좀 어수선해 보이지만 우선 작은 변화는 무시하고 오행만 찾아보자.

하도와 낙서의 차이점

하도와 다른 것은 火와 金의 위치가 서로 바뀌어 있다는 거다. 또 하도에서는 점들이 모두 안쪽으로 모이는 분위기인데 반해 낙서에서는 검고 흰 점들이 바깥에 있고 중앙에 있던 10개의 검은 점이 사라졌다.

낙서는 하도의 파국을 극복하기 위해 나왔다. 이것은 낙서에는 하도의 한계를 극복할 수 있는 메커니즘이 들어있다는 뜻이다. 흥미로운 건 그 메커니즘이 너무도 간단하다는 거다. 하도의 남쪽을 차지한 화와 서쪽을 접한 금을 비틀면 낙서가 되면서 왼쪽으로 회전하는 상극이 일어난다 이제 상생의 순환이 어떻게 상극의 순환으로 바뀌게 되는지 그 과정을 추적해 보자.

팽창하는 낙서, 상생에서 상극으로

상극을 水에서 시작해보자.

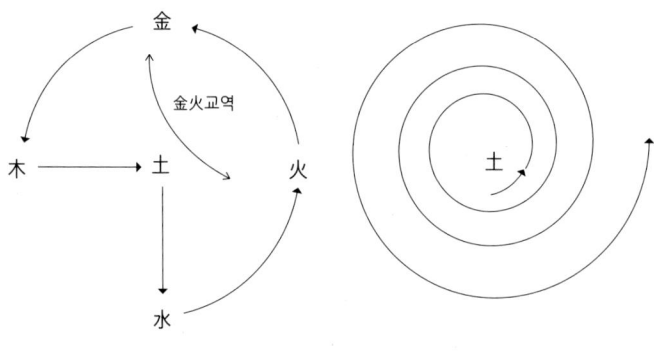

팽창하는 낙서 순환

그림에서 水는 서쪽 위에 있는 火를 상극한다. 火는 金을 상극하고 金은 다시 木을 상극하며 반발한다. 木은 土를 상극한다. 이 힘의 작용 방향을 생각해보자. 木은 위로 치솟는 힘이다. 그래서 자신이 뿌리박고 있는 土를 아래로 밀어내며 솟는다. 토는 다시 水를 상극한다. 이런 상극의 과정을 반복하면서 낙서는 팽창을 일으킨다. 이것이 낙서에 담긴 순환의 핵심이다.

낙서에서 숨은 10토 찾기

　낙서의 팽창을 이렇게만 얘기하고 지나가면 좀 부족하다고 느낄 분이 있을 것이다. 맞다. 아직 토에 대해 충분히 설명하지 않았다. 낙서의 중앙을 보자.

　토를 의미하는 숫자는 5와 10이다.
　바둑알 개수가 다섯인 것은 쉽게 눈에 띈다. 5는 찾아낸 셈이다. 그런데 열 개짜리 바둑알이 없다. 10토는 어디서 찾아야 할까? 10토를 발견해내는 것은 숨은 그림 찾기와 비슷하다.
　염려할 필요는 없다. 10토는 맞은편에 있는 점들을 합하기만 하면 된다. 수수께끼 같지만 바깥으로 나가있는 토를 배열하는 경우에 이보다 더 좋은 방법은 없을 것이다.

아래 1점 + 위의 9점 = 10개

좌측 3점 + 우측 7점 = 10개

대각선 4점 + 6점 = 10개

대각선 2점 + 8점 = 10개

아래, 위, 옆, 대각선 어느 쪽으로든 바깥을 둘러싸고 있는 점을 합하면 10이 된다. 5는 양의 토이고 10은 음의 토를 나타낸다. 낙서는 하도와 달리 요소들이 안으로 모이지 않고 외곽으로 퍼져나간다. 이것은 토가 팽창하는 것을 의미한다.

힘을 알아야 운명을 안다

엠페도클레스는 우주의 분열하는 힘과 응축하는 힘을 사랑과 증오의 작용으로 설명했다. 음양오행에서는 우주의 팽창과 수축을, 오행의 성질을 조합해 구체적으로 규명한다. 그렇지만 하도가 낙서로 바뀔 때 火와 金의 위치가 바뀌는 것에 대한 근거는 아직 밝히지 않았다. 이 문제를 해결하려면 상대성이론의 도움이 필요하다. 이 부분에서 뭐라고? 상대성이론? 하면서 놀라 달아날 분이 나올 수 있겠다. 미리 말씀드린다. 중학생도 이해할 수 있는 개념으로 설명할 것이니 걱정은 접으시라.

개인의 운명을 이해하려면 반드시 필요한 힘의 원리를 중학교에서 배운 피타고라스 정리로 접근할 것이다. 피타고라스 정리만 제대로 응용해도 하도와 낙서에 표현된 순환하는 힘을 이해할 수 있다. 물론 일반상대성이론의 핵심내용도 장악할 수 있다. 그러니 수학이나 과학을 끔찍하게 싫어하는 독자라 하더라도 전혀 걱정할 필요가 없다. 홀가분한 마음으로 차원 여행을 떠나보자.

우주에서 일어나는 무수한 변화는
힘이 일으키는 향연이다.

상대성이론과 힘

힘은 무엇인가?

힘에 대한 개념이 명확하게 정립된 것은 300~400년 전이다.
 힘은 물리학뿐 아니라 철학에서도 중요한 요소여서 자연철학자들을 비롯하여 여러 분야의 연구자들이 오래전부터 탐구 대상으로 삼아 왔다. 힘이 확실하게 정의되기까지는 엄청난 시간이 필요했다. 그렇게 된 데에는 정신과 물질을 분리시킨 플라톤 철학이 서구 사회에 오래 군림했기 때문이다.
 힘에 대한 이해는 아리스토텔레스의 자연관이 재조명을 받게 되면서부터 가능해졌지만 힘을 실험과 수식으로 확립하기까지는 2000년이 걸렸다. 그 과정을 한번 되밟아보자.

17세기에 영국의 과학자 뉴턴(1642~1727)은 힘을 과학적으로 분석해냈다. 그는 태양과 지구가 서로 끌어당기며 운동하는 현상을 세밀하게 계산해 만유인력을 발견했고 운동법칙을 세웠다.

운동법칙에 나타난 힘은 뉴턴보다 앞서 존재했던 많은 과학자의 실험과 관찰의 결실로 보아야 한다. 뉴턴의 운동법칙과 만유인력의 발견이 과학사적 사건인 것은 분명하지만, 이전 시대의 자취와 흔적이 있었기에 가능했다. 세상에 존재하는 의미 있는 결과물들은 어떤 한 시기의 노력이나 누군가의 기발한 생각만으로 탄생하는 것이 아니다.

힘! 철학을 낳고 과학을 낳다

코페르니쿠스와 케플러는 밤하늘을 관측하면서 별들의 움직임에 의문을 가졌다. 그들은 선을 그어가며 천체의 변화를 관찰하고 태양과 다른 혹성과의 운동을 생각하던 중에 놀라운 사실을 발견했다. 그때까지는 태양이 지구를 돈다고 믿었는데 지구가 태양을 중심으로 돌고 있음을 확인한 것이다. 이런 축적된 정보를 바탕으로 뉴턴은 태양과 혹성의 상호운동에 관한 연구를 할 수 있었고 중력법칙까지 끌어냈다. 철학과 자연과학의 경계가 명확하지 않았던 시대로부터 중력법칙이 발견되기까지는 무수한 세월이 흘렀다.

힘이 철학과 무슨 관련이 있을까? 하며 의아해하는 분이 있을 것이다. 철학에서 사용하는 힘과 자연과학에서 관심 갖는 힘은 같은 뿌리에서 나왔다. 이것은 "우주의 근원이 무엇인가?"에 대한 답을 구하려면 인문학과 자연과학이 함께 머리를 맞대어야 함을 암시하는 것이기도 하다.

뉴턴의 힘

뉴턴의 운동법칙을 살펴보면서 힘을 탐구해보자.
$F=ma$
(F : 힘, m : 질량, a : 가속도)

힘은 물체의 질량에 가속도를 곱해 계산한다. 그럼 질량에 가속도만 곱하면 그냥 힘이 될까? 매우 간단한 식이지만 많은 의미가 함축돼 있다. 수식數式은 일종의 언어이므로 지시사항은 그 식에 들어있다. 위 식의 각 요소에도 우리가 느낄 수 있는 물리량이 담겨있다.

$F=ma$ 식의 요소들을 따져보자.

m은 물체의 질량을 나타내고 a는 가속도를 표시한다. 즉 힘의 크기는 가속도의 크기에 비례한다. 여기서 비례하는 요소가 속도가 아니고 가속도라는 사실을 기억하자.

만약 힘을 구성하는 요소가 가속도가 아니고 속도였다면 힘을 이해하기 위해 인류가 그렇게 오랜 세월을 흘려보내지 않았을 것이다.

아리스토텔레스도 힘은 속도의 크기에 비례하는 것으로 이해했다.

그가 이해한 힘은 잘못된 것이었다.

힘에 대한 아리스토텔레스의 오해

아리스토텔레스는 과녁을 떠나 날아가는 화살이 계속 이동하는 것은 화살을 밀어내는 공기의 힘이 지속적으로 작용하기 때문이라 했다. 일정한 속도로 날아가는 물체에는 가속도가 발생하지 않으므로 힘이 작용할 수 없다. 화살은 관성慣性에 의해 처음 속도를 유지한다.

인류가 진정으로 힘을 이해하게 된 것은 속도에서 한 단계 나아간 가속도 개념을 생각하고 나서다. 현대과학에서 보면 너무나 간단하고 기본적인 것이다. 하지만 가속도는 갈릴레이의 관성의 법칙이 나오고 나서 뉴턴이 미분微分 개념으로 이해한 것이다.

가속도를 알아야 힘을 알 수 있다. 활시위를 떠난 화살은 최초 힘이 가해지면 더 이상은 힘이 작용하지 않아도 관성의 법칙에 의해 일정한 속도로 날아간다. 그러므로 일정 속도로 움직이는 물체는 처음의 힘 외에 더 이상의 힘이 작용하지 않는다. 고대인들이나 아리스토텔레스는 관성의 법칙을 몰랐기에 화살이 날아가는 도중에도 힘이 작용한다고 오해한 것이다.

힘은 질량에 속도를 곱한 것이 아니다. 그런데도 우리는 자주 힘과 속도를 연결해 생각한다. 이를테면 날아가는 물체에 맞았을 때 우리는 힘을 감지한다. 돌에 맞는 순간 힘을 느끼는 거다. 이것은 관점의 착각이다. 날아가던 돌이 동작을 멈추는 순간, 속도에 변화가 생기고 그것이 돌을 맞는 대상에게 힘으로 전달된 거다.

힘과 가속도

힘이 작용하는 순간 변화에 주목하자. 힘에 대한 정확한 정의는 움직이는 물체에 그냥 속도만 곱해서는 되지 않고 속도의 변화량, 즉 가속도가 있어야 가능하다. 이 가속도에 대한 이해가 부족해서 힘의 본질을 이해하는데 많은 시간이 걸렸다. 가속도는 단순한 물리 운동의 현상을 알기 위해서도 필요하지만 우주를 이해하기 위해서도 중요한 개념이다.

가속도는 단위시간에 일어나는 속도의 변화일 뿐인데 그게 그렇게 중요할까? 하고 의아해할 수 있다. 아르케를 탐구했던 그리스 철학자들도 가속도에 대한 이해가 부족해서 우주의 생성과 변화의 원리를 온전히 이해하지는 못했다. 어쩌면 그들은 가속도라는 개념을 발견하지 못해서 플라톤의 이데아(idea)로 건너가 버렸는지도 모른다.

안다고 착각하는 관성의 법칙

관성의 법칙을 자세히 살펴보자.

최초에 힘이 가해지면 물체는 일정 속도로 날아가고 그 상태는 이후 다른 힘이 작용하지 않아도 계속 유지되는 것이 관성의 법칙이다. 이것이 전제되어야 F=ma도 쉽게 이해할 수 있다.

힘은 질량에 가속도가 작용할 때 발생한다. 가령 우리가 일정한 속도로 날아가는 돌에 맞았다고 하자. 돌의 힘은 어떻게 변할까?

돌은 우리의 신체 일부분을 맞히는 순간, 날아가던 동작을 멈추고 속도는 초속 0m로 변한다. 그 순간, 마이너스(-)가속도가 발생하고 관성의 힘은 돌을 맞은 우리에게 전달되는데 그 과정에서 우리가 느끼는 것이 힘이다. 초속 10m로 날아가는 돌과 초속 20m로 날아가는 돌은 처음만 힘이 가해지고 중간에는 힘이 작용하지 않는다. 하지만 우리가 돌에 맞는 그 순간, 속도가 변하는 과정에서 우리에게 힘으로 전달된다.

일정한 속도로 날아가는 돌의 힘은, 돌이 느끼는 힘이 아니라 돌에 맞는 대상이 느끼는 힘이다. 이 힘은 보존된다. 보존된 관성의 힘은 '에너지'로 나타난다.

이제 대상과 부딪혀서 느끼는 힘 말고 물체가 스스로 느낄 수 있는 힘의 예를 일상에서 찾아보자. 우리가 자동차를 운전하거나 지하철을 타고 있을 때 자동차와 열차가 일정한 속도로 움직이고 있으면 우리 몸은 힘이 작용한다는 것을 잘 느끼지 못한다. 하지만 급히 멈출 때, 혹은 달리는 도중에 속도를 증가하거나 줄이면 우리 몸은 뒤로 또는 앞으로 쏠리면서 힘을 받게 된다. 그러다 가속 혹은 감속을 중단하면 우리가 느끼는 힘도 점차 약해지면서 편안하게 달리던 때와 같은 안정된 상태가 된다.

매 순간 물체에 작용하는 힘의 본질은 가속도에 있다는 사실을 꼭 기억하자.

아인슈타인의 상대성이론 - 힘과 공간의 이상야릇한 진실

힘은 질량과 거리와 시간이 서로 얽혀(F=ma)[09] 매 순간 변화하는 물리량이다. 우주에서 일어나는 무수한 변화는 힘이 일으키는 향연이다. 힘이 우주변화의 본질인 셈이다.

공간, 시간, 질량이 함께 빚어내는 힘의 향연에서 가장 극적인 사건은 공간이 휜다는 사실이다. 공간이 휘면 우주에서 더 이상 직선운동은 일어나지 않는다. 어떤 운동도 곡선운동, 타원운동, 원운동으로 귀결된다. 이런 운동 상태에서 가속도가 커지면 일정 공간에서의 힘도 커지고 에너지도 집중된다. 이 에너지는 소립자[10]가 되고 이 소립자는 다시 원자, 분자, 그 밖의 다양한 물질이 될 수 있다. 이제 힘이 왜 우주에서 일어나는 다채로운 향연의 주인공인지 조금은 짐작했을 것이다.

공간의 휨에 힘이 개입돼 있다는 것은 아인슈타인이 일반상대성이론에서 이끌어낸 결론이다.

힘이 어떻게 공간을 휘게 할까?

힘이 물리적으로 명확하게 정립되는 데는 오랜 세월이 걸렸지만

---

09 F=ma (a=dv/dt)
10 현대물리학에서 사용하는 용어로 전자, 양성자, 중성자 같은 작은 입자를 지칭한다.

뉴턴 이후로 과학은 급속도로 발전했다. 불과 이삼백 년 만에 내용 또한 걷잡을 수 없이 많아지고 복잡해졌다. 수백 년 전에는 뛰어난 과학자도 이해할 수 없었던 어려운 내용을 지금은 중 고등학교 교과과정에서 배운다.

상대성이론도 마찬가지다. 이론이 처음 발표되었을 때는 그것을 이해하는 사람의 수는 고작해야 열 손가락 정도라는 얘기도 있었다. 100년 가까운 세월이 흐르는 동안 상대성이론에 대한 관점이 달라지면서 예전보다는 수월하게 이해할 수 있게 되었다. 자연과학을 전공하지 않은 일반인이라도 조금만 관심을 가지면 원리를 알 수 있다.

설정조건에 따라 다른 상대성이론

상대성이론은 설정조건에 따라 특수상대성이론과 일반상대성이론으로 나뉜다. 두 이론의 조건은 어떤 차이가 있을까? 바로 '물체가 일정한 속도로 움직이는가?'와 '물체가 가속도에 의해 속도가 변하면서 움직이는가?'이다. 이 구분이 힘의 정의와 연관되어 있음을 눈치 빠른 독자는 알아차렸을 것이다.

특수상대성이론은 관성의 법칙 안에서 힘이 작용하지 않는 운동이고 일반상대성이론은 힘이 작용하면서 속도가 변화하는 운동이다. 이것을 힘으로 바꾸면 '운동하는 물체에 힘이 작용하는가? 힘이 작용하지 않는가?'이다.

먼저 힘이 작용하지 않는 특수상대성이론을 알아보자.

특수상대성이론 - 관성에 의해 힘이 작용하지 않는 운동

정지해있는 관찰자와 일정한 속도로 움직이는 관찰자는 시간과 공간에 대한 인식이 다르다. 이것을 규명한 것이 특수상대성이론이다. 여기에는 전제조건이 하나 있다. '광속도 불변의 원리'로 '빛의 속도는 진공에서 누구에게나 초속 30만km'라는 것이다.

그런데 우리의 머릿속에는 절대 공간과 절대 시간이라는 관념이 깊이 박혀 있다. 그것이 특수상대성이론을 받아들이기 어렵게 한다. '광속도 불변의 원리'부터 수긍해야 특수상대성이론[11]도 이해할 수 있다. 그렇지 않으면 설명을 듣고 나서도 의혹이 생긴다. 먼저 속도와 광속도의 차이점부터 파악하는 것이 좋겠다.

속도와 광속도

1) 공의 속도

관찰자 A와 B가 있다. A는 정지해 있고 B는 초속 20m로 달리는 자동차에 타고 있다. 이때 B가 차를 타고 가면서 앞쪽을 향해 초속 30m로 공을 던진다. B의 입장에서 공은 초속 30m로 날아갈 것이다. 정지해 있는 A가 보면 날아가는 공은 공의 속도 30m에 차의 속도 20m를 더한 초속 50m가 된다.

---

[11] 과학을 부담스러워하는 독자가 있을 줄 안다. 그런 분은 그냥 가볍게 읽고 지나가기 바란다. 뉴턴의 힘이나 상대성이론을 몰라도 자기 운명을 이해하는 데는 지장이 없다.

2) 빛의 속도

공과 자동차를 빛과 우주선으로 바꿔보자.

B는 초속 20만km로 나아가는 우주선을 타고 빛을 앞으로 쏜다. 이때 빛의 속도는 초속 30만km다. 이 빛이 정지해 있는 A에게는 어떻게 보일까?

달리는 자동차에서 던진 공처럼 생각하면 A가 측정한 빛 속도는 우주선 속도 20만km와 우주선에서 출발한 빛 속도 30만km를 합한 50만km가 되어야 한다. 그러나 A가 관측한 빛 속도는 B가 관측한 것과 같은 30만km다. 이것이 '광속도 불변의 원리'이다. 이 결과를 근거로 아인슈타인은 특수상대성이론을 만들었다.

이론이 처음 발표되었을 때는 수학에 뛰어난 과학자들조차도 이해할 수 없었다고 한다. 이론의 핵심에 우리의 감각으로는 좀체 수용하기 어려운 '광속도 불변 원리'가 적용되었기 때문이다.

시간과 시계

시계가 없었던 시절은 시간을 어떻게 헤아렸을까?

고대인들은 천체의 운행에서 비롯되는 시간의 흐름을 신체감각을 동원해 하나하나 감지하며 삼라만상의 변화를 기록해나갔다. 점점 지혜가 축적되면서 해와 모래를 이용해 시간을 측정했다. 고대인들이 인식한 시간은 근대과학이 만들어낸 물리적 시간과는 상당히 다르다.

물리적 시간개념이 본격적으로 등장한 것은 갈릴레이가 왕복운동하는 추에서 주기성週期性을 발견한 다음의 일이다. 이후 기계 시계에서 전자의 진동을 이용한 디지털 시계를 거쳐 오늘날은 세슘원자의 진동수까지 동원해 시간을 측정한다. 물리적인 시간을 측정하는 데에는 하나의 공통점이 있다. 바로 질량을 가진 물체가 일정한 거리를 반복적으로 왕복운동을 하는 거다.

여기서 아인슈타인은 보통 사람들은 상상도 하기 어려운 놀라운 사고실험을 한다. 그는 당시 여러 과학자들의 연구를 참고해 빛은 진공 상태에서 초속 30만km로 달린다는 것에 확신을 얻었다. 그래서 빛의 속도가 시간과 공간을 조절한다는 가설을 세운다. 진공에서 초속 30만km로 달리는 빛이 시간을 정하는 기준이 된 거다. 이 발상은 세상을 바라보는 관점을 깡그리 무너뜨린 엄청난 사건이다.

공간과 시간의 비밀 - 빛시계로 풀자

시간과 공간의 관계를 이해하려면 빛을 알아야 한다. 우리의 감각으로는 빛의 물리적 속도를 따라잡을 수 없다. 이 문제를 해결할 좋은 방법이 있다. 머릿속으로 간단한 빛시계만 하나 그리면 된다. 너무도 단순한 빛시계 하나로 우리는 진공에서 일어나는 시간과 공간의 수상한 협약을 모조리 드러낼 수 있다. 그 시계로 특수상대성이론뿐 아니라 공간이 휘는 일반상대성이론도 설명할 것이다.

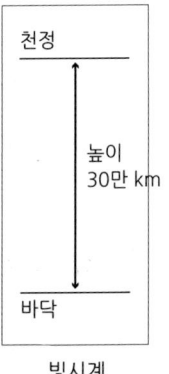

빛시계

그전에 먼저 기억할 것이 있다. 이 빛시계는 눈에 보이는 시계가 아니라 머릿속으로 그려보는 사유思惟의 시계라는 사실이다. 사유의 시계는 관찰자의 망막에 시계의 빛이 직접 들어와서 시간을 확인하는 것이 아니라, 빛이 시계의 두 경계점인 천장과 바닥에 닿는다는 생각에서 성립하는 시계다. 즉 추론으로 탄생한 시계다.

두 사람 A와 B를 다시 등장시키자. A는 지상에 정지해 있는 관찰자, B는 우주선을 타고 등속도로 움직이는 관찰자다.

등속운동하는 우주선과 B

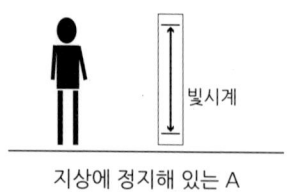

지상에 정지해 있는 A

A와 B는 같은 출발점(t=0)에서 각각 빛시계를 가지고 있다.

이 빛시계는 바닥에서 출발한 빛이 높이 30만km의 천장에 이르면 바닥으로 떨어지고 다시 위를 향하는 식으로 수직 왕복운동 한다.

1초 후에 똑 하고 천장에 부딪히고 다시 1초 후에 딱 하고 아래에 부딪히며 A와 B에게 시간을 알려준다. 이제 B의 우주선이 A가 있는 지점을 일정 속도로 통과한 1초 후의 장면을 연상해보자. 이 우주선은 속도는 알 수 없지만 A로부터 22.5만km의 거리로 나아갔다고 가정하자.

1) 1초 후의 시공 빛시계
A가 B의 빛시계를 바라본다면 어떤 구도가 될까?

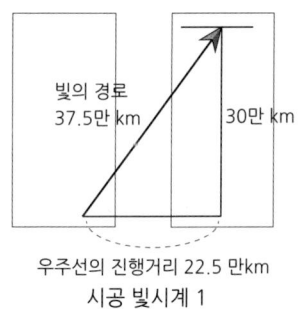

시공 빛시계 1

다른 위치에서 다른 관점으로 보는 빛시계도 작동방식이 같을까? 이 의문을 풀기 위해 A가 B의 빛시계를 바라보는 상황을 그려보자. 여기서 B가 자신의 시계를 보는 것과 구별하기 위해 A가 B의 시계를 보는 경우를 '시공 빛시계'라 부를 것이다.

시공 빛시계는 각자의 빛시계와는 다른 방식으로 작동한다.

우주선의 진행거리 때문에 시공 빛시계의 경로는 빛이 곧장 천장으로 올라가지 않고 비스듬히 천장에 닿는 것처럼 보인다.

이제 피타고라스의 정리를 적용하자.

우주선이 나아간 거리가 22.5만km이고 빛시계의 높이는 30만km이다. 이때 시공 빛시계의 빗변 경로는 피타고라스 정리에 의한 직각삼각형 비율 3:4:5에 따라 37.5만km가 됨을 쉽게 알 수 있다. 빗변길이가 구해지면 다음과 같은 추리가 가능하다.

각자의 시계로는 같은 시간이 흘렀어도 A가 B의 빛시계를 바라보는 시공 빛시계는 빛이 37.5만km로 길어졌다. A의 입장에서 '광속도 불변의 원리'를 철저하게 적용할 경우 빛의 경로가 길어지면 길어진 거리만큼 시간도 길어진다. 길어진 거리를 시간으로 환산하면 1초가 아닌 1.25초(37.5만km/30만km)가 된다.

여기서 절대 잊으면 안 되는 사항이 있다.
첫째, '시공 빛시계'는 A가 B의 시계를 바라본 것이라는 점
둘째, 빛의 길어진 공간거리가 시간 측정의 절대 기준이 되는 점
셋째, 우주선 속도와 우주선의 진행거리가 다르게 나타나는 것.

애초에 우리는 우주선의 속도를 직접 언급하는 대신 우주선이 나아간 거리를 22.5만km라고 가정했다. 이 거리가 B에게는 1초 만에 도달한 거리지만 A에게는 다르게 인식된다. 우주선이 나아간 거리는 A가 파악한 거리이고 시공 빛시계에 의해 1.25초 동안 진행된 거리다.

A의 관점에서 우주선이 나아간 거리를 1.25초로 나누면 우주선

의 속도가 나온다.

우주선의 속도 : 22.5만km/1.25초=초속 18만km

우주선이 등속도 운동을 지속한다면 두 번째 단계도 같은 원리를 적용할 수 있다. 다만 이전과 다른 게 있다면 빛이 아래에서 위로 올라가지 않고 위에서 아래로 내려온다는 것뿐이다.

2) 1초에서 2초 사이의 시공 빛시계
두 번째 시공 빛시계는 대칭을 이루는 점만 다를 뿐, 나머지 상황

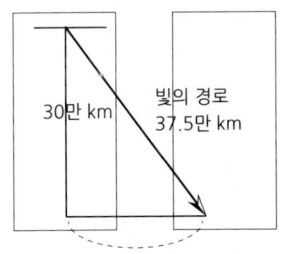

시공 빛시계 2

은 첫 번째와 일치한다. 따라서 이후 전개되는 시공 빛시계는 첫 번째와 두 번째를 결합하면 된다. 그렇게 나온 시공 빛시계는 매 2초마다 같은 모양을 반복할 것이다.

3) 2초 단위의 시공 빛시계

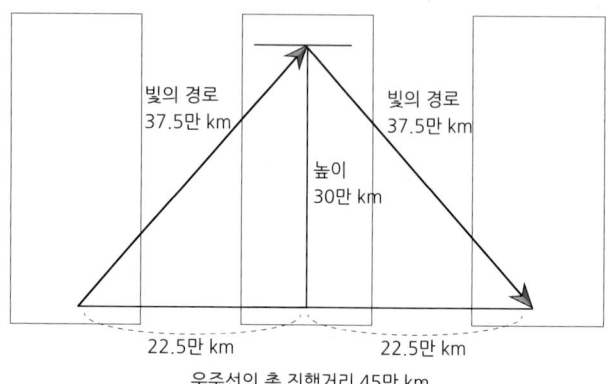

우주선의 총 진행거리 45만 km
2초 마다 반복되는 시공 빛시계

이제 시공 빛시계로 특수상대성이론의 핵심을 정리하자.

우주선의 속도는 초속 18만km이다. 각자의 빛시계가 1초 경과한 시점을 생각해보자. 흥미로운 건 A가 B의 빛시계를 보는 시공 빛시계는 시간이 다르다는 점이다. 1초가 아니라 1.25초가 되고 우주선이 진행한 거리도 18만km가 아니라 22.5만km다. 즉 우주선은 1.25초 후에 22.5만km까지 나아간 것이다.

마찬가지로 각자의 시계에서 2초가 흐른 후에도 시공 빛시계로 본 시간은 2초가 아니라 2.5초 경과한 것이 되고 우주선이 나아간 거리는 2.5초에 해당하는 45만km이다. 우주선이 10년을 달린다 하더라도 등속운동을 지속한다면 시공 빛시계에서의 시간 비율은 일정하게 유지될 것이다. 2초마다 같은 모습으로 길어진 시간 비율 1.25를 반복할 것이다. 그래서 B가 자신의 빛시계로 10년 혹은 100년이 지났을 때 A는 B의 10년을 12.5년으로, 100년은 125년으로 인식할 것이다.

일반상대성이론

일반상대성이론은 우주선의 속도가 변하는 가속도 상황을 설명한 것이다. 고전물리에 따르면 물체의 속도가 변하는 것은 물체에 힘이 작용해서다. 이 상황을 풀어내기 위해 아인슈타인은 중력장 방정식을 만들었다. 이 방정식은 천재라 불리던 아인슈타인도 혼자서는 풀어내기 어려워 뛰어난 수학자의 도움을 받아야 했고 완성하는 데는 10년이나 걸렸다.

일반상대성이론을 과학전공자가 아닌 우리가 관심을 가지고 살펴보려는 것은 일반상대성이론에 들어있는 '공간의 힘' 때문이다.

시공 빛시계로 접근하는 휘는 공간

특수상대성이론에 나왔던 시공 빛시계를 응용하면 휘는 공간을 쉽게 이해할 수 있다. 이제 우주선의 속도가 다른 세 가지 상황을 만들고 여기에 세 가지 단계의 등속운동을 설정할 것이다. 그렇게 하면 단계마다 길어진 시간을 계산할 수 있다. 그렇게 나온 값을 연결하면 곧바로 일반상대성이론을 적용할 수 있다. 그럼 공간은 무엇 때문에 휘는지, 어떻게 휘는지 파악할 수 있다.

1) 1단계

(t=0~1초)

1초 동안 우주선이 22.5만km로 나아간 경우,
앞에서 계산한 자료를 그대로 이용하자.

길어진 시간비율 : 1.25

우주선의 속도 : 22.5만/1.25=18만km

여기서 과정을 한 번 더 반복해 좌우대칭으로 만들자.
그럼 2초 단위로 반복하는 시공 빛시계가 된다.

(t=1~2초)

즉 1초 동안 우주선이 22.5만km로 나아갔다고 하면

길어진 시간비율 : 1.25

우주선의 속도 : 22.5만/1.25=18만km

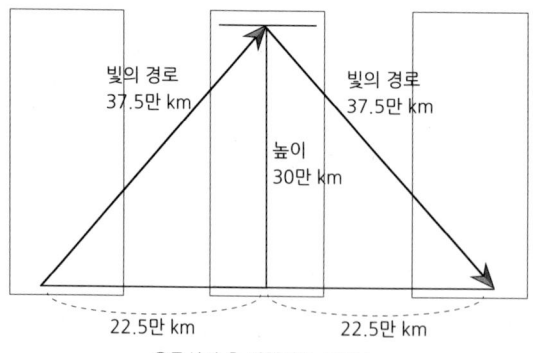

우주선의 총 진행거리 45만 km
초속 18만 km의 시공 빛시계

2) 2단계

(t=2~3초)

2단계 진입 즉시, t=2초에 우주선이 순간 가속으로 1초 동안 30만km까지 나아간 경우를 가정하자.

시공 빛시계의 밑변 : 높이 : 빗변의 비율은 1:1:√2이다. (√2=1.414)

빗변의 길이는 42.4만km이고 길어진 시간비율은 1.414이다.

우주선의 속도 : 30만km/1.414=21.2만km

이 과정을 한 번 더해 2초 단위로 반복하는 시공 빛시계를 만들자.

(t=3~4초)

1초 동안 우주선이 30만km까지 진행한다.

빗변 길이는 42.4만km, 길어진 시간비율은 1.414

우주선의 속도 : 30만km/1.414= 21.2만km이다.

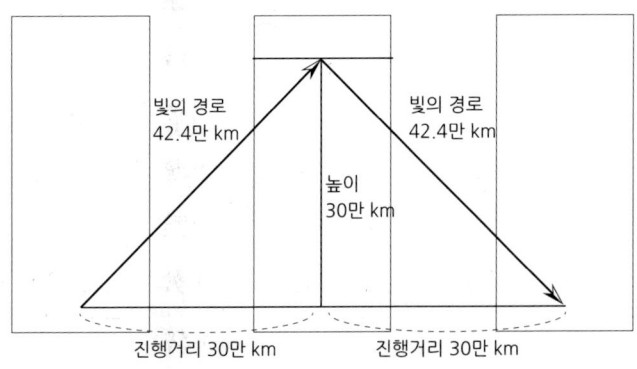

우주선의 총 진행거리 60만 km
초속 21.2만 km의 시공 빛시계

3) 3단계

(t=4~5초)

3단계도 우주선이 t=4초에 순간 가속으로 1초 동안 40만km를 진행한 경우다.

직각삼각형의 밑변: 높이: 빗변의 비는 4:3:5이다.

빗변의 길이는 50만km, 길어진 시간 비율은 약 1.67

우주선의 속도: 40만km/1.67= 24만km다.

과정을 한 번 더 반복해 2초 단위의 시공 빛시계로 만들자.

(t=5~6초)

1초 후 우주선이 40만km를 진행하고

빗변의 길이는 50만km, 길어진 시간 비율은 약 1.67

우주선의 속도: 40만km/1.67= 24만km다.

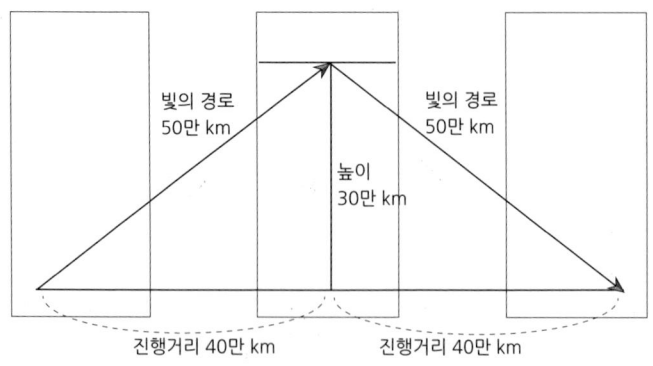

이제 우주선의 속도를 다르게 계산한 데이터를 2초간[12]씩 연결해 보자.

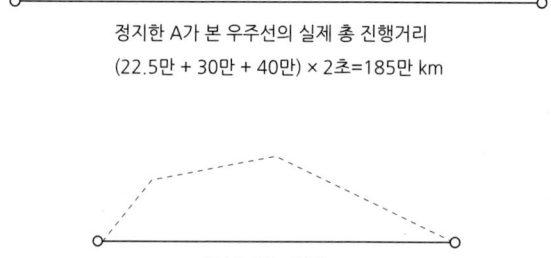

이 자료[13]는 다음과 같이 이해할 수 있다.

B가 탄 우주선은 순식간에 출발해 초속 18만km로 등속운동을 유지하고 2초 후에 다시 힘을 받아 21.2만km로 2초간 등속운동 한다. 4초 후에 다시 힘을 받은 우주선은 순식간에 초속 24만km의 등속도를 유지한다.

요약하면 2초, 4초에 가속이 있고 이후에 2초간 등속운동 한다.

전체 흐름으로는 가속운동을 하는 것이지만 매 단계의 2초간은 등속운동 구간이므로 특수상대성이론의 시공 빛시계를 적용할 수 있다.

---

12 세 가지 등속운동을 2초간 연결시키는 거친 방법이 아니라 보다 짧은 시간 단위로 세분하면 일반상대성원리에 충실한 그래프가 나올 것이다. 여기서는 계산을 간편화하기 위해 횟수를 줄였으나 일반상대성이론을 이해하는 데에는 문제될 것이 없다.

13 이 내용을 이해할 때는 붕괴해 가는 지구에서 고통받는 인류를 구할 목적으로 우주 탐험을 떠나는 원정대가 나오는 영화 〈인터스텔라〉를 떠올려보는 것이 좋겠다.

휘어진 공간

공간이 휘는 현상은 누가 느낄까?

A일까? B일까?

정지해있는 A가 시공 빛시계로 측정한 우주선의 총거리는 185만 km이다. 우주선을 탄 B가 느끼는 거리합계는 126.4만km이다. 공간이 휜다는 말은 B가 한다. 즉 A의 관측 시간 8.67초[14]와 A의 관측 거리 185만을 6초간 여행한 B가 자신의 거리 126.4만과 비교해 공간은 줄어들고 시간은 천천히 간다는 사실에 놀라며 하는 말이다.

지금까지의 상황을 간단히 정리하면 이렇다.

힘은 속도가 변하는 가속 상황에서 공간을 축소시킨다. 그래서 시간은 느려진다. 이런 사실에 근거해서 아인슈타인은 "시간과 공간의 관계는 상대적"이라고 추리했다.

뫼비우스의 띠

수학자 뫼비우스(1790~1868)[15]가 창안한 이 띠는 긴 직사각형 종이를 한 번 비튼 다음, 양 끝을 맞대어 앞면과 뒷면을 자연스럽게 연결한 도형이다. 즉 2차원 평면을 휘게 해 앞면과 뒷면, 안쪽과 바깥쪽을 이어 붙인 띠다. 이것을 창안자의 이름을 따 뫼비우스의 띠라 부른다.

---

14   A가 지상에서 관측한 시간은 길어진 시간 비율에 의해 (1.25+1.414+1.67)×2초=8.67초가 된다.

15   독일 태생으로 해석기하학과 천문학에도 관심이 많았고 특히 위상수학(位相數學)과 관련해서 많은 업적을 남겼다.

앞면과 뒷면이 만나지 않는 평범한 고리

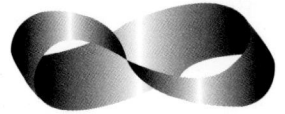
안과 밖이 연결되는 뫼비우스의 띠

왼쪽 그림은 직사각형의 양 끝을 붙여 놓은 일반적인 고리다. 이것은 안쪽과 바깥쪽이 서로 구분되어 면이 두 개인 평범한 고리다. 오른쪽 그림은 직사각형의 한쪽 끝을 비틀어 연결해 놓은 비틀린 고리, 뫼비우스의 띠다. 이 고리는 한 면을 따라 계속 가다 보면 2개의 면이 하나의 면으로 자연스럽게 이어진다. 앞면과 뒷면, 안쪽과 바깥쪽이 구분 없이 연결된다.

하도 낙서와 뫼비우스 띠

하도와 낙서도 뫼비우스 띠와 구조가 비슷하다.

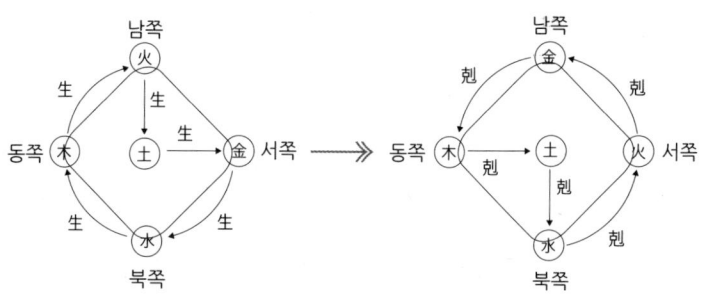
하도를 꼬아 놓은 낙서

상대성이론과 힘　85

수축하는 하도의 토와 팽창하는 낙서의 토도 2차원 평면처럼 하나의 면으로 연결될 수 있다. 그림에서 木火金水 4행을 모서리가 둥근 사각형으로 생각해보자. 왼쪽의 하도에서 火金을 비틀면 金火가 되고 그것은 바로 오른쪽 그림, 낙서가 된다. 즉 힘이 가해지면 뫼비우스 띠처럼 하도가 낙서로 변한다. 비틀린 힘에 의해 하도가 낙서의 이면이 되고 낙서도 하도의 뒷면이 된다. 서로 다른 구조가 하나로 이어진다.

하도와 낙서에도 적용되는 일반상대성이론

하도와 낙서의 관계는 일반상대성이론을 적용하면 쉽게 이해할 수 있다. 하도에 힘이 작용하면 남쪽 火와 서쪽 金의 기운이 바뀌면서 낙서가 된다. 힘이 두 공간의 기를 바꿔놓았다.

하도는 4행이 상생하면서 수축하는 기운이고 낙서는 4행이 상극하면서 팽창하는 기운이다. 하도의 끝은 한 점으로 수축하는 반면 낙서의 끝은 팽창하는 공간을 창출한다.

어떻게 그런 일이 일어날 수 있냐고? 우리가 살아가는 이 지구가 미세하지만 공전과 자전을 통해 매 순간 공간의 휨을 만들기 때문이다.

지금까지 음양오행 속에 들어있는 힘을 설명하기 위해 자연과학의 개념 몇 가지를 소개했다. 여기까지 오는 동안 평소 수식을 잘 접하지 않아 조금은 불편함을 느꼈던 독자라면 이제 걱정을 거두어도 좋다. 앞으로 다룰 내용들은 인문적 상상력을 한껏 발휘할 수 있는 영역이다.

기대하시라.

2부 | 운명 속의 관계

오행 五行

오행으로 표현되는 기氣의 순환

기氣 = 힘×공간×시간(force×space×time)

기는 시간과 공간이 힘에 의해 순환하는 것이다.

음양에서 오행이 나오고 다시 10간과 12지로 분화하는 일련의 과정이 바로 기의 변화과정이다.

앞에서 우리는 힘을 설명하기 위해 수학적 개념들을 끌어왔다. 기를 이해하기 위해서였다. 그런데 지금 우리가 이야기하려는 기는 물리적 현상에 국한되는 것이 아니다. 우주에는 신비스럽고 오묘해 설명하기 어려운 초월적 현상들도 무수히 많다. 과학자들의 언어인 수학만으로는 이 세상을 제대로 이해할 수 없을 때가 많다. 특히 우주의 본질과 맞닿아 있는 기를 탐구할 때는 인간도 함께 연구되어야 하기에 인문적 언어가 필요하다.

인문적 언어라고해서 상상력에서 나온 허구적 언어로 생각하면 곤란하다. 인문언어라고 하지만 자연과학을 기술하는 수학언어처럼 엄격한 체계를 가지고 있어야 자연의 법칙과도 교류할 수 있다. 그러려면 자연과학의 언어인 수학언어와 기본구조는 같으면서도 인간을 이해할 수 있는 특성도 갖춘 언어라야 한다. 음양의 진동에 뿌리를 두고 있는 오행은 수학언어 구조를 장착한 인문언어라 할 수 있다.

이제 창조적 발상의 원천이 될 수 있는 오행으로 우주 현상을 탐구해보자. 水부터 시작한다.

水기운

응축된 에너지(압축된 힘)

오랜 시간에 걸쳐 축적된 기억이 흘러 움직인다.

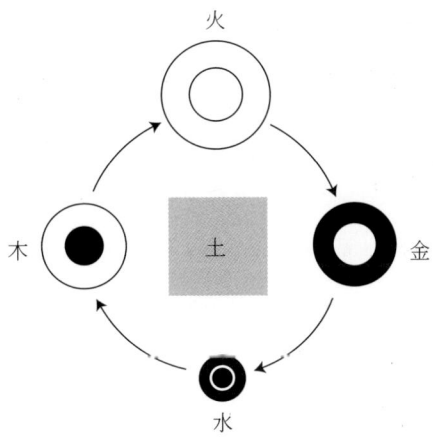

위 그림을 보자.

水는 아래쪽에 이중의 검은 원으로 표시되어 있다. 내부로 압축해 가는 수 기운은 우주의 블랙홀처럼 응축되었다. 외부에서 느낄 수 있는 수의 인상 또한 무겁고 어둡고 차갑다.

수는 양은 없고 음밖에 없어 전체 구조도 불안정한 데다 자체 무게감 때문에 위에서 아래로 미끄러져 내린다. 이런 특성 때문에 수는 자신만의 고유한 형상을 가지지 않고 유연한 모습으로 흘러갈 수 있다.

水의 본질

고대인들은 수 기운을 물에서 추론해냈다. 자연의 구석구석을 두루 돌아다니는 물에서 수 기운을 감지한 것이다. 곳곳에 흩어져 있는 물의 기운을 깊이 느껴본 사람이라면 탈레스의 주장(만물의 근원은 물)에 공감할 것이다.

지구표면의 4분의 3은 바닷물이 채우고 있다. 넘실거리는 그 물은 태양이 뿜어내는 강한 열에너지를 싣고 대기를 돌며 기후를 조절한다. 육지에서는 강에서 흘러나온 물이 메마른 땅을 적시고 곳곳으로 스며들어 생명이 느끼는 갈증을 덜어준다. 빠르게 떨어지는 폭포수에서는 한낮의 태양 빛을 반사하는 물방울로 아름다운 무지개도 선보인다.

물이 언제나 은혜로운 건 아니다. 갑작스럽게 휘몰아치는 폭풍우나 감당하기 어려울 정도의 홍수는 재앙으로 돌아온다. 물은 변화무쌍한 성질을 지니고서 지구 구석구석을 끊임없이 흘러 움직인다.

진정 중요한 물의 역할은 따로 있다. 생명체가 필요로 하는 에너지와 양분을 보존하고 있다가 적절한 시기에 제공하는 일이다. 자연에 무수히 많은 자양분이 쌓여 있다 하더라도 물이 없다면 세상 구석구석으로 유통될 수 없어 생명체는 말라죽을 것이다.

수는 귀중한 생명 시스템을 이어가게 하는 에너지의 원천이다.

이제 물의 일반적 성질에서 조금 더 나아가 우주기운으로서의 수를 따져보는 것이 좋겠다. 물상에 그치는 단순한 수가 아니라 우주창조의 근원으로 작용했던 수를 살펴보자.

水의 특성

水는 영혼이 머무는 곳이다

水는 시원적 에너지로 영혼이 머무는 곳이다. 수는 시간과 공간이 구별되기도 전에 존재한 태초의 에너지에서 태어난다. 그냥 에너지만 모여 있는 것이 아니다. 오랜 시간동안 누적된 과거의 정보와 기억들도 고스란히 보존돼 있다. 그래서 새로운 공간을 만나면 정보와 기억들을 끊임없이 쏟아내고 분출하려는 성향이 있다.

프로이트는 인간의 의식을 빙산에 비유하면서 드러난 의식은 얼마 되지 않고 나머지는 드러나지 않은 무의식으로 간주해 무의식이 의식보다 더 많은 비중을 차지한다고 보았다. 무의식의 영역을 한 개체의 삶에만 국한하였던 프로이트에 비해 칼 융은 집단의 무의식으로 확장해나갔다. 무의식에 사리 삽고 있는 중요한 생명 에너지, 리비도에 있어서도 성적 에너지에 상당한 비중을 두었던 프로이트와 달리 융은 성적 충동을 비롯하여 다른 에너지까지 포함된 것으로 보았다.

수는 융이 설명하는 생명에너지와 일맥상통하는 지점이 있다. 즉 개인의 무의식 밑바닥에는 심연이 있고 그곳은 서로 다른 개체의 무의식과 공유할 수 있는 통로가 있다고 보는 것이다. 무의식의 심연에 있는 리비도 에너지는 개별 영혼의 리비도만 있는 것이 아니라 집단적 무의식이 잠복하고 있어 수많은 존재들의 기억과 감성과 욕망도 함께 흐른다. 그것은 지구의 원초적 기억이 고여 있는 바다와도 같다.

수는 타자의 감정을 헤아린다

수의 심연에는 수를 무겁게 하는 기운이 있다. 무거운 수는 외부에서 막거나 방해하지만 않으면 낮은 곳으로 흘러간다. 수는 공간이나 틈을 발견하면 자연스레 흘러든다. 자유로운 수라 하더라도 양이 줄어들거나 흐름을 방해하는 장애물을 만나면 운동에너지가 급격히 약화되어 한 곳에 고여 멈추고 만다. 어쩔 수 없이 흐름을 포기하고 멈추고 있지만 이때도 수는 여전히 사물의 틈새를 파고드는 침투성이 있다. 이제 수는 대상의 내부로 스며들어 그의 깊고 비밀스러운 심중을 이해하고 공감한다.

수는 얼굴이 여러 개다

흐르는 물은 흙이나 제방을 만나면 그 흐름을 멈추고 쉬지만 호수를 만나면 함께 고인다. 고인 물은 수평을 유지해 고요하고 맑고 투명하지만 깊이가 더해지면 불투명하고 어둡다.

수는 상황에 따라 자신을 쉽게 드러내기도 하고 내면을 숨기기도 한다. 예를 들어보자. 얕은 개울물은 하늘에 떠다니는 구름과 달과 별들을 거울처럼 비춘다. 가끔은 밑바닥의 자갈을 태양 빛으로 반사시킨다. 밑을 알 수 없는 깊은 물에는 물고기나 수초들이 함께 있지만 수면에서는 그 모양새를 쉽게 파악할 수 없다. 수의 본성은 조용하고 맑고 고요하고 잔잔하지만 주변상황에 따라 시시각각 민감하게 얼마든지 모습을 바꿀 수 있다.

수는 유연성·유목성·방랑성을 활용해 생명을 배양한다

　수는 에너지를 품고 넓은 공간으로 여행을 떠나고픈 속성이 있다. 이런 수의 유연한 방랑을 생명들은 간절히 기다린다. 갈증에 목이 타들어가던 존재에게 물은 시원한 생수 그 이상이다. 수는 어린나무라도 만나게 되면 아낌없이 자신의 에너지를 제공한다. 간혹 흐름을 막는 산이나 고원을 만나더라도 곧바로 멈추지 않고 어떻게든 흐름을 이어가기 위해 먼 길을 돌아가는 수고도 아끼지 않는다. 수는 예상치 못한 대상의 방해에도 유연하게 대처해 만물에 생기와 활력을 불어넣는다.

木기운

연결하고 얽히며 확장해가는 관계망

팽창하며 자라는 생명의 기운

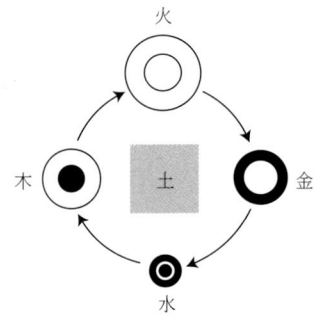

그림에서 왼쪽에 있는 원을 보자. 바깥은 희고 안은 검은 이 모습이 팽창하는 목의 기운이다. 외부는 양의 기운으로 팽창해 있지만 내부는 음의 기운이 응축해 있어 음과 양이 균형을 이룬 안정된 모습이다. 이 상태를 과학적으로 분석하면 다음과 같다.

기氣= 힘×공간×시간

木의 기氣= 힘×공간(활동 영역)×시간(기억 및 무의식 영역)

木의 본질

木은 기억과 에너지를 간직한 水가 외부로 조금씩 뻗어가는 과정을 의미한다. 이 목은 단순히 팽창하는 물리현상이라기보다는 감성을 가진 내부 영혼이 외부의 새로운 공간을 경험해가면서 점차 활동영역을 넓혀가는 것이다. 목의 과정이 진행되는 동안 응축되어 있던 에너지는 점차 소진된다. 대신 외부에 촘촘한 연결망(network)을 구축해 왕성한 교류를 만들어 나간다.

木은 기억과 정보를 기초로 영역을 구축해가는 관계망이다.

목은 단순한 팽창이 아니라 고유성과 개성을 지닌 창조적 관계의 확장이다.

木의 특성

목은 외부와 맺는 관계를 소중히 여긴다

응축된 수가 분출되고 흐르는 과정에서 발생하는 목은 자라고픈 생장의 기운이다. 사계절 중, 목의 기운이 가장 활발한 시기는 봄이다. 단어의 의미처럼 봄(spring)은 튀어 오르는 기운이다. 봄은 겨울동안 축적되고 압축된 에너지가 외부세계를 향해 생명의 기쁨을 분출하는 것이다.

세차게 솟구쳐 나오는 힘이 봄의 기운이고 목의 생명력이다.

날씨가 따뜻해지면 공중에는 아지랑이가 피어오르고 땅에는 이름 모를 풀들이 솟아나며 꽃나무들의 줄기와 꽃봉오리에는 봄기운이 만발한다. 이 시기에 목의 내부에서는 생명력을 뿜어내려는 기운들이 세상을 푸르게 만들기 위해 잔치를 준비한다. 하지만 분출이 그저 밋밋한 과정이어서는 생명의 지속성을 보장받을 수도 없고 다른 기운으로 전환되는 것도 어렵다. 목은 외부와 맺는 관계가 중요하다. 생명의 주체인 목이 잘 자라기 위해서는 무엇보다 질 좋은 토양이 필요하다. 여기에 적절한 수분과 햇빛도 확보해야 신진대사를 유지할 수 있다. 목의 생명성은 외부와의 연결망을 얼마나 다양하게 펼쳐내는가에 달렸다. 관계가 끊어지는 순간, 생명력도 바닥날 수밖에 없다.

木은 분열과 팽창을 통해 생명력을 이어간다

고대인들은 생명의 특성을 주로 나무에서 발견했다. 우리 주변의 나무에서 목의 특징을 찾아본다면 어떤 것이 있을까? 나무는 물과 양분을 공급받기 위해서 땅속 깊이 뿌리를 내리고 땅 밑을 탐색한다. 강한 줄기와 무성한 잎을 갖추기 위해 햇빛도 필요하다.

나무는 물과 흙과 태양 빛만 있으면 가만히 서 있어도 쑥쑥 자랄 것 같지만 그게 그렇지 않다. 생명을 이어가기 위해 나무는 매 순간 끊임없이 활동을 지속한다. 뿌리는 수분을 찾기 위해 뻗어 나가야 하고 줄기와 잎은 성장을 위해 분열하고 또 분열하며 밝은 빛을 향해 솟아오른다. 이처럼 자신에게 주어진 성장의 일정을 빼곡히 채워야 한 그루 나무로 무사히 자랄 수 있다.

숲과의 팽팽한 대항관계에서 살아남아야 한다

목의 본질은 생명력에 있고 생명은 환희와 기쁨을 누린다. 목이 지닌 생명의 기쁨은 자연이 그저 베풀어 준 선물이 아니다. 우주자연은 혜택을 베풀기 전에 반드시 통과해야 하는 과정을 마련해 둔다. 그 단계에서 목이 대가를 치러야 하는 직접적 대상은 금이다.

목과 대칭 관계에 있는 금은 그 본성도 목과는 정반대다. 목은 금과의 대치에서 밀려나지 않고 자연이 준비한 시련을 잘 통과해야 생명력을 얻어 삶을 유지해갈 수 있다. 그것은 마치 무녀가 신과 접촉하기 위해 자신의 목숨을 위태롭게 하는 작두 위를 걷는 과정과 비슷하다. 자연은 왜 목에게 생명력을 주면서 위협적 요소도 함께 배치해 놓은 것일까? 그 이유를 생각해보자.

생명을 통해 누리는 기쁨과 환희에는 공포와 고통도 따라붙는다. 즉 목의 관계망이 균형을 이루기 위해서는 금과 같은 단절의 기운과도 조화를 이루어야 한다. 이런 관계의 안정은 팽창과 수축, 작용과 반작용 같은 자연의 법칙에도 있다. 나의 조화를 위해 나를 제어하는 힘도 구비해두는 것이 자연의 섭리라고 이해하면 좋겠다.

가끔은 목의 생명이 파괴당하는 경우도 생긴다. 목의 복잡한 구조가 금과 균형을 이루지 못할 때 그렇다. 그러면 목은 고통을 송두리째 껴안게 되는데 그 아픔이 너무도 커서 도저히 감내하기 어려운 지경에 이르면 목은 영영 돌아올 수 없는 죽음의 골짜기로 떨어진다.

결국 목이 가진 생명력은 에너지를 뿜어내는 데서 오는 쾌감에 못지않게, 위협과 억제, 두려움도 견디며 자연과의 팽팽한 긴장관계에서 매우 어렵게 형성해 가는 것이다.

火기운

공간만 알고 시간을 모른다.
순식간에 확산되는 밝고 환한 기운
추위와 어둠을 밀어내고 문명의 세상을 만든다.

火는 밝은 빛이 순식간에 넓게 퍼져나가 공간을 감싸는 기운이다. 아주 짧은 시간에 엄청나게 빠른 속도로 사방으로 전파되는 화는 인간 삶에 많은 영향을 끼쳐왔다. 이 기운에 대한 연구는 오래전부터 있었지만 과학적인 탐구가 가능해진 것은 그렇게 오래되지 않았다.

고대와 중세를 지나 근대에 이르기까지 사람들은 빛을 매우 신비로운 존재로 여겼다. 근대과학이 발전하면서 빛의 실체가 하나씩 밝혀지더니 지금은 에너지를 전달하는 파동이라는 것까지 확인했다. 하지만 빛이 파동이라는 설명만으로는 아직 풀지 못한 의문이 있다. 빛이 파동이라면 파동은 반드시 매질을 통해서 전달되어야 하는데 빛은 매질이 없어도 전달된다. 빛은 무엇일까?

오행에서 말하는 火는 빛과 본질이 같을까?
오행의 변화 단계를 알 수 있는 그림에서 화를 상징하는 상단의 원은 안과 밖이 모두 하얗다. 오행순환의 최초 출발지점은 음만 가득한 수였다.

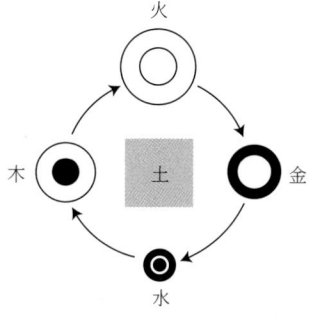

검은 원 두 개로 표현된 수 기운이, 음과 양의 균형을 갖춘 목을 거쳐 이제 음은 없고 양만 가득한 화로 변화했다. 흰 원으로 표시된 팽창한 화는 거리(공간)는 최대범위로 나아갔고 시간은 축소되었다. 이 상태를 분석하면 이렇다.

기氣 = 힘×공간×시간

火의 기氣 = 힘×공간(최대로 팽창)×시간(거의 사라진다)

火의 본질

火는 공간이 최대로 확장되면서 시간이 줄어들었다. 그래서 시간이 새겨놓은 흔적이 없다. 이것은 빛이 질량을 가지고 있지 않다는 것과도 연관이 있다.

기억은 시간이 축적되어야 가능하다. 현재가 영원한 현재로만 지속되면 지나간 시간도 없고 쌓이는 기억도 없다. 이렇게 되면 시간의 변화 과정이 파악될 수도 없고 시간 자체도 의미를 가지기 어렵다. 아인슈타인도 상대성이론을 생각해내기 전에 빛과 같은 속도로 여행을 한다면 시간의 변화가 느껴지지 않아서 영원히 현재만 지속될 것이라 생각했다.

기의 관점에서 보는 화는 시간은 없고 공간뿐이다. 화는 기억을 모른다. 이런 화는 수와 정반대다. 水는 외부와 차단되어 내부의 기억을 소중히 여기는 반면, 火는 초속 30만km에 모든 에너지를 다 쏟아 부어 대상을 비춰준다.

아주 오래전부터 인간은 종교를 믿고 철학을 탐구하면서 이상적 세계를 꿈꾸기도 하고 빛의 속도를 능가하는 '초월적 존재'를 상상해왔다. 그리스의 철학자 플라톤은 '동굴의 비유'를 통해 이데아라는 개념을 만들어내었지만 당시는 빛의 속도를 측정할 수 없었다. 다만 예리한 직관력으로 빛이 비치는 저쪽 너머에 어떤 초월적 존재나 이데아의 세계가 있다고 믿었다. 지금의 우리는 과학적 사실을 통해 빛의 너머에도 초월적 세계가 따로 있다고 보지는 않는다.

존재는 시공時空의 연결망 내에 머문다. 시공의 연결망이 끊어지면 존재가 성립되기 어렵다. 빛은 이런 시공의 망이 도달할 수 있는 한계영역이다. 이제 화의 성질을 좀 더 파헤쳐보자.

火의 특성

가볍고 밝고 빠른 火는 앞만 보고 나아간다

화는 급격하게 팽창하는 기운이다. 넓은 범위를 순식간에 밝히고 대상의 모습을 한순간에 드러낸다. 주위 분위기를 들끓게 만들고 공감을 이끌어내는 역할도 한다. 그래도 빛의 일방통행에서 짐작할 수 있듯이 무엇보다도 두드러진 화의 특성은 끓어오르는 격정이나 열정을 쉽게 멈출 수 없다는 것이다. 화는 나아가기만하는 기질을 좀체 거두어들이기가 어렵다.

金을 제어하고 木을 도와 문명을 이룩한다

문명은 일반적으로 정신문명과 물질문명으로 나눈다. 물질문명은 자연에 속하는 물질을 일상생활에 유용하게 활용하는 것인 반면, 정신문명은 인간의 지적능력을 최대로 계발하고 고양하는 인문적 성격을 담고 있다.

인간 삶과 연관시키면 무겁고 단단한 土金 기운은 인간의 물질적 삶을 안락하게 만드는 작용이다. 토금에 비해 상대적으로 가볍고 경쾌한 木火 기운은 정신영역의 활동과 연관이 있다. 오늘날 우리가 누리는 현대문명도 木火 영역과 土金 영역으로 구분할 수 있다.

무겁고 육중한 자연의 기운을 대표하는 土와 金은 木의 팽창을 압도한다. 밝고 가벼운 火가 나서서 제어하면 금은 목을 압박하는 대신 목에게 유익한 도구로 변모한다. 인간이 문명을 만들 수 있었던 것은 무거운 물질을 개조하고 다듬은 화 덕분이다.

火는 공간 창조의 마법사다

우리는 빛의 문명화가 최고조에 달한 시대를 살고 있다. 옛사람들은 상상도 하기 힘든 수많은 디지털 정보와 기기들이 넘쳐난다. 빛은 근대 이전에도 대단한 존재였다. 하지만 당시에는 따뜻함으로 추위를 피하고 광명으로 사물을 밝히며, 위로 향하는 힘이 있어 곡식과 초목을 잘 자라게 하는 정도로만 알았다.

오늘날 빛은 과거와는 아주 다른 차원의 새로운 문화 공간을 끊임없이 창조한다. 빛이 만들어내는 영상 공간, 사이버 공간, 통신 공간에서 다중은 동시에 소통하고 공감할 수 있다. 전기 및 전자 기기들, 인터넷과 연결되는 최첨단 장비들, 애니메이션과 멀티미디어, 고차원의 기술로 만들어내는 가상현실들, 스마트 폰, 아이패드 등의 핵심기술도 모두 빛과 관련된다. 빛을 다루는 기술력은 지금 이 순간도 발전하고 있어 앞으로 우리의 미래가 어떻게 변할지 지금으로서는 도저히 알 길이 없다[16].

토로 돌아온다

우주에서 빛이 나아가는 속도에 한계가 있듯이 빛이 창조하는 문화에도 한계는 분명 있을 것이다. 그것은 화의 다음 단계가 토라는 점에서도 짐작할 수 있다.

빛은 압축된 시간의 기억이 없다. 즉 수의 기운에 해당하는 응축된 에너지가 없다. 빛은 순간에 전부를 건다. 외관이 화려해 주목을 끌 수는 있지만 변화의 매듭을 지속적으로 마련하기는 어렵다. 그래서 에너지가 끊어지는 어느 순간, 흙에 흡수되고 만다.

---

16 빛의 공간 장악력을 고려한다면 빛은 우주에서 시간과 공간도 조금씩 넓혀 나가고 있는지 모른다.

결국 빛의 대단원은 초월적 세계로 넘어가지 못하고 현실로 귀환한다. 빛이 돌아오는 세계는 어디일까? 바로 토가 있는 곳이다.

土기운

4행을 담는 그릇이다.
시간의 변화를 담는 공간이 된다.
멈추어 쉬며 만물을 감싸 안고 부드럽게 제어한다.
시간과 공간의 순환을 일으켜 우주의 균형을 유지한다.

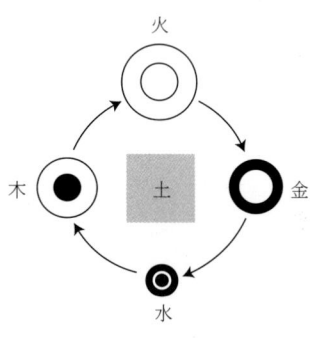

토의 위치를 주목하자. 목화금수를 조정하는 토는 중앙을 차지하고 있다. 우리는 앞에서 하도와 낙서를 통해 토의 작용을 살폈다. 수축하는 하도가 팽창하는 낙서로 연결되는 과정도 짚어 보았다. 이제 토를 구체적으로 탐구해보자.

土의 본질

토(흙)는 미세한 입자들이 무질서하게 섞인 집합체다. 균일한 입자들이라 하더라도 어떤 공간을 가득 채우고 있으면 사이사이에는 빈 공간이 생기기 마련이다. 이것이 토가 채움과 비움의 서로 다른 공간을 갖는 이유다.

토를 단순히 물리적 공간으로만 생각하면 곤란하다. 추상화된 우주 공간으로 이해하자. 하도와 낙서의 토는 자연에서 흔히 볼 수 있는 실제 흙을 지시한다기보다는 고대 동북아 지역에 살았던 사람들의 의식과 무의식을 통해 탄생한 개념이다.

토의 작용은 명백하고 확실하게 설명할 수 있는 영역이 아니어서 모호하고 불확정적인 점이 있다. 흥미로운 건 바로 그런 성질 때문에 토가 할 수 있는 역할이 나온다는 것이다.

土의 특성

4행을 담는 그릇이 되어 안정감을 제공한다

자연은 잠시도 쉬지 않고 발생하고 흐르고 소멸하면서 생성과 변화의 과정을 반복한다. 움직임을 문제없이 이어가려면 과정을 제어할 수 있는 기본 틀(frame)이 필요하다. 그 틀이 바로 토의 공간성이다. 토는 어떻게 자신의 공간을 편안하게 만들 수 있을까? 그것도 속성이 다른 4행을 포용하면서.

토는 水처럼 극소로 응축하지도 않고 火처럼 극대로 팽창하지도 않는다. 작은 틈이나 구멍 같은 공극空隙을 이용해 대립되는 요소들을 절충시켜 조화로운 상태를 만든다. 그래서 흙은 물을 만나면 공극 안으로 수분을 빨아들이고 불을 만나면 공극 속에 열기를 간직한다. 흙은 나무가 뿌리를 뻗으면 공극 속의 물을 공급해주고 金과 마주치면 금의 형상을 더욱 단단하게 만들어준다. 토는 그 어떤 대상을 만나도 주저하거나 망설이지 않고 수용한다. 완충과 보완의 미덕을 발휘해 4행을 모두 포용한다.

토는 중용의 도를 실천하는 우주의 그릇이다.

토의 공간성은 시간의 변화도 품고 있다

하노와 낙서의 토는 단순히 공간적 기능만 맡은 게 아니다. 토가 4행을 받아들이거나 배출시키는 과정에는 팽창과 수축의 변화과정이 있다. 木火 기운이 강렬해지면 토의 빈 공간에서 팽창이 일어나고 金水 기운이 강력하면 토의 채움 공간에서 압축이 일어난다.

토는 계절의 리듬을 호흡하는 생명체다

토와 계절은 어떤 관계에 있을까? 이제 토가 시간에 미치는 작용을 알아보자. 봄, 여름에 지구의 토는 태양의 따뜻한 열기를 받아들인다. 덕분에 흙의 내부는 팽창하고 구조도 성기고 느슨해져 흙 속에 깃들어 있던 생명의 기운들도 활성화된다. 나무의 뿌리는 땅에 저장된 양분을 이용하고 줄기는 하늘을 향해 쑥쑥 성장한다. 흙이 봄, 여름 동안 따뜻한 기운을 호흡해서 생명이 활성화되는 이 과정은 팽창하는 木火에 해당한다.

가을, 겨울이 오면 기온도 낮아지고 점점 서늘한 기운이 감돈다. 봄, 여름 동안 한껏 자라났던 생명들은 점점 위축된다. 그 점을 반영해 흙은 그동안 받아들인 따뜻한 기운을 밖으로 내보내고 외부에서 들어오는 기운을 차단해버린다. 이제 흙 내부는 차가워지면서 수축이 일어난다. 대부분의 생명들은 죽어 땅에 떨어지고, 그 흔적은 겨울 동안 땅속 깊숙이 스며들어 자양분이 된다.

흙이 계절과 함께 빚어내는 이 변화가 대지에서 일어나는 단순한 물리현상처럼 보일지 모른다. 그러나 시간에 따라 반복되는 움직임(리듬)으로 변화를 만들어내는 흙 역시 생명을 가지고 살아가는 하나의 존재다.

토는 자연의 인과응보가 구현되는 최후의 보루다

토는 공간성을 발휘해 4행을 수용하고 시간성을 작동시켜 계절의 리듬도 호흡한다. 공간을 제공하고 시간에도 관여하는 토를 통해 자연의 인과가 드러난다. 종교인들이나 윤리학자들이 말하는 '인과응보因果應報, 사필귀정事必歸正'같은 믿음도 토의 속성과 연관 있다.

토는 정말 공정한 판관의 역할을 하고 있을까?

대상을 포용할 때 차별을 두지 않는 토의 품성을 생각하면 토에게

옳고 그름을 분별하는 능력까지는 기대할 수 없을 것 같다. 어찌 보면 토 자체가 카오스적(chaotic) 요소를 지닌 것도 같다.

토는 다른 4행에 비해 반응이 너무 느리고 성정도 무심하다. 긴 안목에서 보면 이 우주에서 토는 불편부당함을 발휘해 인과응보와 사필귀정을 이루어낸다. 다만 토의 인과응보 실현 시간이 너무 길어서 인간의 짧은 生으로 판단하면 이 세계가 공정해보이지 않을 수 있다.

흙에 대한 탐구는 10간과 12지에서 보다 상세하게 이어질 것이다.

金기운

본래 상태로 회귀(returning)하는 과정
냉철한 결단으로 만물을 제어하고 재편한다.

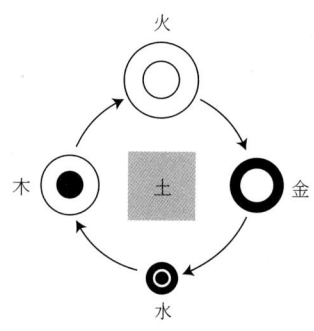

금의 구조는 목과 정반대다. 내부와 외부가 완전히 바뀌었다. 안은 팽창해 있는 흰 원이지만 바깥은 축소해 들어가는 검은 원이다. 전체과정에서 파악하면 극대로 뻗어나간 화가 최초 출발 지점인 수로 되돌아가기 위해 외곽에서부터 수축이 일어난 모습이다. 금은 외부가 굳고 점점 무거워지면서 차가운 음으로 변하는 단계다.

金의 본질

　金의 기운을 대표하는 물상은 금속이다. 금을 이해할 때는 금속의 생성단계를 따져볼 필요가 있다. 금속이 만들어지기 위해서는 수백만도 이상의 높은 온도와 엄청난 압력이 있어야 한다. 무거운 물질일수록 높은 온도와 압력을 필요로 한다. 금속은 특수한 조건에서 압축과정을 거쳐 단단한 물질로 바뀐다. 금속의 탄생은 오행순환에서 금이 출현하는 과정과도 부합하는 점이 있다. 즉 오행에서의 금은 목과 화의 팽창과정을 전제로 해 다시 압축이 일어나는 회귀과정이다. 금의 기질을 좀 더 알아보자.

金의 특성

金은 강하고 단단하며 형식을 중요시한다

　금은 일정한 형상을 유지하려는 성향이 있다. 모습을 갖추려는 것은 금만의 특성은 아니다. 음양이 조화를 이루는 목도 모양새를 갖추고 있다. 게다가 목은 외양이 부드럽고 외부 환경을 제어하려 들지도 않으며 함께 성장하려는 열린 자세를 지녔다. 거기에 비해 금은 외부가 굳어 있고 딱딱하며 성격도 폐쇄적이다.

　어쩌다 금은 이런 속성을 갖게 되었을까?

　금은 목의 팽창과정이 완성되면 그것을 뒤집어 옛것으로 돌려놓으려한다. 사정이 여의치 않다면 우선 확장의 기세라도 막으려 든다. 그 과정에서 내부공간의 군더더기라 판단되는 부분이 있다면 제거하고픈 성향이 발동한다. 금은 목이 만들어 놓은 생성물들을 살펴보고 과단성과 결단력으로 도려낼 것은 도려내고 버릴 것은 버린다. 또한 지나치게 자유롭거나 한계를 벗어나는 목을 만나면 절제와 금욕을 강조하며 균형을 요구한다.

가끔은 금이 평형을 잃는 경우도 발생한다. 그럴 때의 금은 잔인한 독재자나 엄격한 조직의 도구가 되어 뭇 생명을 짓밟는다. 금의 특징은 "이런 일을 하면 몇 조 몇 항에 저촉되니 처벌하겠다."라는 금지 조항이 많은 형법 조문에서 발견할 수 있다. 물론 모든 법은 그 자체로 금지를 내포하고 있지만 구속력의 정도를 따지면 형법이 가장 강력하다. 그래서 금의 기운에 좀 더 밀착되어 있다고 보는 것이다.

생명력을 발동하려는 뭇 존재들로서는 금을 살벌하고 냉혹하며 냉정하게 느낄 수밖에 없다. 그래서 자연은 금이 압박을 가하더라도 이치에 벗어나는 억압은 자제하라고 금의 내부에 따뜻한 양의 기운을 심어 놓았다. 또 화의 연단도 받게 해 두었다.

金은 물질을 중시하고 자본을 축적하려는 경향이 있다

오행의 순환메커니즘을 1년 농사에 비유해보자.

싹을 틔우는 봄과 곡식이 자라는 여름은 木火과정이다. 열매와 알곡들이 단단해지고 무거워져 고개를 아래로 숙이는 가을에 농부는 수확물을 거두어 창고에 보관하고 긴 겨울을 보내는데 그것은 金水과정이다. 인간의 삶도 다르지 않다. 목화는 생명들이 태어나고 성장하고 학습하며 다양한 활동이 일어나는 단계다. 금수의 과정은 목화에서 나온 결과물들(정신적 성숙, 유무형의 지적 재산, 재능 발휘 등)을 활용해 눈에 보이는 결실로 바꾸려는 단계다.

금은 시선을 하늘이 아닌 땅에 둔다. 금은 먼 곳을 바라보며 꿈을 꾸는 이상주의자가 아니며 눈에 보이는 실물을 획득하기 원한다. 금은 냉철한 현실주의자다. 금은 태생적으로 좋은 땅을 차지하려 하고 한 번 자리 잡은 곳이 명당이라 판단하면 좀처럼 움직이려 하지 않는다. 땅을 확보하고 자본을 축적하려는 거대 기업의 행태도 금의 속성으로 볼 수 있다.

비밀스러운 金生水과정을 통해 생명 탄생에 기여한다

살펴본 대로라면 금은 억압적이고 고지식하고 폭력적이어서 생명을 가진 木에게는 적대적이다. 오행은 순환이 전제돼 있다. 이 순환시스템은 서로 반대되는 힘이 균형을 이루어야 유지된다. 목에 대한 금의 통제도 무조건 부담스럽게 느낄 것이 아니라 어떤 방향으로 유도할 수 있을지 잘 생각해 보자.

금은 목이나 화에 비하면 태생 조건부터 다르다. 금은 불 속에서 시련을 받으며 자란다. 아득한 과거에 불 속에서 겪었던 혹독한 고난의 흔적은 금의 원초 기억이 되었다. 그래서 금은 거칠고 비정하고 잔인한 성격이 있지만 수를 만나면 따뜻한 물에 얼음이 녹듯 아주 다른 면모를 보인다. 유연한 흐름을 자랑하는 수를 만나면 금은 자신의 내부에 깃들어 있는 억압에 대한 강박관념이 서서히 무너지면서 전혀 다른 기질로 바뀐다. 이전까지는 상상도 할 수 없었던 자유롭고 몽환적인 감성으로 발전해간다. 금이 수를 상생하는 과정이 있어 우주는 본래의 모습으로 회귀할 수 있다.

육중한 바위들 틈으로 졸졸 물이 흐르고 그 물들이 모여 계곡을 이루면 주변에는 예외 없이 풀과 나무가 자란다. 또 무성한 잎사귀와 뻗어 나온 줄기를 오가며 지저귀는 새는 자연의 소리를 만든다. 이런 풍경은 구속과 억압의 기운에서 절대 바뀌지 않을 것 같은 금이 유연한 수를 만나 서서히 변모한 것으로 이해할 수 있다. 생명이 깃들 수 있는 환경으로 바뀐 것이다.

자연은 시간의 흐름이라는 묘한 방법으로 굳어 있는 금을 용해해 새로운 생명 에너지로 전환한다. 자연은 금수의 과정을 통해 자연사를 쓰고 있다.

지금까지 목화토금수로 드러나는 기의 변화를 살펴보았다. 이제 동서양 문명의 차이점을 생각해보자.

동양문명과 서양문명

정신 및 물질과 관련된 일체의 산물을 문명이라고 할 때 생활양식이나 제도, 사고방식이 달랐던 동양과 서양은 문명의 진행과정에서도 차이가 있다. 영역에 따라서는 차이 정도가 아니라 완전히 대립되는 성질을 드러낸다.

세계 4대 문명은 나일 강 주변에서 발생한 이집트 문명, 유프라테스와 티그리스 강의 메소포타미아 문명, 인더스 강의 인더스 문명, 그리고 중국의 황하 문명이다. 이 지역에서 문명이 생겨날 수 있었던 것은 큰 강이 있었고 사람들이 강 주변으로 모여들어 정착해 살았기 때문이나. 그런데 지역적 특성을 고려하면 4대 문명이 아니라 2대 문명으로 다시 구분할 수 있다. 하나는 아시아 대륙의 중원을 중심으로 번성했던 동양의 농경문명이고 나머지 하나는 지중해를 끼고 주변 해역을 따라 위세를 펼쳤던 서양의 해양문명이다.

세계의 문명을 두 개로 나누면 너무 단순한 분류라 마땅히 고려해야할 사항들이 빠져버려 이점보다는 문제가 많을 거라 생각할 수 있다. 그렇게 느끼는 사람들은 유럽문명을 전통적인 서양문명(occidental culture)으로 이해하고 아랍문명과 다른 문명을 뭉뚱그려 동방문명(oriental culture)으로 보았던 유럽인들의 사고에 익숙해서 그렇다. 아랍은 위치로 보더라도 분명 서양에 근접해 있다. 문명사의 발전을 따져보아도 유럽문명은 아랍문명의 자극이 있었기에 이후 막강한 영향력을 발휘했고 그 기세는 지금도 이어진다.

인더스 문명에는 원래 인더스 지역에 살았던 사람들의 흔적은 남아있지 않다. 기원전 15세기 전후에 유럽계의 일족인 아리안 족이 이 지역으로 이주하면서 문명이 형성되었다고 본다. 그러니 큰 갈래로 보면 인더스 문명도 서양문명이다.

문명사를 크게 둘로 나누면 서양 문명권은 지중해를 중심으로 긴밀한 상호관계를 가졌던 유럽과 아랍, 인도가 들어가고 동양 문명권은 중국을 중심으로 한 동아시아지역과 동남아시아가 들어간다. 4대 문명이라는 잘 알려진 틀을 마다하고 이렇게 동과 서로 나누는 것은 지역적 특성을 오행의 속성으로 접근할 수 있기 때문이다.

동양, 土木문명

먼저 동양 문명권을 대표하는 황하 문명을 보자. 배경은 당연히 아시아 대륙의 중심에 자리 잡은 넓은 땅이다. 그 땅에는 수원水源이 풍부한 황하 덕분에 많은 인구가 모여들었고 큰 이동 없이 살았다. 오랜 세월에 걸쳐 안정된 농경문화가 성립될 수 있었다. 그렇게 생각하면 황하 문명은 문명발생의 조건에 있어 특별히 주목할 만한 요소가 없을 것 같다. 우선 황하의 농경문명을 동양문명의 특징으로 정의하고 토목土木의 문명이라 부르자. 이렇게 얘기하면 다음과 같은 의문이 생길 것이다. 土는 넓은 땅과 정착의 성질이 있으니 논외로 하더라도 농경은 水를 확보하는 것이 먼저일 텐데 왜 木을 등장시키는가? 하고 말이다. 아주 틀린 생각은 아니다.

오행에서 水의 작용은 생명이 자라는데 에너지로 쓰일 물과 자양분을 제공하는 일이다. 작물의 생장에 수가 하는 역할은 무척 중요하다. 그렇다고는 해도 수가 농사의 주된 요소는 아니다.

농사짓기에서 가장 눈에 띄는 변화는 1년 동안 木이 보여주는 성장이다. 이 과정에서 水가 제공하는 자양분과 火가 비춰주는 햇빛이 필요한 것이다. 여기에 인간도 힘을 보태야 한다. 자연의 혜택과 인간의 노력에 기대어 자라난 木은 자연환경을 대할 때도 맞서고 대항하려는 생각보다는 경외심을 가지고 순응하며 자연을 닮으려 한다. 木은 민감한 촉수를 열어놓고 자연뿐 아니라 외부에 존재하는 여러 대상과 교류하며 관계를 확장해나간다. 이런 특징 때문에 농경을 위주로 삶을 이어온 동양은 자연스레 목이 지닌 관계성이 중시되었고 그것이 학문이나 사상에도 반영되었다(유교의 仁도 인간관계를 중심에 놓은 사상이다). 이 관계성이 동양문명의 특징이다.

이민족의 침략으로 수많은 전쟁을 경험한 것은 동서양문명의 공통점이지만 넓은 대륙을 확보한 황하 문명에서는 기본적으로 문명의 변화가 없었다. 많은 인구가 오랫동안 땅에 정착해서 관계(혈연·지연·학연)를 중시하며 살았던 사실을 고려하면 황하 문명을 토목土木 문명으로 이해할 수 있다.

서양, 金水문명

　서양은 어떨까? 처음에는 강가에서 농경문화로 출발했다. 티그리스 강과 유프라테스 강을 중심으로 꽃을 피웠던 메소포타미아 문명도 그랬고 나일 강을 중심으로 한 이집트 문명도 그랬다. 그러나 서양문명은 배후지가 좁았고 지리적으로도 서로 가까워 세력권이 커지자 자연스레 충돌이 일어났다. 그 결과 문명의 중심이 이동하는 역사적 변화를 겪었다. 즉 지중해를 중심으로 상업적 부를 구축해 가는 과정에서 문명의 중심이 유럽으로 옮겨갔다.

　농경에 의지한 동양문명과 달리 서양문명은 무역을 통한 경제활동에 더 큰 비중을 두었다. 또 이룬 결실을 안정적으로 이어가기 위해 정치세력을 형성했다.

　金은 대상을 관리하거나 억압하려는 기운이다. 군대, 군비, 전쟁 같은 군사적 성향과도 무관하지 않다. 자연에 대한 시각도 木과는 대조적이다. 자연과 외부 존재에 친화적인 목과는 달리 금은 자연이든 존재든 일정한 거리를 두고 대상화한 다음 분석하고 정돈한다. 그렇게 따지면 서양문명은 금수金水문명이 맞다.

　서양문명은 물자의 교환과 이동에서 비롯된 해양상업 문명이고 조직하고 관리하고 제어하는 금의 특성을 띠었다. 서양인들의 생산력과 경제력은 금수金水문명에서 나온 것이다

　이제 지구순환주기를 탐구할 차례다.

자연은 잠시도 쉬지 않고 발생하고 흐르고 소멸하면서
생성과 변화의 과정을 반복한다.

지구의 순환주기, 60갑자

양자파동

지구는 태양을 초속 30km로 공전한다. 태양계는 은하계를 초속 200km로 순환하고 은하계는 거대한 은하단을 더 빠른 속도로 회전한다. 은하단은 어딘가 있을 우주의 중심을 순환할 것이다. 연구에 따르면 우주의 중심은 어떤 장소에 고정돼 있지 않다. 시간과 공간이 서로 얽혀 매 순간 변화하며 우주를 만들어간다.

우주는 절대 시간과 절대 공간이 펼쳐진 상태로 존재하지 않는다.

시간과 공간의 총합인 복잡다단한 우주는 휘어 있고 겹겹의 주름까지 접혀 있다. 그런 우주에서 존재들은 우주의 특이점을 중심으로 회전하고 있을지 모른다. 이런 특이점을 과학자들은 물리적으로 생각하기 어려워서인지 탐구 영역에서 제외하려는 경향을 보인다. 그렇다고 과학을 잘 모르는 우리가 특이점을 깊이 다룰 수도 없다. 대신 이 책에서는 지구가 태양 주위를 돌때 공간이 휘면서 발생하는 미세한 변화를 생각해보려 한다.

곰곰이 한 번 따져보자. 시속도 아니고 초속 30km로 지구가 달려가고 있다는 것을! 1초 만에 서울에서 수원을 통과하는 정도니 엄청난 속도다. 그럼에도 빛이 진공에서 나아가는 30만km에 비하면 10,000분의 1밖에 되지 않는다. 문제는 이런 지구의 공전속도가 시간과 공간에 영향을 미친다는 것이다.

시공의 휨과 60갑자

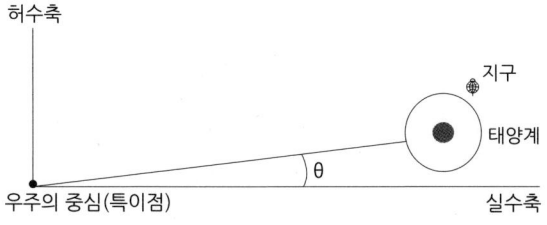

위 그림은 공간의 휨을 표현한 것이다. 이것은 다음과 같이 나타낼 수 있다.

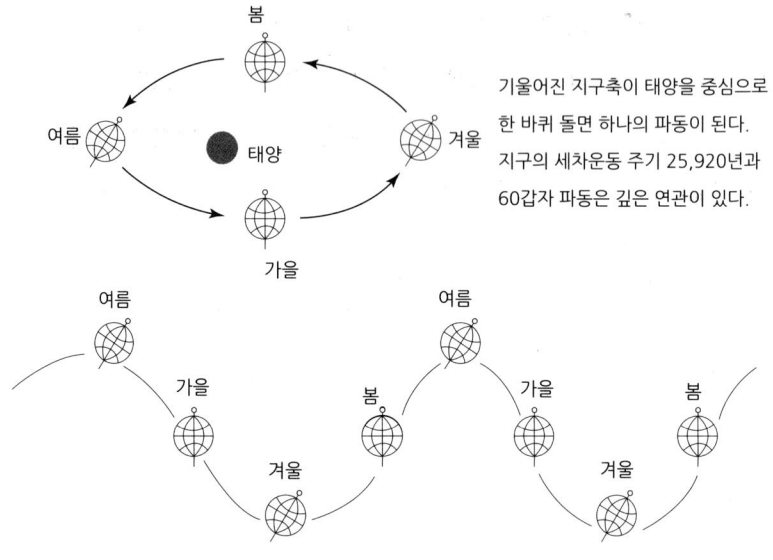

기울어진 지구축이 태양을 중심으로 한 바퀴 돌면 하나의 파동이 된다. 지구의 세차운동 주기 25,920년과 60갑자 파동은 깊은 연관이 있다.

　　기울어진 지축을 중심으로 지구가 한 번 공전하면 하나의 파동이 생긴다. 중요한 것은 이 파동이 그냥 단순한 파동이 아니라 양자파동의 성격을 가진다는 거다. 즉 지구 공전으로 힘이 작용하면 시간과 공간도 수 억분의 1 정도 비율로 영향을 받는다. 흥미로운 건 미미해 보이는 이 효과가 60갑자 사이클과 공명[17]한다는 점이다.

　　양자파동 메커니즘은 전자파와 다르다. 전자파는 공간을 통과할 때 주위의 방해요소들이 파동을 불안정하게 만든다. 양자파동을 방해

17　이렇게 얘기하면 황당해할 사람들이 많을 것이다. 그렇지만 현대과학을 깊이 이해하는 사람이라면 양자현상이 입자의 세계에서만 일어나는 것이라고 단정하지는 않을 거다. 아직은 어떤 물리학자도 양자현상에 대해 단언하지 않았다. 미국의 물리학자 리처드 파인만은 양자역학을 진정 이해하는 사람은 거의 없을 것이라고도 했는데 그 정도로 양자역학이 미지의 영역이다.

할 만한 요소는 시간과 공간뿐이므로 조금도 흐트러지지 않고 매 순간 인간에게 작용할 수 있다. 지상의 약한 에너지인 전자파가 엄밀하고 정확한 방법으로 엄청난 양의 정보를 통신기기에 전달하는 것처럼 양자파동은 생명체에 정보를 보내고 있다.

현대과학은 아직 양자파동을 완벽하게 해석해내지 못하고 있다. 그래서 60갑자의 발생도 지금은 신화에 근거해 이야기한다. 이 내용은 뒤에서 다시 논의하기로 하고 이제 60갑자를 알아보자.

60갑자, 10간 12지를 결합하는 단위조합

60갑자의 구조

음양에서 오행이 나왔고 오행에서 다시 10간과 12지로 분화해나간다. 10간은 천간을 이루고 12지는 지지를 구성한다. 10천간과 12지지[18]라는 두 개의 층이 서로 결합해 60갑자를 형성한다.

10개의 天干 : 위층

甲, 乙, 丙, 丁, 戊, 己, 庚, 辛, 壬, 癸

甲丙戊庚壬 - 양, 乙丁己辛癸 - 음

12개의 地支 : 아래층

子, 丑, 寅, 卯, 辰, 巳, 午, 未, 申, 酉, 戌, 亥

子寅辰午申戌 - 양, 丑卯巳未酉亥 - 음

시간을 반영하는 10간과 공간을 표현하는 12지가 서로 얽혀 60가지의 사이클을 만든다.

---

18 10천간은 10간, 12지지는 12지라고 줄여 말한다.

60갑자, 순환시간

    1년이라는 기간은 지구의 공전을 기준으로 정한다. 입춘에서 시작하면 정확하게 입춘의 자리에 되돌아오는 기간이 1년이다. 태양을 중심으로 정확하게 1회전하는 현상을 측정한 것이다. 이것은 10간과 12지의 순차적 진행에서 형성된 60갑자라는 시간과도 잘 부합한다.

갑자甲子기원설

    60갑자의 기원에 대해서는 남겨진 자료나 출전이 분명치 않다. 내용도 신화나 설화의 형태여서 신뢰성이 다소 떨어지는 점이 있다. 이 책에서는 신화나 설화를 참조하되 그것과 견줄 수 있는 추리를 병행하기로 하고 먼서 낳이 알려신 신화부터 소개한다.

    기원전 2700년경 지금으로부터 거의 5000년 전 일이다. 중국의 건국시조로 섬김을 받던 황제黃帝가 나라의 기틀을 다져가던 중에, 중원 지역의 전쟁영웅이었던 치우와 대결하게 되었다. 치우는 용맹한 성격에다 세력까지 막강해 황제는 우여곡절 끝에 간신히 승리했다. 그렇지만 전쟁의 후유증이 너무나 컸다. 유혈은 넘쳐났고 역병까지 돌아 민생은 도탄에 빠졌다. 재앙이 온 나라를 휩쓸자 황제는 목욕재계하고 경건함을 갖추어 하늘에 도움을 청했다. 황제의 간절한 기도를 듣고 마침내 하늘에서 특별한 방편을 내려주었고 그것이 바로 우주의 비밀코드인 10간과 12지였다. 황제는 대요라는 신하에게 10간과 12지의 원리를 탐구하도록 일렀다. 황제의 명을 받은 신하는 연구를 거듭한 끝에 천간과 지지의 결합을 생각해냈다. 10간과 12지를 연결하면 60갑자가 되고 그것이 바로 우주 순환의 원리임을 알아낸 것이다.

위의 이야기를 그대로 다 받아들이기는 어렵다. 그렇지만 하늘의 기운에 관심을 가졌던 고대인들이었으니 직관적으로 깨닫게 된 이치나 일상에서 얻게 된 지혜가 많았을 것이다. 그런 것들이 차곡차곡 모여 고대인들의 천문지식이 되었을 것이다.

60갑자의 출발

60갑자는 무엇을 근거로 어떻게 정했을까?

문헌으로 남아 있지는 않으나 태양계의 혹성들이 지구와 일직선으로 모이는 시점에서 유래했을 수 있다. 〈사기〉에도 중국의 고대 천문학이 상당한 수준에 있었다는 내용이 있다. 그렇다고는 해도 당시에 지구의 공전과 자전에 영향을 미치는 혹성이나 항성이 모이는 위치와 시기를 정말 정확하게 알 수 있었을까?

시간을 거슬러 올라가 우리가 고대인이 돼 60갑자의 시작점을 정해보자. 지구에 영향을 미치는 몇 개의 천체들을 생각해보자는 것이다. 먼저 태양이 있고 달이 있다. 중국인들에게 익숙한 별자리 28숙宿[19]

---

19 28숙은 서양 점성술에서 잘 알려진 조디액(zodiac)의 별자리(12궁)에 견줄 만한 동양의 별자리다.

도 있다. 혹성 중에는 가장 영향력이 큰 목성이 있다. 수천 년 전의 문명이라고는 하지만 하늘의 움직임에 관심이 많았던 황하지역의 고대인들이라면 적어도 이 정도는 생각했을 것이다.

가령 고대인들이 선택한 시점이 양력 12월 22일 새벽 0시이면서 동시에 음력 11월 초하루 밤 0시라 해보자. 한겨울 동지의 밤하늘, 달은 합삭(달이 태양과 지구 사이에 들어가 일렬이 되는 때)이므로 태양과 달과 지구가 일직선을 만든다. 여기에 목성도 추가하자. 목성은 혹성 중에서 가장 크고 지구와의 거리도 비교적 가까워 지구에 끼치는 파급력이 막강하다. 목성은 태양계 외곽에서 유성이나 혜성이 지구에 미치는 나쁜 영향을 막아 지구의 공전을 돕는다. 지구가 따뜻한 기운으로 팽창할 수 있게 도와주는 별이 목성이다. 뿐만 아니라 목성은 공전주기가 11.862년이니 12지의 순환주기인 12년과 크게 차이가 나지 않아 일정한 위치에서 매우 편하게 관측할 수 있다.

이처럼 어떤 시점에 태양과 달, 지구, 목성까지 일직선이 되는 천문현상이 있었고 그것이 60갑자의 출발점이 되었다고 보는 것이 그나마 가장 설득력 있는 추리이다. 그때의 천체 배열을 상상해보면 다음과 같다.

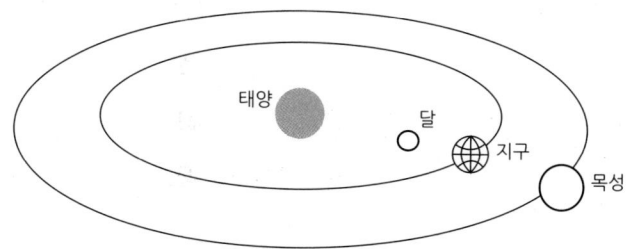

60갑자와 미메시스 mimesis

우리는 첨단과학 시대를 살아간다. 관찰하고 분석하는 데 필요한 장비나 프로그램도 전산화된 지 오래다. 그렇다면 5천 년 전에 나온 60갑자의 기원도 밝힐 수 있으리라 기대하지만 생각만큼 쉽지 않다. 살펴본 것처럼 지금으로서는 태양과 달, 지구와 목성이 일렬이 되는 시점을 추리해보는 정도다. 천문학적 계산을 통해 시작 시점을 알아낸다 해도 남아있는 기록이 없어 그것이 정확한지는 알 수 없다.

60갑자의 성립 시기를 밝히는 것은 상당히 난해한 문제다. 상황이 이럴 때는 아주 다른 시각에서 생각해볼 필요도 있다. 이 문제를 과학이 아닌 철학적 관점에서 미메시스 개념으로 접근해보자.

미메시스는 독일의 철학자이자 미학자인 발터 베냐민(1892~1940)이 역사철학의 관점에서 언어를 탐구할 때 사용했던 개념이다. 원래 미메시스라는 말은 모방이나 흉내를 뜻하는 수사학 용어로 고대 그리스에서 나왔는데 당시에는 '자연을 모방하는 능력' 정도의 의미로 통용되었다. 인간의 미메시스 능력은 처음에는 그저 자연과 꼭 같아지려는 단계에 있었지만 점차 창조성을 발휘하는 수준에 이른다.

고등한 생명체, 인간의 미메시스 능력은 어느 정도일까? 베냐민의 독특한 해석을 주목해보자.

존재의 본질을 드러내는 미메시스 언어

그는 인간의 미메시스 능력을 지각적 미메시스와 비지각적 미메시스로 분류한 다음 인간은 동물들이 결코 가질 수 없는 은총을 하나 받았는데 그것이 바로 비지각적 미메시스라 했다. 인간만 갖게 된 그 은총은 다름 아닌 언어인데, 인간은 언어를 구사할 수 있었기에 신비스러운 자연의 실체나 본질까지도 추상화하여 자신과 연결시킬 수 있었고 그것을 능력으로 발전시켜 왔다는 것이다.

베냐민이 말하는 언어는 지금 우리가 사용하는 언어가 아니다. 설명에 따르면 우리가 쓰는 언어는 기호언어이다. 기호언어는 본질적인 언어가 아니고 인간들의 임의적인 약속에 의해서 사회적으로 통용되는 언어일 뿐이다.

비지각적 미메시스 언어는 인간이 자연(신)으로부터 부여받은 언어다. 그래서 자연의 진실에 맞닿아 있고 불리는 대상의 본질을 그대로 느러내는 언어다. 그는 본질에 어긋남 없이 대상의 진실을 나타내는 이 언어를 명명命名언어(아담의 언어)라 했다.

사물과 존재의 본질을 그대로 드러내는 언어는 절대로 거짓이 작동할 수 없다. 거짓이 작동하지 않는다는 것은 언어를 발음하면(이름을 부르면) 곧바로 본질을 지시하는 것이어서 이름이 사물의 본질과 공명을 일으켜 심층적 의미까지 나타낼 수 있다는 뜻이다. 그런 언어는 언어 자체가 가진 엄청난 힘 때문에 거짓말을 용납하지 않는다.

그에 반해 인간의 합리성에 근거하여 사회적 약속으로 만든 언어는 기호언어인데 이것은 이름은 그럴싸하게 붙일 수 있을지 몰라도 내면에 있는 본질까지는 관통할 수 없다고 한다. 표층만 비슷하게 지시할 뿐 심층을 나타낼 수 없다는 거다. 그래서 기호언어는 사용하는 사람의 의도나 전략에 따라 본질을 숨길 수 있고 타자를 속이거나 이용하는 수단이 된다는 것이 베냐민의 생각이었다.

어떤 사람의 내면이나 본질을 파악하는 것이 그렇게 간단한 문제는 아니다. 드러난 행태를 여러 각도에서 세밀하게 분석한다고 해도 심층적 요소를 다 알기는 어렵다.

베냐민이 얘기한 명명언어처럼 60갑자를 구성하는 10간과 12지도 우주의 본질과 개인의 진실을 고스란히 드러낸다. 동양의 고대인들이 사용한 10간 12지는 사물의 본질을 관통하고 눈에 보이지 않는 형상까지 읽어낼 수 있는 미메시스 언어다.

동서양문명의 차이점을 말할 때 동양문명은 木의 성격이 강하고 서양문명은 금의 성격이 강하다고 했다. 목은 외부 자연의 변화에 순응하면서 자연과 동일화하려는 욕구가 강하다. 그에 비해 금은 자연을 객체화시켜서 관리하고 통제하며 분석하려는 속성이 있다. 그 같은 속성은 사람에게도 적용해볼 수 있다.

목의 본성은 현대인들보다는 고대인들이 더 많이 가졌을 것이다. 또 서양인들에 비해 동양인들에게서 목의 기질이 더 왕성하게 나타났을 것이다. 그렇게 생각하면 자연의 형상을 그려내는 능력이 탁월했던 동양의 고대인들이 10간과 12지를 만들어낸 것은 그냥 우연이라고만 보기는 어렵다.

시간코드, 10간

10간은 목화(갑을, 병정)와 금수(경신, 임계)로는 시간의 변화를 표현하고 토(무, 기)를 통해서는 공간의 수축과 팽창을 드러낸다. 10간은 시간과 동일하다고 할 수는 없지만 시간적 요소가 잠시도 쉬지 않고 작용하므로 시간코드로 보아도 큰 문제는 없다. 다만 시간 에너지가 충돌을 일으키지 않고 잘 연결될 수 있게 공간도 수축과 팽창을 통해 시간의 변화에 발맞추는 정도로 이해하면 된다.

다음 그림은 10간의 변화를 뫼비우스 띠처럼 위와 아래를 꼬아 표현한 것이다.

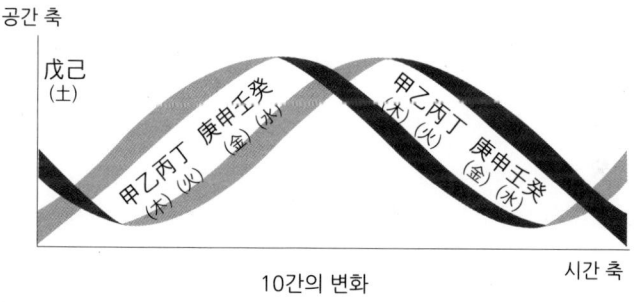

10간에는 시간과 공간이 빚어내는 변화 외에 우주가 제공하는 미묘한 감각도 들어있다. 여기서 1997년에 나온 영화 〈제 5원소〉를 떠올려보자. 이 영화는 압축하고 팽창하는 4원소를 조정하기 위해 인간의 감정을 끌어들인 엠페도클레스의 생각과 4원소 바깥에 에테르라는 5원소를 따로 설정한 아리스토텔레스의 견해를 버무려 만든 작품이다.

영화에서 제 5원소는 외부에 있지 않고 4원소를 종합하고 분석하는 인간의 마음임을 암시하는 흥미로운 장면이 있다. 바로 여주인공이 4원소의 의미를 드러내는 대목인데 여기서 그녀는 인간의 미메시스적 감각을 동원한다. 다음은 그녀가 각각의 원소[20]를 상징하는 돌을 움직이기 위해 표현하는 문장이다.

"바람甲乙이 불고 (…) 불丙丁이 타며 재戊己庚辛가 되고 비壬癸가 내린다."

이것을 사람들이 알아듣고 입김과 흙, 성냥, 땀을 사용해 결국 돌을 움직인다. 그녀의 표현은 10간에 담긴 감각적 요소를 설명하는 부분으로 볼 수 있다. 그래도 4원소의 감각적 인식만으로는 10간의 변화에 접근할 수 없다. 10간과 12지를 제대로 이해하려면 우리의 감각을 세분화하고 나아가 잠재적 감각까지 일깨워야 한다. 동양의 고대인들에게서 나온 10간 12지는 해석의 폭이 넓고도 깊다. 게다가 다양한 상징성까지 담고 있다. 10간 12지를 탐구할 때는 자연과학과 인문과학의 경계를 넘나들어야 한다. 먼저 10간을 보자.

---

20   엠페도클레스는 4원소설을 설명하면서 토를 흙이라 했지만 5행으로 따지면 금의 성격이 강하다. 영화에서 여주인공이 말하는 재는 토와 금이 결합된 것으로 볼 수 있다.

10천간, 존재의 본질을 드러내는 시간언어

10간을 살피기 전에 잠시 지나온 과정을 되짚어보는 것이 좋겠다. 오행의 변화양상을 알 수 있는 그림이다.

지금‸까시 책을 건너뛰지 않고 읽어온 독자라면 이제 이 그림이 좀

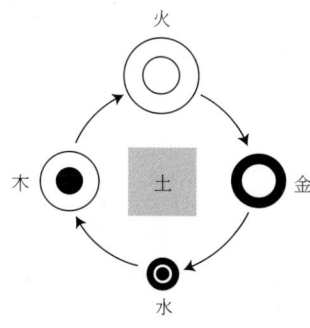

지겨울 것이다. 하지만 단순하게만 보이는 이 도형이 정말 많은 것을 설명하고 있다. 맨 아래에 있는 水는 외부도 음이고 내부도 음이다. 안과 밖이 모두 음으로, 완전한 음의 상태. 맨 위의 火는 水와 정반대다. 안과 밖이 전부 양이다. 지극한 양의 상태를 나타낸다. 음만 가득하던 水에서 안은 음이지만 바깥은 양인 木으로 진행하고, 이 木에서 겉과 속이 모두 양으로만 들어찬 火로 변화한다. 이쯤

되면 음의 기운이 없어 끝없이 팽창만 하는 화를 중앙의 토가 불러들여 잠시 정돈한다. 土의 조정이 끝나면 이제 내부는 양이 있어도 외부가 음이라 수축하는 金이 바통을 이어받는다. 그리고 처음 출발했던 水로 문제없이 귀환한다.

오행의 요소들을 다시 한 번 정리하자.

수는 음음의 상태다. 목은 내부는 음이지만 외부가 양이라 양으로 드러난다. 화는 양양이다. 금은 속에서는 양을 품고 있어도 겉이 압축하는 음이다 보니 음으로 나타난다. 그래서 목과 화는 양의 기운이라 하고 금과 수는 음의 기운이라 한다.

이 오행이 다시 음과 양으로 세분해 나간 것이 10간이고 12지다. 다섯 가지 요소로만 드러나던 기가 좀 더 섬세하게 분화한 것이다. 즉 오행에서 양이었던 木이 10간에서는 다시 양의 목인 甲木과 음의 목인 乙木으로 변한다. 음으로 분류했던 金도 양의 금인 庚金과 음의 금인 辛金으로 나뉜다. 양뿐인 火와 음뿐인 水도 마찬가지다. 丙火는 양만 간직한 火이지만 丁火는 음을 품은 火다. 水도 壬水는 양의 水, 癸水는 음의 水로 나뉜다.

토는 어떨까? 오행에서는 토를 음양으로 따로 구분하지 않았다. 10간으로 오면 토 역시 양토인 戊土와 음토인 己土로 갈린다.

다섯 가지 언어로만 설명하던 우주의 현상을 10개로 말할 수 있다고 생각해보라. 거기에 12지까지 가세하면 22개다. 그것만으로도 엄청난 축복이다. 그런데 10간과 12지를 결합하면 60갑자라는 60개의 언어, 60개의 의미가 나온다. 더욱 흥미로운 건 이 60갑자가 끝없이 순환한다는 거다. 60갑자는 정교하고 치밀하고 상세하면서도 미묘하게 표현된 기의 총체다. 이제 60갑자의 위층을 구성하는 열 개의 천간(10간)을 하나하나 탐색해보자. 먼저 갑목이다.

갑목 甲木, 튀어 오르는 생명의 기운

위로 곧게 뻗는 힘

강인하게 솟구치는 생명의 에너지

자존심이 강한 생명의 표본

甲목은 열 개의 천간 중에서 제일 먼저 등장한다. 글자 모양이 밭 전田자에 꼬리가 달려 있다. 땅 밑에서부터 흙을 뚫고 나와 머리를 내밀며 점점 자라는 새싹을 연상할 수 있다. 어린 나무는 성장하려는 생명의 에너지 하나로 땅속 깊숙한 곳에서부터 올라와 드디어 지상에 자신의 얼굴을 드러내었다.

갑목은 태어나기 전에 水의 기운을 머금은 어두운 흙속에 있었다. 컴컴하고 깊은 곳에서 오래 기다렸던 생명의 기운이 밝은 세상에서 어린 싹으로 나왔으니 거침없이 자라고 싶다.

동양의 고대인들은 새싹을 보며 생명이 태동하는 모습을 유추해 내었고 그 이름을 갑목으로 지었다. 이런 등장배경을 고려하면 우주 전체 순환에서 갑목이 차지하는 위상이 어느 정도인지 짐작해볼 수 있다.

산이나 들에서 만나는 초목, 공원이나 정원에서 마주치는 꽃과 나무, 거리에 줄지어 서있는 가로수들을 한 번 자세히 관찰해보라. 곧게 뻗은 것도 있지만 구부러지고 휘어진 생김새에 심지어 90도로 꺾인 부자연스런 모습으로 자라기도 한다. 그래도 주어진 환경에 적응하며 다양한 형상의 꽃이 되고 나무가 되어 다들 열심히 자라고 있다.

　세상에 존재하는 초목의 가짓수는 무수하고 형태도 다양하지만 목의 기운은 성장 성질에 따라 두 가지로 나뉜다. 하나는 직선直線으로 곧게 뻗어 나가는 기운이고 다른 하나는 직의 성정에서 한 걸음 나아가 좌우로 갈라지거나 가늘어지면서 휘감고 도는 곡曲의 기운이다. 곡은 직의 모습일 때보다 훨씬 유연하다. 직의 기운을 대표하는 갑목은 곧게 자라는 교목에 비유하고 곡의 기운을 대표하는 을목은 유연하고 부드러운 관목에 비유한다.

　우리는 갑목을 시작으로 10간을 살펴보고 있다. 10간을 공부할 때는 독특한 속성을 그냥 이해하는 데서 그치지 말고 그것들을 어떻게 확장할 수 있는지도 함께 생각해야 한다. 이 점을 기억하면서 갑목이 지닌 특성을 살펴보자.

갑목의 성정

생명의 기운을 확장해간다

10간이 배치될 때 맨 처음 분출되는 생기발랄한 甲목은 마치 깃대를 들고 제일 먼저 등장한 기수 같다. 갑목은 어떤 일이 발생할 때 앞장을 서거나 스스로 시작의 상황을 만든다. 그렇다 보니 눈에도 잘 뛰고 또 나서서 행동하는 경향이 있다. 갑목은 선구자적 기질을 타고났다.

갑목이 처음 등장하는 시작의 기운이라면 그보다 앞선 단계는 없다는 말일까? 세상 모든 존재는 순환의 과정에서 잠시도 멈추지 않고 끊임없이 이어진다. 갑목의 전 단계는 10간을 마무리하는 癸수가 된다. 그렇다면 갑목을 파악하기에 앞서 잠시나마 계수의 성정을 헤아려보는 것이 좋겠다.

10간 중 가장 민감한 감수성을 지닌 계수는 출발점에 선 갑목에게 에너지를 제공한다. 계수는 물리적인 운동성은 거의 없다. 대신 에너지가 땅속 깊이 스며들어 응축돼 있다. 갑목은 계수의 에너지를 흡수하여 새로운 변화를 만들어 나가는 생명의 기운이다.

갑목이 진정 바라는 것은 무엇일까? 갑목의 본질과 욕망은 계수와의 관련성에서 발견할 수 있다. 갑목은 계수의 응축된 기운을 넓은 공간으로 분출시키고 싶은 욕심이 있다. 그냥 외부로 뿜어내버리기만 하는 단순분출이 아니라, 생명의 연결망(network)으로 살아 움직이기를 원한다. 이것은 단일한 개체로 존재할 것 같은 생명이 사실은 서로 긴밀하게 연결돼 협동과 교류를 지속하고 있음을 의미한다.

생명의 기운을 나무만 가진 것은 아니다. 그럼에도 고대의 선인들은 연결성과 관계성을 나무에서 느꼈고 그 중에서도 강하고 곧게 자라는 나무를 택해 10간을 여는 갑목으로 정했다. 즉 가는 뿌리에서 시작해 튼튼한 줄기를 형성하고 하늘을 향해 곧게 가지를 뻗는 그 속성까지 감안해 생명의 대표로 배정한 것이다.

갑목을 탐구할 때 나무라는 외형에만 지나치게 집착하면 나무의 욕망도 이해하기 어렵고 진정한 생명의 본질도 헤아리기 힘들다. 나무로 나타난 갑목의 실체와 속성, 본질을 이해하려면 외양을 살피면서 내면의 욕망도 함께 읽어야 한다. 그러면 그 기운에 조금 더 가까이 다가갈 수 있고, 또 생명을 이어가는 한 그루의 나무에서 점차 확장해 나간 여러 모습도 연상할 수 있다.

무심히 서 있는 듯해도, 나무의 뿌리는 매 순간 물을 공급받기 위해 땅속을 더듬는다. 줄기와 가지는 날마다 경험하는 시간의 자취를 기록하며 위로 향한다. 끝없는 우주에서 개체로서의 나무 한 그루는 유토피아의 꿈을 찾아 오늘도 변함없이 순환여행을 하고 있다.

바르고 곧게 자란다

오행을 살펴볼 때 일정한 형태를 유지할 수 있는 능력은 金과 木이 가졌다고 했다. 水는 그릇이 주어지면 그릇의 형태에 맞게 자신의 모습을 바꾸어가지만, 그릇이 마련되지 않으면 낮은 곳으로 흘러가려는 성향을 띤다. 순식간에 에너지를 발산하는 火는 다른 대상을 드러내고 비추어 주지만 정작 자신의 진정한 모습은 제대로 인식하기 어렵다.

土도 형태를 유지할 수 있는 능력이 있지만 토의 능력은 금과 목에 비해 조금 다르다. 토의 본심은 자신의 외형을 유지하는 데 있지 않다. 4행의 변화에 적절히 발맞추면서 그들을 수용하려는 것이다.

10개의 천간 중 정갈하고 단정한 모습을 유지하는 천간은 갑과 을, 경과 신이다. 이 4개는 미리 기억해두자. 그렇다면 갑목은 어떤 모습을 유지하고 있을까? 아무래도 곧게 뻗어 가려는 줄기의 성장에서 답을 찾는 것이 좋겠다. 갑목은 내부의 에너지가 바깥으로 분출할 때 흐트러짐 없이 곧고 단정한 모습을 유지하려 한다.

갑목이 자신의 기질대로 곧고 바르게 자라는 것이 그렇게 수월한 일은 아니다. 자연은 생명체가 순조롭게 성장할 수 있는 환경을 그저 마련해 주지는 않는다. 따지고 보면 성장을 방해하는 경우가 훨씬 더 많다. 만약 갑목이 그런 상황에 직면하면 어떤 일이 벌어질까? 어쩔 수 없이 유지해오던 꼿꼿한 자세를 잠시 멈추고 나무의 부드러운 특성을 발휘하려 한다. 민감한 촉수로 다른 방향을 더듬어가며 새로운 성장의 길을 찾으려 애를 쓰는 것이다. 그래서 반듯한 갑목도 얼마간은 타고난 곧은 속성을 보류하고 유연함을 작동시켜 위기를 모면하려 안간힘을 쓴다. 하지만 너무 큰 압력이나 거센 폭력이 가해지면 갑목은 그만 포기해버린다. 자신의 기질이나 자존심을 더는 굽히려 하지 않고 차라리 부러지는 쪽을 택한다.

갑목의 이런 속성은 한 평생 고귀한 정신으로 꼿꼿하게 살고자 노력했던 선비의 모습도 연상하게 만든다. 갑목은 자존심이 강한 생명의 표본이다.

10간에서는 간의 설명이 끝날 때마다 명리학의 고전인 〈적천수〉와 〈궁통보감〉의 내용 중 일부를 현대인의 감각에 맞게 재해석해서 고전의 견해로 소개할 것이다. 아직 설명하지 않은 12지에 대한 내용이 간간히 섞여 있지만 분위기를 느껴보기 위해 마련한 것이니 건너뛰어도 괜찮다.

고전의 견해

이른 봄에 태어난 갑목은 하늘을 향해 쭉쭉 뻗으며 성장하고 싶다. 뿌리를 땅속 깊이 박으려면 습한 흙이 있어야 하고 줄기를 키우려면 따뜻한 火가 필요하다. 태양 빛이 강한 여름이면 에너지의 고갈을 막기 위해 水가 있어야 하고 잎이 무성해지거나 나무들이 너무 빼곡하게 들어차 있다면 金의 통제도 필요하다.

갑목이 굳건한 생명력을 뿜낼 수 있으려면 적절한 햇빛과 습기를 머금은 흙 외에 제어의 칼날도 있어야 한다. 필요할 때 적절하게 가지를 쳐주어야 나무의 수명이 길어지고 탐스러운 열매도 수확할 수 있다.

을목 乙木, 여러 갈래로 뻗어 나가는 유연한 기운

다채로운 변화를 펼쳐 보인다.
아름다움을 추구하고 관계를 만들어간다.

축축한 癸수에서 바통을 이어받은 甲목이 위로 치솟는 기운이었다면 乙목은 외부의 반응도 살피며 자라는 부드러운 기운이다. 위를 향해 강하게 솟아오르는 갑목에 비해 을목은 다양한 방향을 모색하며 조심스럽게 자란다. 을목은 장애물을 만나면 성장을 잠시 멈추고 휘기도 하고 구부러지기도 하면서 새로운 방향을 찾아 생장을 다시 이어간다.

갑목과 비교하면 조심스런 을목의 자세는 소극적으로 비치고 또 비굴하게도 보인다. 그래서 강인한 갑목에 비해 을목은 세력이 못하다고 생각할 수 있다. 이것은 현재 시간에서 포착되는 모습만으로 대상의 기운을 모두 파악했다고 단정해버려서 그렇다. 이런 태도는 독자적인 자연의 시간을 인정하지 않고 과거, 현재, 미래라는 시간 개념으로 자연을 끊어서 바라보았기 때문이다.

자연의 변화과정을 보면, 겉으로는 성장이 지속되는 것 같지만 내부는 정반대 에너지가 있어 그것들이 서로 길항작용을 일으킨다. 변화의 고비가 있을 때마다 양성적인 운동에너지와 음성적인 잠재에너지가 한번은 높은 마루를 이루고 한번은 다시 아래로 낮아지는 골을 이루면서 진동한다. 전체적으로 보면 전진하는 흐름을 따라 자연의 변화가 이어지고 있다.

목의 변화도 마찬가지다.

갑목은 외부 세계에 머리를 내밀고 강하게 나왔으나 다음 단계에서는 외부 환경을 살피면서 내부를 수습할 수밖에 없다. 그 과정을 이어받은 을목은 조금은 소극적인 자세로 조심스럽게 주변을 탐색하며 내면의 상황을 정리한다. 갑목에 비해 부드러운 을목은 위로만 자라지 않고 성장의 방향과 각도를 다양하게 바꾸어가면서 다채로운 변화를 추구한다. 그것은 곡曲의 자세를 취하는 을乙의 글자에서도 알 수 있다. 을목은 변화하는 환경에 부드럽게 대처하면서 섬세한 아름다움을 가진 유기체인 셈이다. 을목은 자신의 아름다움을 드러내는 것에 관심이 있고 미적 감각을 표현하는 능력이 뛰어나다. 을목의 기질을 좀 더 살펴보자.

을목의 성정

강하고 끈질긴 생명력을 가졌다

乙목은 섬세한 꽃이나 약한 덩굴나무에 비유한다. 그래서인지 생명력이 약한 존재를 떠올리기 쉽다. 생명력은 어떤 존재가 외부환경과 긴밀한 유대를 형성해가면서 자신의 생리작용을 얼마나 잘 지속하는가에 달려있다.

열 개의 천간 중, 맨 앞에 위치한 갑목은 기세는 강해 보이지만 내부 사정을 따지면 꼭 그렇지는 않다. 게다가 자존심이 강하고 체면을 중시하다 보니 외부환경에 대처해나가는 것이 매우 어렵다.

반면 나약해 보이고 가냘픈 꽃 같은 을목은 내면에 대단한 생명력이 자리 잡고 있다. 예상하지 못한 고난이나 시련도 다양한 방식으로 수용하며 민감하게 대처한다. 을목의 생명력은 외부 대상과 관계를 잘 유지해 나가려는 부드러운 품성과 장애물을 만나도 쉽게 포기하지 않는 끈기에 있다.

을목은 갑목과는 달리 내부에 약간의 습기를 머금고 있다. 이것은 위태로운 상황에서도 어떻게든 생명을 이어가게 만드는 에너지가 된다. 생명에 친화적이지 않은 척박한 터전에서도 가느다란 줄기에 의지해 삶을 이어간다.

쓰레기 더미, 아스팔트의 빈틈, 콘크리트 벽면의 갈라진 틈새까지도 약간의 수분을 함유한 흙만 있으면 잡초와 꽃들이 공간을 만들고 자신의 생명을 펼쳐간다. 이런 풍경도 을목을 닮은 생명현상이다. 을목은 자신이 존재해 있는 곳에서 혹독하면 혹독한 대로 어떻게든 삶을 이어가려는 생존의지를 가졌다.

가르치고 배우는 활동과 깊은 관련이 있다

원래 목은 갑목이든 을목이든 따질 것 없이 익히고 탐구하는 기운과 연관이 있다. 다만 갑목과 을목 중 우선순위를 따진다면 갑목에 비해 보다 섬세한 기질을 발휘할 수 있는 을목이 가르치고 배우는 활동에 좀 더 적합하다고 하겠다. 서로 다른 상상력의 세계를 꽃피울 수 있는 교육은 창의성이 요구되는 분야다. 여러 방향을 찾아 다양한 성장을 이어가는 을목은 가르치고 배우는 활동에서 빛을 발한다.

섬세한 미적 감각이 있다

을목은 자신의 감각을 활용해 아름다움을 추구하고 그 아름다움으로 주목받기를 바란다. 부드러운 곡선의 이미지, 아름다움을 추구하는 예술성, 고유한 창조적 에너지 등, 우리의 일상생활을 풍요롭게 만드는 많은 활동은 을목과 관계있다.

고전의 견해

乙목은 덩굴식물이나 꽃나무와 같아서 水가 있고 흙이 있으면 자연스럽게 땅에 뿌리를 내린다. 연약한 생명이지만 火를 만나면 화려한 재능을 꽃피우며 살아간다. 그러나 부드러움을 기본품성으로 하는 연약한 생명이다 보니 두려움과 근심은 떠나지 않는다.

갑목에 비해 뿌리가 깊지 못한 을목은 홍수가 발생하면 같은 동료인 甲목의 줄기를 휘감고 기대어 의지한다. 날카로운 金을 만나면 특유의 유연함을 발휘해 여러 방향으로 곡선을 그리며 예리한 칼끝을 타고 넘는다. 을목은 타고난 예민함을 적절히 이용해 금에 대해서도 계절마다 각각 다른 반응을 보인다. 이른 봄에 강한 금을 만나면 뿌리도 내리기 전에 서리를 만나는 격이라서 꽃을 피우지 못할까 걱정한다. 건조한 여름에 금을 만나면 수로 유통시킬 수 있으니 반가워한다. 열매를 맺어야 하는 가을에는 금이 너무 강하면 열매가 떨어지고 씨앗이 여물지 못할까 걱정한다. 겨울에 금을 만나면 찬 기운과 겹쳐 꽃나무의 뿌리가 얼어 버릴까 다시 걱정하지만, 화 기운을 얻으면 봄까지 버틸 수 있다. 감수성이 발달한 을목은 자연이 베푸는 혜택을 충분히 누릴 것 같다. 그래도 근심 걱정이 떠나지 않는 걸 보면 인간과 참 많이 닮은 존재라는 생각이 든다.

병화丙火, 순식간에 사방으로 퍼져나가는 기운

앞만 보고 나아가며 공간을 지배한다.
과거를 모르고 기억을 모른다.
환하게 비추어 만물을 드러낸다.

乙목에서 丙화로 넘어가는 변화는 급격한 공간 확장이 따른다.

그것은 새벽에 동이 틀 무렵, 별안간 태양이 눈부신 광채를 내뿜는 것에서도 느낄 수 있다. 병화의 맹렬한 기세에는 맞설 상대가 없다. 갑목에서 보았던 솟구치는 생명력도 팽창하는 병화에 비하면 세력이 약하다. 을목에서 병화로 바뀔 때의 격렬한 변화는 우주의 원시에너지가 순식간에 폭발하는 빅뱅(big bang)과 비슷하다.

빛은 1초에 30만km로 퍼져나간다. 빛의 속도보다 더 빠르게 움직이는 물질은 없다. 빛의 파동은 순식간에 세상 만물을 감싼다. 물체는 빛이 허용하는 공간에서만 존재할 뿐이다.

빛에 둘러싸이면 응축된 과거 기억이 남아 있을 수 없다. 앞으로 나아가는 공간적 변화만 감지될 뿐이다. 빛은 시간이 빚어낸 기억을 머물게 할 장소가 없다. 그저 미래를 향한 일방적 흐름만 있을 뿐이다.

공간에 대한 빛의 막강한 독점력을 간파한 고대인들은 인간의 운명도 빛이 제어하는 것으로 이해했다. 시간의 구속을 벗어날 수 없었던 인간들은 시간성을 극복한 빛이야말로 신이 머무르는 곳이며 인간이 도달할 수 없는 이상세계로 여겨왔다. 과학이 발달하면서 빛의 본질이 하나하나 드러나 예전보다는 빛의 신비성이 많이 약화되었지만 그래도 빛은 여전히 이해하기 어려운 영역이다. 병화를 통해 빛을 탐구해보자.

병화의 성정

빠르고 밝은 丙화는 순식간에 세상 만물을 드러낸다

丙화는 따뜻한 에너지를 가지고 가볍고 빠르게 움직인다. 자신을 반사하는 金水가 없으면 앞으로만 직진한다. 빛은 잠재된 에너지(질량)는 없고 발산하는 운동에너지만 가득한데 그것이 멈추지 않고 나아가며 공간을 확장한다. 그래서 丙화는 한 순간에 세상 만물을 자신의 영역으로 포함시킨다. 멀리 떨어져 있는 대상도 동시에 드러내는 탁월한 역량은 병화만이 가능하다. 공간을 지배하는 병화의 빛은 그 영역이 아무리 넓고 방대해도 어느 한 구석도 빠뜨리지 않고 따뜻한 에너지를 공급한다. 밝히기 어려운 비밀이나 기밀도 숨김없이 드러내는 진솔함도 있다.

木을 북돋우어 다양한 활동으로 확장해나간다

진행과정으로 보자면 병화는 을목의 도움을 얻어 발전한 기운이다. 그런데 이 병화라는 빛은 목이 빠르게 성장할 수 있도록 자신이 받은 것보다 더 많은 에너지를 제공한다.

현대로 오면서 병화는 놀라운 활약을 펼치고 있다. 목에게 따뜻한 열기를 제공해 활동성을 높여주는 본래의 임무를 여전히 수행하면서도 막강한 공간 지배력을 이용해 다양한 영상이미지를 표출해낸다. 병화 덕분에 첨단과학과 미디어 아트가 발전했고 각종 디지털 콘텐츠가 넘쳐나고 있다.

병화는 현대 미디어 문화와 깊은 연관이 있다

고대인들은 빛의 세계에는 신이 머물고 있어서 그 자체로 신성이 존재하는, 그래서 그 누구도 범할 수 없는 불가침의 공간으로 생각했다. 현대과학은 빛의 실체를 분석해 인간의 지식체계에 귀속시켰다. 이제는 빛도 일정 범위 내에서는 인간이 지배할 수 있는 대상이 되었다.

오늘날은 빛을 신이 존재하는 곳이나 신이 지배하는 영역이 아니라, 순식간에 광대한 영역으로 퍼져나갈 수 있는 에너지로 인식한다. 또 우리가 일상에서 쉽게 접할 수 있는 상품으로 이해한다. 빛은 이미지, 영상, 광고, 인터넷, 등 여러 분야에서 아주 다양하게 응용된다.

빛이 퍼뜨려 놓은 상품의 영향력은 장소를 가리지 않고 퍼져나가 도달하는 곳이 어디까지일지 짐작조차 하기 어렵다. 현대인의 욕망을 시시각각 충족시켜주는 전자기기들은 모두 빛이 빚어낸 상품들이다.

지금 우리는 병화의 위력에 완전히 포위되어 있다. 우리가 살고 있는 이 시대는 그 대상이 무엇이든 가리지 않고 돈벌이에 이용한다. 원래는 정신세계를 지배하며 신적인 영역에 머물고 있었던 신성한 병화도 이제는 다른 오행의 기운들과 서로 엮이며 욕망의 대상으로 바뀌고 화폐가치로 환산된다. 한때는 신성의 차원에 있었던 병화가 이제는 인간 사회로 내려와서 광고나 매스미디어, 사진, 영화, 공연예술, 인터넷 등으로 구체화되어 우리의 일상과 긴밀한 관계를 맺고 있다.

순간에 모든 것을 거는 병화는 지속성이 없다

세상 모든 일이 그렇듯 10간의 작용도 장점만 있는 것은 아니다. 병화는 그 특성상 내부에 에너지가 조금도 남아있지 않아 과거에 대한 기억이 없고 새로운 기억도 만들지 않는다. 그래서 넓은 우주 공간을 장악하고 세상을 밝게 드러내는 특별한 능력이 있어도 그 영향력이 찰나에 그쳐 지속성이 없다.

병화의 최후는 한 줌의 흙으로 돌아가는 것이다

나무는 자신의 생장을 돕는 햇빛이 비치면 반긴다. 갈증으로 시들어 가는 나무라면 다르다. 이때는 생명력을 극대화시키는 빛이 아니라 생명을 잔인하게 태워 없애는 빛이 된다. 앞뒤 상황도 고려하지 않고 태양의 빛이라 하여 신의 자비가 있는 곳, 인간이 도달하여야할 이상향으로 무턱대고 숭배하는 것은 문제가 있다.

빛은 시간과 공간이라는 두 에너지 사이를 순환하는 과정에서 발생하는 우주의 존재방식일 뿐이다. 우주에서 빛은 영원히 지고한 존재로 남아 있을 수 없다. 병화는 한 순간 공간을 지배하며 화려하게 등장했다가 어느 순간, 자신의 에너지를 빠르게 흙으로 환원시킨다. 때가 되면 丙화는 한줌의 재土로 전환된다. 이것이 병화의 본질이다. 다행스러운 것은 일정한 역할을 마친 그 화가 리사이클링(金水의 재생산)으로 이어져 수축과 응축의 과정으로 귀환한다는 점이다.

고전의 견해

병화는 10간 중에서 가장 강한 양의 기운이다. 일 년 내내 자신의 기세를 굽히지 않는 고고한 자존심도 있다. 水가 火를 제압하려는 긴박한 상황이라도 좀처럼 굴하지 않으며 급하게 木이 나서서 구원해주기를 바라지도 않는다. 병화가 열기를 사방으로 뿜으면 멀리 있는 곳까지 따뜻함이 고루 퍼진다. 병화의 덕은 크고 위엄이 있다.

4계절을 통해 드러나는 병화의 역할을 보자.

水의 세력이 강한 겨울은 만물이 추위를 느낀다. 그럴 때 설상가상으로 金이 덮치면 수는 차가운 얼음이 돼 주변을 얼어붙게 만든다. 이 현상은 얼어붙는 금수가 병화를 조롱하고 업신여기는 것이다. 자존심이 강한 병화는 또 쉽게 꺾이지 않고 사랑과 열정으로 차가운 세상을 녹이려 한다. 봄은 생명을 뿜내는 나무들이 햇볕을 흠모할 때니 병화는 세상 만물의 활발한 활동을 위해 환한 빛을 발사한다.

여름의 태양은 만물을 태워버릴 위험이 있어 金水가 함께 작동해야 한다. 가을의 태양은 논과 밭의 곡식을 향한다. 알곡들이 쭉정이 하나 없이 충실하기를 바라며 유종의 미를 위해 끝까지 가을 들판을 지킨다. 이처럼 4계절 내내 병화는 우리 곁을 떠나지 않으며 자신의 존재감을 드러낸다.

정화丁火, 좁은 영역을 파고드는 기운

안쪽으로 모여든 빛

나무에 기대어 타는 불꽃

병화와 정화는 어떻게 다를까? 빛이면 같은 빛이지 뭐가 다르다는 것일까? 10간을 설명할 때 흔히 병화는 큰불이나 태양의 빛이라 하고 정화는 촛불이나 작은 등불로 얘기한다. 이런 비교는 화의 본질적인 차이를 이해하기에는 뭔가 부족하다. 조금 다른 각도에서 접근할 필요가 있다. 음과 양의 차이를 고려하고 물리적 관점도 참고해서 丙화와 丁화의 작용을 이해해보자.

 丙화 빛은 넓게 퍼져나가며 발산하는 에너지다. 이런 丙화에게 남은 것은 다시 수축하는 과정뿐이다. 이제 병화 내부는 수축이 일어난다. 그 과정이 丁화다. 자연에서는 아주 사소한 변화 하나에도 반드시 이유가 있기 마련이다. 병화가 수축하는 것은 4행의 변화를 수용하고 매개하는 土 기운이 작용하기 때문이다. 토를 렌즈로 생각해보자. 병화가 토로 수렴되는 과정은 공간이 수축하는 것과 같다. 즉 빛을 담고 있는 매체가 수축하면 블록렌즈 효과가 생기고 빛이 안쪽으로 모이면서 정화 불꽃으로 변한다.

하도와 낙서에서 토는 수축하고 팽창하는 공간이 된다고 했다. 결국 극대로 뻗어나간 병화가 돌아가는 곳은 다시 수축할 준비가 된 흙이다. 4행의 움직임은 시간의 변화를 드러내고 그것은 고스란히 토에 반영된다. 10간의 순서로는 土가 火 다음이지만 공간성이 강한 토는 丙丁화가 일으키는 시간의 영향력을 그대로 담아낸다. 이제 丁화의 특성을 알아볼 차례다.

정화의 성정

병화에 비해 좁은 곳을 비추며 조용히 타오른다

양의 기운인 병화와 달리 정화는 음의 기운이다. 밝고 따뜻한 열을 외부로 발산한다는 점에서는 정화도 병화와 다를 바 없다. 다만 내부에 한 점의 음기가 있는 정화는 좁은 곳으로 모여드는 축소 지향의 불이다. 광대한 공간을 순식간에 장악하는 丙화에 비하면 丁화는 역량이 떨어지는 약한 불이다. 그래도 병화보다 다루기가 수월해 생활에 활용할 수 있는 불이다.

木과의 유대가 각별하다

정화는 병화에 비해 木과 긴밀한 관계를 유지한다. 물리적으로도 목과 직접 맞닿을 수 있다. 저절로 타오르는 태양과 달리, 정화는 목에 의지해서 타는 불꽃으로 불꽃이 꺼지지 않으려면 지속적인 목(인간)의 도움이 있어야 한다.

인간의 노력으로 불꽃을 유지해온 정화는 감사함을 잊지 않고 자신이 받은 것 이상으로 다시 돌려준다. 정화 덕분에 인간은 문명을 꽃피울 수 있었다.

정화는 금을 연단하고 개조해 유용한 도구로 만든다

금은 강하고 단단해서 대상을 구속하려는 기질이 있다. 그래서 주변상황이나 분위기도 딱딱하게 한다. 금은 제대로 통제되지 못하면 우주의 섭리도 무시하려든다. 정화는 금이 무모하게 날뛰어 위험한 사태로 치닫기 전에 연단하여 쓸모 있는 도구로 만든다.

오행관계를 보면 자신을 제압하거나 극해오는 대상을 만나면 굴복하거나 소멸된다. 정화가 金을 연단하는 과정은 좀 특별하다. 금은 정화의 불길을 만나도 기본재료는 없어지지 않고 형상만 바뀌어 다른 모습으로 되살아난다. 그것을 두고 금은 강한 자의 의도를 따라가는 종혁從革 기질이 있다고 한다. 재미있는 것은 10간 중에 丁화에게 각별한 대상은 원광석으로 비유되는 庚금이라는 점이다.

차갑고 딱딱하게 굳어 살벌해만 보이는 금이 정화를 만나면 물질적 변화를 일으킨다. 이전의 모습은 온데간데없고 섬세하고 날렵하고 예리한 도구로 변신한다.

금을 다루는 정화의 능력은 현대과학이 발달하면서 더 대단해졌다. 내면에 집중된 열기가 있는 丁화는 발산하는 丙화와 달리 섬세한 부분까지도 제어하기 때문이다. 金은 농기구나 연장으로 변모해 인간의 의식주 활동에 도움이 되기도 했지만 창칼이 돼 신체에 상해를 입히는 용도로도 사용되었다. 그래서 사람들은 금을 두려워하고 기피했다. 오늘날의 산업은 금이 없으면 재화나 서비스를 생산할 수 없을 지경이다. 금은 정화의 적절한 제어와 관리를 받으며 산업현장에서 없어서는 안 되는 중요자원으로 자신의 입지를 굳히고 있다. 현대사회의 물질적 풍요는 정화와 금의 조합 덕분이다.

과학과 기술의 급격한 발전은 정화의 작품이다

정화는 어두운 곳을 조용히 밝히는 전자와 같다. 정화는 사물의 미세한 곳까지 파고들어 특정 부위를 확대하는 능력이 있다. 우리 육안으로는 분간할 수 없는 곳에서 문제를 파악하고 해결점을 찾아낸다. 첨단과학의 미세한 부분에서 작동하는 전기나 전자도 정화 불꽃이다. 반도체, 컴퓨터, 통신, 인터넷도 정화의 활동무대다.

고전의 견해

丁화를 등불이나 촛불처럼 약한 불로만 알고 있으면 10간의 본질을 제대로 이해한 것이 아니다. 丙화와 丁화는 불이라는 속성에서는 같지만 내적 성질은 많이 다르다. 정화는 병화에 비해 열기가 쉽게 끓어오르지는 않지만 외부의 불길이 쇠약해지더라도 내면의 불꽃이 곧장 꺼지지는 않는다.

봄은 정화가 목에 의지할 수 있는 때니 불꽃이 약하지 않다. 열기가 강한 더운 여름은 습한 흙과 적당한 물이 필요하다. 금이 강한 가을이나 수가 강한 겨울은 불꽃이 꺼질 위험이 있지만 목이 도우면 불씨를 유지할 수 있다.

정화는 병화에 비해 상대적으로 약해 보이지만 내부에 불꽃이 있어 오래 지속되고 불길이 거세지더라도 기운을 조절할 수 있다. 불씨가 곧 사라질 위험한 상황에도 목이 있으면 언제 어디서든 살아날 수 있으니 정화는 저력이 있는 불이다.

무토戊土, 서로 다른 속성을 조정하는 기운

넓은 터전을 제공하며 멈추어 쉬는 단계
광활하고 마른 땅

우리가 변화라는 단어를 생각할 때는 선행한 어떤 것이 있었고 후행하는 과정이 이어지는 것처럼 시간과 관련짓는 경향이 있다. 살펴보는 10간도 시간과 깊은 연관이 있다.

丁화에서 戊토로 넘어가는 과정은 매우 특이하다. 丁화가 이미 존재하고 있는 戊토에 흡수되는 공간적 변화의 의미도 들어있다.

戊토는 중앙을 넓게 차지한 거친 대지로 4행을 담는 그릇이다. 무토를 이해하기 위해서는 흙의 十소를 살필 필요가 있다. 흙의 입자사이에는 공극(opening hole)이 있다. 양의 흙인 무토는 수분이 섞여있지 않아 건조하고 공극이 많다. 무토는 자신의 빈 공간을 활용해 대상을 가리지 않고 잘 감싸 안는다.

습기가 거의 없는 무토의 예를 우리 주변에서 찾아보자. 먼저 산, 길, 넓은 들판, 큰 도로, 광장 같은 곳을 떠올릴 수 있다. 수많은 사람들이 함께 모여든 장소나 타박타박 혼자 걷는 비탈길도 무토의 분위기와 잘 어울린다.

무토의 성정

공동체의 터전이 된다

　4행을 고루 받아들이는 무토는 목화금수와의 연결에 따라 무엇이든 될 수 있다. 금(암석)이 많이 섞여 있으면 울퉁불퉁한 길이 되고, 화(햇볕)가 강하면 사막이 된다. 물을 제공받으면 습한 땅으로 변모해 초목들이 뿌리를 내릴 수 있다. 축적된 물의 양이 많으면 호수가 되고 그 물이 낮은 경사를 따라 흐르면 강이 된다. 그 흐름이 바닷가까지 이어지면 삼각주나 갯벌, 백사장도 형성한다.

　우리는 이런 무토의 작용을 그저 당연하고 자연스럽게 여기기 때문인지 10간의 다른 요소들에 비해 무토의 역할에 대해서는 잘 모를 수 있다. 그렇지만 무던하고 수더분한 무토는 우리 주변에서 함께 호흡하며 우리를 지탱해주고 있다.

무토의 기질은 인간 삶에도 고스란히 반영된다

　고대인들은 오행의 속성이 인간에게도 그대로 적용된다고 생각했다. 태어난 기운이 호수를 연상시키면 호수의 풍경과 비슷한 인생을 살고, 바닷가 해안의 모습으로 태어나면 바다의 영향을 받는 삶을 살며, 산과 비슷한 모습으로 태어나면 산과 관계된 인생을 살게 된다는 아주 단순한 원리를 적용하였다.

　무토 기운을 타고난 사람들은 토의 기질을 반영해 땅과 밀착된 관계를 형성한다. 농사를 짓고 농장을 경영하고 나무를 관리한다. 운동장을 뛰어다니는 운동선수가 되거나 건축물을 세우는 일도 한다.

　　종교지도자가 돼 기도하고 설교하는 활동도 한다. 목화금수를 모두 받아들이는 토의 넉넉함이 지친 사람들의 마음을 살피는 일로 나아간 셈이다.

무토는 삶의 현장을 관장하면서 죽음의 세계도 함께 포용한다

　　水는 만물의 시작을 알리고 火는 공간의 한계를 설정한다. 무토는 우주변화의 가장 깊은水 곳과 가장 높은火 곳을 함께 품을 수 있는 중정(中正; 치우치거나 모자람 없이 곧고 바름)의 존재다. 무토가 수행하는 역할에는 생명에게 은혜만 베푸는 것이 아니라 생명을 거두는 죽음의 과정도 포함되어있다. 자연의 섭리에는 언제나 베풂과 거둠이라는 양면이 있다.

　　무토가 수행하는 삶과 죽음은 12지 중, 辰토와 戌토가 이행한다. 12지는 10간이 끝나면 다루겠지만 우선 辰과 戌의 분위기만 간단히 느껴보고 가자.

　　辰토는 험준하지 않은 곳에 자리 잡은 촉촉한 땅이다. 수분을 빨아들여 습지도 되고 저수지도 되고 논밭도 된다. 곡식이 발아하면 잘 자라고 인간도 그 땅에 의지해 일상의 삶을 이어간다. 반면에 황량하고 거칠며 사막과 같은 戌토는 생명이 깃들기 어려운 곳이다. 술토는 죽음에 이른 영혼이 쉴 수 있는 곳이다. 진토와 술토에 대한 세부 설명은 12지에서 하자. 여기서는 무토를 위해 잠시 불러낸 조연일 뿐이다.

고전의 견해

　무토는 넓게 트인 곳으로 만물이 활동할 수 있는 터전이고 근거지다. 어느 한 쪽으로 치우치지 않고 늘 중정을 유지해 요동 없이 고요하며 육중하다. 메마르고 건조해 혼자서는 생명을 키워낼 수 없지만 물을 흡수하면 만물을 크게 생육시킨다.

　자연과 함께 호흡하는 무토는 봄과 여름은 땅의 기운을 열어 만물을 자라게 하고, 가을과 겨울은 땅의 기운을 닫아서 만물을 가두고 덮어버린다. 열고 닫는 대지의 호흡을 통해 무토는 만물의 순환을 조정하고 다스린다. 무토는 삶과 죽음이 땅을 중심으로 왔다 갔다 하는 것임을 깨닫게 만든다.

　오행의 각 요소는 서로 좋아하고 또 잘 어울리는 상대가 따로 있다. 광활하고 너른 무토에게는 작은 을목보다는 갑목과 같은 큰 나무가 제격이다. 갑목과 무토가 함께 어우러져 있으면 큰 삼림을 이룬다. 영향력을 크게 발휘할 수 있어 무토와 갑목 모두 만족해한다. 을목과 같은 음목만 있으면 꽃동산과 같은 풍경에 그친다. 이때의 무토는 어리고 약한 생명들을 소중히 여기는 을목을 따라 소박한 흙이 된다.

　옛사람들은 가을에 태어난 어떤 사람에게 강한 戊土와 金이 함께 들어 있다면 땅과 관련한 일에서 재물을 얻고 성공할 가능성이 크다고 보았다. 그것을 이로공명異路功名이라 하였다. 이로공명은 학자가 되거나 높은 관직에 올라 관료가 되는 것이 아니라 특수한 기술이나 장사로 재물을 축적한다는 뜻이다.

기토 己土, 생명에게 호의적인 부드러운 기운

내부에 약한 음기가 있어 억세지 않다.

거칠지 않은 고운 흙

戊토에서 己토로 변할 때는 흙의 내부에 水가 깃들면서 딱딱하게 굳어있던 토가 조금씩 부드러워지며 수축이 일어난다. 메마르고 거친 戊토가 비와 바람에 의해 멀리 흩어지고 또 다시 모이는 과정을 겪으며 촉촉한 습기를 품은 부드러운 己토가 되는 것으로 이해할 수 있다. 이것은 흙이 오랜 시간에 걸쳐 이동, 침식, 퇴적을 반복하면서 다양한 유기체들이 깃들 자리가 되었고 생명에 친화적인 땅이 되었음을 의미하는 것이다.

기토는 무토에 비해 규모는 작지만 부드러워 무수한 생명들이 함께 하는 땅이다. 인간도 일생 중 많은 시간을 기토에 기대어 살다가 삶을 마치면 다시 그 땅으로 돌아가 깊은 잠을 잔다.

우주적 관점에서 본 기토의 위상은 어떨까?

하도 낙서를 다시 살펴보자.

하도에서 검은 점 10개는 기토를 나타내고 흰 점 5개는 무토를 의미한다. 검은 점과 흰 점 모두 중앙에 모여 있다. 낙서에는 무토에 해당하는 흰 점 5개만 중앙에 있고, 10개의 점인 기토는 외곽에 있다.

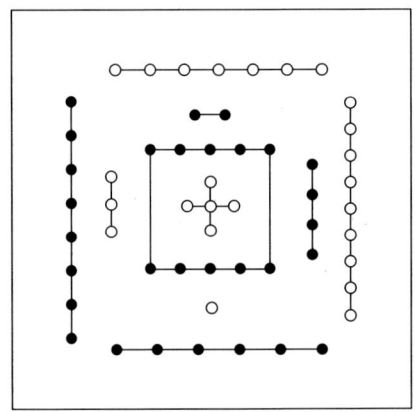

하도

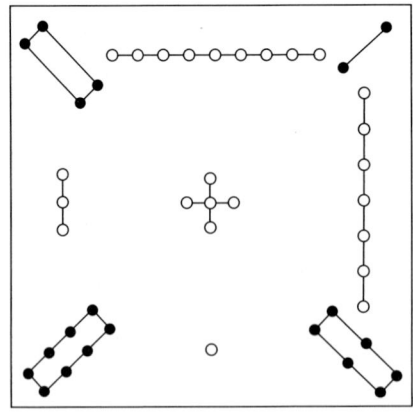

낙서

고대인들은 기토가 그저 단순한 자연의 흙이 아니라, 무토를 근거로 나왔으며 4행을 품고 저장하고 조정하는 존재임을 감지했을 것이다. 근토의 특성과 역할을 생각해보자.

기토의 성정

부드럽고 촉촉해 생명이 깃든다

마르고 거친 무토에서 비와 바람의 작용으로 떨어져 나온 입자들이 공기 중의 습기를 받아들여 부드럽고 촉촉한 기토로 변했다. 기토가 있는 곳에는 유기물이 스며들어 크고 작은 생명이 자란다. 그 땅에 사람들이 정착해 살면서 집을 짓고 밭을 일구었다. 물을 끌어들여 논을 만들었고 이웃마을로 통하는 작은 도로를 내면서 부락을 형성하고 국가도 이루었다. 지상에서의 일상이 기토 덕분에 멈추지 않고 지속된다.

우리 삶은 기토에서 누적되고 보존된다

기토는 입자가 곱고 부드러워 미세한 입자 사이사이에 생명체들의 활동을 기록하고 기억도 보존한다. 유기체의 자취와 흔적이 그대로 보존되는 것이다. 생명을 이어가는 존재들은 기토에 의지해 삶을 유지하고 역사를 만들어간다.

己토는 木과 金을 모두 품을 수 있다

　기토의 저장능력을 알 수 있는 12지는 未토와 丑토다. 상세한 것은 12지에서 다루기로 하고 여기서는 미토와 축토의 핵심 개념만 살피자. 미토와 축토는 보관하는 내용물이 다르다. 미토는 木이 있고 따뜻한 화가 있다. 목은 인간의 삶 자체를 나타내고 정신적 산물도 의미한다. 교육이나 문화와 관련된 장소는 미토의 공간인 셈이다.

　축토는 金이 저장되어 있다. 산업을 위한 기본시설, 육중한 기계장치, 원자재 창고, 지하실 및 차고 등은 금으로 볼 수 있다. 땅속 깊숙한 곳에 촘촘하게 들어찬 상수도와 하수도는 금이 만든 물길이다. 금이 제공한 물길을 따라 물이 도심지로 흘러든다.

　기토가 어떻게 인간의 일상과 관련되는지를 느껴보기 위해 미토와 축토의 예를 잠시 살펴보았다. 고전을 통해 기토를 알아보자.

고전의 견해

　기토는 음의 기운을 가진 흙이라 양의 토인 무토에 비해 습한 편이다. 비옥해서 생명이 의지할 수 있다. 戊토의 장중함에 미치지 못한다고 己토를 소심하고 비루하게만 여기면 토의 본질을 놓치는 것이다.

　흙은 원만한 성품 때문에 간혹 분별력이 부족하다는 평가를 받는다. 그래도 음의 흙인 기토는 비교적 세심해, 따져서 행동하는 편이다. 水를 받아들이되 지나치면 흘려보내고, 무성한 木을 만나도 무조건 저항하지 않고 스스로 부드러워지려 한다. 火가 가득하면 주위의 만물이 그 따뜻함을 누릴 수 있게 간직한다. 金을 만나면 물이 지나갈 수 있는 통로 역할을 하라고 금에게 길을 내준다.

경금庚金, 변화방향을 돌려놓는 뻣뻣한 기운

외부가 굳어가며 안쪽으로 수축한다.
매끄럽지 못한 원광석, 설익은 열매

 10간의 변화과정을 단계별로 나누어 보자. 전반부는 팽창하는 木火 과정이다. 조정 단계인 중반은 戊己토가 등장하고 후반부로 가면서 수축하는 金水단계로 접어든다. 메마른 戊토에서 약간의 음기가 스며든 己토의 경우, 기운이 조금 변하긴 했으나 멈추어 쉬는 土의 성격이 완전히 바뀐 것은 아니다.
 기토 다음에 오는 경금은 전반부의 甲乙丙丁이 경험했던 변화방향과는 정반대다. 팽창하는 甲乙은 몸집이 성장하고 자신을 에워싼 주변과의 관계가 발생하는 단계니 감각이 중요하다. 丙丁의 기운은 본체에서 분리되어 높은 곳을 향해 멀리 도약하는 과정이다. 여기서 팽창하는 목화 기운은 나아가는 것에만 골몰해 있어 戊己토를 중심으로 한 번 기운을 정돈해야 한다. 다음 단계에서는 지금까지 진행해온 변화를 원점으로 돌려놓기 위한 작업이 시작된다. 이제 왔던 길을 되밟아가는 수축 과정이 일어난다. 그때 등장한 기운이 庚금이다. 진지한 태도에 분위기는 엄숙하고 표정까지 잔뜩 굳어있는 경금의 출현은 주변을 긴장시킨다. 그렇긴 해도 찬찬히 뜯어보면 경금은 어딘지 모르게 좀 불편해 보이고 기량도 완벽하지는 않은 것 같다.

우주가 변화하는 것은 힘이 작용하기 때문이다. 경금은 팽창이 극대화된 단계에서 방향을 바꾸기 위해 등장했다. 목에서 화를 거치는 동안 주야장천 팽창만 지속해왔다. 토가 나서서 기운을 잠시 멈추어 놓았지만 여전히 튀어나가려는 태세가 꺾이지는 않았다. 이 상황을 돌려놓기 위해 나온 경금은 목화의 순차적 과정과는 전혀 다른, 예기치 않게 출현한 반전의 기운이다. 그래서 지금당장은 이제껏 이어온 분위기를 완전히 압도할 만한 힘이 없다. 그렇더라도 흐름을 바꾸어야하는 위치에 선 경금은 다소 허점이 있어도 전사 같은 위엄을 갖추려 노력한다.

일상에서 경금의 형상을 닮은 사물을 생각해보자. 외형은 강하고 단단하게 보이지만 내부는 불순물이 섞인 원광석이나 지하 광물자원, 각종 금속이 있다. 또 외피는 딱딱하지만 속은 과육이 들어찬 과일이나 여물어 가는 열매도 경금의 예다.

경금의 성정

규칙과 절차를 중시한다

庚금의 속성은 甲목과 정반대다.

갑목은 위로 반듯하게 자라며 외부에 대한 호기심이 많고 생각도 열려있다. 경금은 아래로 누르는 기운이다. 또 경계선을 그어 외부와 내부를 구분한다. 외부 세상과 교류나 소통을 별로 원하지 않고 생각도 닫혀있다. 경금은 바깥에서 따로 억압을 가하지 않더라도 행로를 벗어나지 않고 스스로 정한 규칙이나 질서를 고수한다. 허용된 활동영역도 넘나들지 못하고 규율에만 그저 충실할 뿐이다. 경금은 자유로운 상태를 오히려 불편해하며 차라리 법과 규칙이 철저히 유지되는 환경을 선호한다.

경금의 시각에서는 사회정의를 실현하려면 법이 우선 되어야 하며 평등이나 분배 문제도 법적 절차나 과정을 통과하기만 하면 공정하다고 여긴다.

경금은 강한 자에게 복종하는 종혁縱革성이 있다

종혁은 강력한 힘을 지닌 세력이나 대상이 나타나면 자신의 기질이나 속성을 포기하고 사고나 행동을 강한 쪽에 맞추는 것을 의미한다. 원래 단단하고 굳은 金은 성질이나 태도를 바꾸는 것이 쉽지 않지만 강한 火가 작용하면 형태를 바꿀 수 있다. 그런 다음 水로 식히면 이전과는 다른 새로운 모습이 된다.

이런 물성은 오행의 다른 요소들에서는 발견하기 어려운 금만의 특성이다. 대체로 극하는 힘이 강하게 압박해오면 본래 모습은 허물어지거나 부러지거나 혹은 흩어지며 소멸된다. 그래서 이후 자신을 극한 대상과는 관계를 정립하는 것이 불가능하다.

金은 자신을 변형시킨 대상과도 아무런 문제없이 지낼 수 있다.

火로 연단하고 水로 씻어내는 과정을 통해 산업의 중요한 자원으로 쓰인다

경금은 원래 수축이 일어나는 초기 단계에서 형성되었기에 미숙하고 어설픈 점이 있다. 아직은 내부 조직도 치밀하지 않아 구조도 허술하다. 원광석도 유익한 도구로 변모해 일상에서 유용하게 쓰이려면 불을 거치고 물로 씻어내는 세정洗淨을 수없이 반복한다. 그 과정을 생략한 원광석 자체로는 별로 쓸모가 없다.

과학이 발달하면서 火의 기운을 쉽게 사용하는 시대가 되었다. 구조적으로 문제가 있는 원광석이나 이미 녹이 슬어 엉망이 된 고철도 자원으로 활용한다. 예전에는 그냥 버려진 쇠 조각이던 것이 이제는 몇 가지 과정만 거치면 정교한 기계로 변신한다.

고전의 견해

경금은 만물을 내리누르는 가을의 기운으로 생명의 성장을 억제한다. 강건하고 엄숙한 분위기로는 10간 중 으뜸이다. 자신을 달구는 강한 불을 만나면 녹아내리며 굴복한다. 그래도 쉽게 소멸되지는 않고 물로 식히면 다시 본성을 회복하니 잘 연마하면 특이한 기물이 된다.

경금의 본성은 거칠고 투박한 무사나, 통솔하고 지휘하려는 관리자에 가깝다. 저항하는 甲은 힘으로 정복하고 다스리지만, 부드러운 乙목과는 함께 어울린다. 이것은 거칠고 둔중해 예리함이 떨어지는 경금이 휘어지고 구부러지는 을목의 부드러움을 어떻게 처리할 수 없어 마지못해 받아들이는 것이다.

신금辛金, 모습은 단정하고 구조는 치밀하다

여러 방향으로 정교하게 압축돼 내부가 단단하다.
탐스럽게 잘 익은 열매, 빛나는 자연의 결정체

辛금은 거칠고 투박한 庚금이 시간이 흐르면서 마모되고 단련되어 정교하고 세련된 모습으로 변한 것이다. 경금은 압축하는 힘이 아래로만 작용한 것이었다면 신금은 힘이 여러 방향에서 가해졌다. 깎이고 마모되면서 외모가 단정해졌고 내부도 치밀한 짜임새를 갖게 되었다. 그래서인지 옛날 사람들은 신금을 단단하고 빛나는 결정체, 보석, 장신구에 비유했다.

음양오행은 우주변화의 원리를 상징하는 것이니 보편적이고 추상적인 개념부터 먼저 이해해야 한다. 개념도 이해하기 전에 구체적 사물에 적용부터 시키는 것은 순서에 맞지도 않고 이해를 방해할 때도 있다. 辛금의 경우는 추상적 개념과 구체적 물상이 큰 차이가 없이 잘 연결되는 편이다.

우리 주변에서 신금의 모습과 닮은 물상은 어떤 것이 있을까?
생산현장에서 널리 쓰이는 산업용 기계, 첨단과학 장비, 자동차, 컴퓨터, 인터넷 장비, 의료기기, 전산장비, 통신기기, 최신 사무용기기 등과 연결시킬 수 있다.

신금의 성정

내부 구조가 촘촘하다

　신금은 예리하고 단정한 모습 때문에 칼날이나 보석으로 보는 경향이 있다. 이것은 신금과 경금을 비교할 때 유익한 단서가 된다. 경금의 둔탁한 칼날이 을목의 부드러움을 꺾지 못하는 것과 달리 신금의 날렵한 칼날은 유연하게 비켜나가는 을목을 용납하지 않는다. 신금의 칼날은 상하 좌우를 가리지 않고 다양한 각도로 작용하기에 을목이 제아무리 부드럽게 회유해도 신금의 칼끝은 피할 수 없다.

　구조가 섬세하고 꼼꼼한 신금은 예민한 도구가 되는 것에 그치지 않는다. 치밀한 신금은 철저한 기획력으로 대상을 관리하고 제어한다. 오차나 오류를 허용하지 않으며 군더더기를 두고 보지 않는다. 구석구석 세밀한 곳까지 시선이 미친다. 대단한 편집능력을 발휘하는 신금은 통괄적 관리를 하는 경금과는 기세가 다르다.

　대체로 양의 기운은 외형이 크고 그럴싸한 모양새로 위엄을 갖춘 것처럼 보이지만 일의 수행능력이나 짜임새, 완성도를 따지게 되면 음의 기운에 많이 뒤진다. 신금의 가차 없는 단호함은 빠져나갈 여지가 있는 경금과는 많이 다르다.

물질적 유토피아를 지향한다

　신금은 기본적으로 형체를 갖춘 구체적인 것들에 집착한다. 신금을 강하게 타고 난 사람은 물질을 중시하고 잘 다루며 그와 관련된 임무를 잘 처리한다. 과학과 기술이 발달한 오늘날은 신금의 성향을 가진 사람들이 활동할 수 있는 영역이 참으로 많아졌다. 정밀 기계나 장비, 첨단 의료 기기나 시설, 금융과 관련한 전산장비 등 전문기술 분야는 신금과 관련된다.

신금은 법적 권한을 이용해 대상을 통제한다

신금의 기획, 제어, 관리능력은 질서와 행정을 담당하는 영역에서도 빛을 발한다. 법률가, 경찰, 군인, 검사 등 공권력을 발동하는 직업도 신금과 관계있다. 이것은 관리하고 다스리는 대상이 물적 영역에서 인적 영역으로 옮겨간 것이다.

水와 결합해 감수성의 세계로 진입한다

신금은 경금 뒤에 나왔다. 먼저 나온 庚금은 火를 좋아하고 연단되기를 바라지만 辛금은 水를 편애한다. 木은 경금에 비해 훨씬 단단하고 예리한 신금을 불편해한다. 신금의 예리한 비판과 통제는 인간의 자유로운 정신을 의미하는 木火의 기운과 길항작용을 이루어 물질문명의 유토피아를 구축해왔다.

그런데 신금의 세력이 강해지면 신금은 존재의 자유로운 발상까지 억제하기 시작한다. 이렇게 되면 신금의 구속을 벗어나 자유로운 세계로 떠나려는 만물의 내적 갈망이 싹튼다. 이 기운은 辛금에게도 전달된다. 이때 우주의 순환시스템은 하나의 돌파구를 마련하는데 바로 金을

水로 녹여내는 과정이다.

金生水는 감성을 활성화할 수 있는 중요한 단계이다. 금생수가 일어나면 신금은 존재의 내면 깊숙한 곳에 잠재해 있는 무의식이나 영혼과도 교류할 수 있다.

단호하고 냉철하며 억압의 기운을 지닌 신금을 감성적 성향과 결부시키는 것이 좀 이상할 수 있다. 엄밀하고 섬세한 신금이 유연한 수를 만나면 신금의 기질이 변주를 일으킨다고 이해하면 좋겠다.

신금은 겉으로는 엄격함을 지향하는 것 같지만 시간이 흐르면서 내면에서는 규제를 가하는 만큼 자유를 갈망하는 욕구도 생긴다. 이런 辛의 욕망은 다른 세계에 대한 동경으로 나타나고 木을 제약하려던 마음에서 다시 목을 살리려는 金生水 기운으로 변화한다. 가차 없고 냉혹하게만 여겨지던 신금이 수가 흘러갈 수 있는 통로로서의 역할을 거뜬히 해주기 때문에 오늘도 우주는 생명탄생을 이어가고 있다.

고전의 견해

맑은 물로 씻고 환하게 빛나는 것을 좋아하는 辛은 마른 흙이 자신의 광채를 가리는 것을 꺼린다. 그래도 자신이 약할 때는 부드럽고 습한 토로 회복되기를 원한다.

신금은 깨끗한 물을 유통시키는 능력이 탁월해 정체되고 답답한 기운을 해소한다. 또 물상을 깊이 탐구할 수 있다.

신금은 뜨거운 병화를 진정시켜 이슬을 만들고 열기에 지친 생명에게 차가운 기운을 선사한다. 이 현상을 관찰하고 연구했던 학자들은 천간에서 일어나는 합으로 생각해 병신합丙辛合이라 불렀다.

신금은 木 생명을 위태롭게 하는 칼날이면서 木을 구하기도 하는 묘한 존재다. 늦가을의 쨍쨍한 햇살 속에서도 水와 친숙하여 시원한 바람과 구름을 불러온다. 그렇지만 얼어붙는 겨울에 태어난 辛금은 사정이 다르다. 한겨울의 금생수 과정은 만물을 얼음 속으로 밀어 넣는 것이니 생명에 위협을 가하는 역할을 한다.

임수 壬水, 기억과 정보를 싣고 미래로 나아가는 기운

응축돼 있던 에너지가 흐른다.

강, 호수, 바다로 흘러드는 물

壬水는 생명의 에너지다. '아이를 가지다'는 뜻의 임妊도 임수와 관련이 있다. 어떻게 辛금으로부터 생명의 에너지가 생성되는 것인지 우선 그 과정부터 살펴보자.

辛금은 외형이 단단하고 내부는 치밀한 조직으로 돼 있다. 그렇지만 내면의 긴장이 지속되면 어느 시점부터는 조직 자체가 와해된다. 시간이 흐르면서 신금은 조여 오는 압박과 속박을 벗어나고픈 내적 갈망이 싹튼다. 그러면 섬세하고 촘촘한 신금의 내부조직에도 미묘한 감성이 일렁이며 약간의 혼돈이 발생한다. 거기에 몽환적 상상까지 가세하면 신금의 조직이 허물어지면서 새로운 생성의 에너지가 흘러내린다. 이 에너지가 임수다.

이 전이과정을 물리적 관점에서 분석해보자. 오행 발생 단계의 그림을 떠올려보라. 金이 견고한 구조를 갖게 된 것은 외부의 음 기운이 내부의 양 기운과 균형을 이루었기 때문이다. 이 상태에서 외부의 음이 점점 강해지면 내부의 양은 그 긴장감을 이겨내기 어렵다. 하는 수 없이 치밀한 조직은 안쪽으로 서서히 무너져 내리면서 음으로만 된 수로 용해된다.

여기서 壬水의 중요한 두 가지 속성을 발견할 수 있다.

하나는 임수의 생성은 구속과 압박을 벗어나려는 조직의 이탈 현상이라는 거다. 다른 하나는 형성되는 개체 하나하나는 어느 곳이든 흘러갈 수 있는 유연성과 유동성을 가졌다는 점이다. 임수는 한 곳에 정착하지 않고 그때그때 적절한 환경을 찾아 떠돌며 삶을 꾸려가는 유목민의 성향도 갖고 있다.

신금에서 임수로 변화하는 과정은 인간의 본성에서 비롯된 자연의 리듬과 감각, 감성도 매우 귀중한 것임을 상기시킨다. 감성과 감각은 명철한 논리나 냉철한 이성적 판단의 영역이 아니다. 신에 대한 믿음이나 신념과도 무관하다. 감성이나 감각은 인간이 오랜 시간 자연과 함께 호흡하고 살아오면서 체득한 일종의 능력이다. 미세한 자연의 일부가 인간의 내면으로 들어와 깊이 새겨진 것이 우리의 감각이고 감성이고 리듬이다.

임수의 성정

임수는 금을 녹여내는 마법사다

높은 지형의 개울이나 실개천에서 발원한 물은 바위나 자갈이 깔린 곳을 따라 흐른다. 작은 물이 모여 시내와 개천을 만들고, 호수가 되고 강이 되어 바다로 흘러든다. 임수는 자연의 물상들 사이를 흘러 이동하며 에너지를 소통시킨다.

木火의 에너지를 되돌리기 위해 등장한 경직된 金은 압축된 에너지인 임수로 변모해 곳곳으로 재분배된다. 임수가 에너지 소통의 달인이다.

금은 강건함을 무기로 전체조직의 구조를 정하고 질서를 세운다. 지나치면 아집과 독선으로 치닫는다. 금은 체제나 형식에 문제가 있어도 태도를 수정하기가 어렵다. 강한 화로 개조시킬 수 있지만 그 과정은 좀 번거롭다. 대단한 열기로 녹이고 혹독한 제련과정까지 거쳐야 한다.

금의 세력이 지나치게 오래 득세하면 자유롭게 살고 싶은 생명들은 피로감을 느낀다. 그럴 때 임수가 나서서 금을 끌어들이면 짓눌려 있던 생명들은 자연스럽게 새로운 돌파구를 찾게 된다.

임수는 경직된 금을 부드럽게 녹여 깊숙한 골짜기도 적시고 울퉁불퉁한 바위의 비좁은 틈도 유유히 통과한다. 그 과정을 통해 물은 흙을 적시고 스며든 물은 초목을 키운다. 이것은 감성을 펼치고 싶은 목이, 규제·통제·기획 같은 관리일변도의 금의 영향에서 벗어나 드디어 유연함과 유동성을 자랑하는 임수의 관할로 편입된 것을 의미한다. 木이 생명을 이어갈 수 있는 것은 금과 목을 소통시키는 임수의 공이 크다.

기억과 정보를 싣고 미래로 나아간다

임수의 에너지는 하나씩 하나씩 개별화된 상태로 흐른다. 이것은 프로이트가 말한 무의식의 세계와 관련이 있다. 인간의 행동에 영향을 끼치는 망각된 기억이나 감성, 충족되지 못한 욕구, 이해하기 어려운 개개의 정보 등은 壬癸수가 되어 우리의 무의식을 구성한다.

오행의 시각에서 보는 무의식은 이렇다. 안과 밖이 모두 음인 개개의 데이터들이 반복적으로 출렁이며 시간의 리듬을 만든다. 아직은 구체적 의미와 정보를 형성하지 못한 원시 데이터에 가깝다. 임수 단계에서의 인식 수준은 낮고 욕망도 잠재적으로 발현될 뿐이지만 그래도 생명에 대한 욕구가 있어 한 발 한 발 나아간다.

임수가 고인 곳에는 생명현상이 있다

임수는 응축된 생명에너지이다. 임수가 고여 든 바다나 호수, 수심이 깊은 강에는 무수히 많은 생명들이 있다. 생명현상은 목의 전매특허로 생각하기 쉬워 수만 가득한 곳에 생명이 있다는 것이 이상하게 들릴 수 있다.

임수의 속성을 간직한 바다나 호수는 응축된 자연의 에너지가 있다. 그 임수가 지구 생명체들에게 에너지를 제공한다. 임수 덕분에 생명은 태어나고 진화해 나왔다. 생명에너지인 임수의 작용으로 과거의 것들이 현재의 틈새를 비집고 들어와 재구성되면서 새로운 미래로 이어지고 있다.

고전의 견해

壬은 흘러가는 물이다. 흐르는 水는 높은 곳에서 낮은 곳으로 흐르며 큰 강이나 호수, 바다로 흘러든다. 임수는 나뉘기도 하고 합하기도 하며 담기는 그릇에 따라 변하니 모습이 일정하지 않다. 수는 金을 만나면 흐름이 강해져 주변을 소통시킨다. 수는 자연의 곳곳을 적시며 흐른다. 火가 강하면 열기를 누그러뜨린다. 木을 만나면 자신의 기력이 소모되더라도 에너지를 제공한다.

임수는 자연을 두루 돌아다니면서 굳어 있는 기운을 소통시킨다.

계수 癸水, 생명을 배양하는 창조적 기운

흐름이 약화된 심연의 에너지

습지의 물, 진액

10간의 마지막에 배열된 癸수는 陰 중의 陰으로 아주 약하다. 약간의 운동성은 있었던 壬수와 달리 癸수에게서는 눈에 띄는 흐름은 발견하기 어렵다. 계수는 큰 강이나 바다로 흘러드는 임수에서 이탈해 작은 지류로 접어들거나, 낮은 땅으로 스며든 물이다. 가끔은 태양 빛에 의해 증발했다가 기온이 낮아지면 이슬이나 비가 되어 다시 지상에 내려온다. 우리 눈에는 잘 띄지 않는 곳에서 머물다 비구름의 형태로 나타나는 것도 계수의 모습이다.

시간과 공간의 경계를 넘어 곳곳에 흩어져 있는 계수는 임수와는 또 다른 형태의 원초적 에너지이다. 계수를 분석해보자.

계수의 성정

어둡고 비밀스러운 계수는 생체에너지로 변모한다

임수에서 이탈하여 보다 내밀한 곳으로 스며든 계수는 깊고 은밀한 곳에 고인다. 고요하고 어둡고 차가운 계수는 존재의 내면에도 깃들 수 있다. 인간의 생리현상에 적용해보면 정액이나 호르몬 같은 생명창조로 이어지는 에너지가 계수에 해당한다.

인간은 누구나 식욕, 성욕, 수면욕 같은 기본욕구가 있다. 계수는 그 욕구를 채울 수 있는 생체에너지이다. 계수로 기초단계의 욕구를 충분히 해소해야 우리 몸은 활기를 잃지 않는다. 계수는 우리 몸의 활력을 책임지는 역할도 겸한다.

계수는 木과 접속해 생명을 배양한다

넓은 영역에서 뛰어난 소통능력을 발휘하며 유연함을 자랑하던 임수가 金生水 과정에 가깝다면 좁은 영역에서 깊이를 더해가는 계수는 水生木 과정에 좀 더 근접해있다. 계수는 목을 반긴다. 생명을 낳고 배양하는 창조과정은 계수의 가장 큰 특징이다.

생명이 생겨나고 자라는 과정은 어떻게 전개될까? 오행의 과정으로 이해하면 계수의 기운이 甲乙목으로 전환되는 것이다. 물리적으로는 이해하기 어려운 신비한 생명현상이다. 이것은 대상의 내면을 깊숙이 침투할 수 있는 계수가 甲乙 생명으로 발전할 수 있다는 뜻이다.

계수의 창조적 과정은 학문에서도 빛을 발한다. 의학, 생명공학, 생물학, 미생물학, 꿈의 세계, 정신분석 등은 계수와 깊은 연관이 있다.

고전의 견해

눈에 보이지 않거나 미약하고 비루한 것은 쓸모없는 것으로 생각하기 쉬우나 그것은 강함과 약함이 얼마나 복잡하게 연관되어 있는지 몰라서 그렇다. 계수도 10간 중 가장 약하고 눈에 잘 띄지 않지만 내밀한 곳에서 중요한 변화를 담당한다.

계수는 너무 약해서 다른 오행을 긴장시키지 않고 자연스레 스며드는 능력이 있다. 계수는 土를 만나면 그 틈사이로 스며들어 땅과 동행하며 조화를 이루고, 강한 화를 만나면 증발해서 안개나 구름이 되었다가 때가 되면 비가 돼 내린다. 그래서 은연중에 목을 배양하고 소리소문 없이 땅도 비옥하게 한다.

아무리 약한 계수라도 늦은 가을이나 겨울에 태어나면 그 힘이 결코 약하지 않으니 이때의 계수는 단순히 떠다니는 비구름이나 이슬이 아니다. 호수나 바다로 흘러가는 임수처럼 세력이 강해진다. 이때의 계수는 흘러넘치면 토로 막아야하고, 화로 차가운 기운을 제거해야 세상과 즐겁게 어울릴 수 있다. 계수는 정말 기이한 구석이 많은 10간이다.

지금까지 60갑자의 위층을 구성하는 열 개의 천간을 살폈다.
그림을 보며 10간의 순차적 진행과정을 다시 떠올려보면 좋겠다.

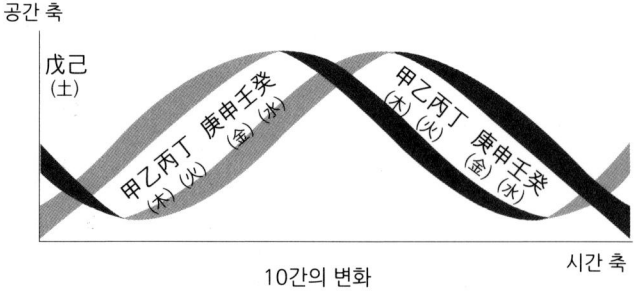

이제 아래층을 차지하는 열 두 개의 지지를 탐구할 차례다.

12지지, 깊이와 넓이를 갖춘 공간

12지지地支와 지장간地藏干

　12지지는 토를 중심으로 12방위로 분산된 공간이다.
　열두 개의 지지는 寅 卯 辰, 巳 午 未, 申 酉 戌, 亥 子 丑이다. 계절이 바뀌면 시간성을 띤 10간의 기운 2~3개가 각 지지에 스며든다. 이처럼 12지지 속에 자리 잡은 10간을 지장간地藏干이라 한다.
　12지지의 위치는 태양이 결정한다. 지구가 태양을 한 바퀴 돌면 일년이 흐른다. 4계절은 지구와 태양의 위치에서 나온다. 지구가 태양의 어느 위치를 돌고 있는지에 따라 木火, 金水로 이어지는 순환이 일어나고 그것이 사계절의 변화로 나타난다.

지장간, 10간을 품다

12지를 이해하려면 지장간(12지 속에 깃든 10간)을 알아야한다.

지장간은 숨을 들이쉬고 내뱉는 호흡작용에서 나온다. 목화금수로 이어가는 계절의 변화는 지구의 흙이 숨을 쉬는 것과 같다. 토를 중심으로 팽창하는 木火와 수축하는 金水의 순환이 일어나는 것이다.

寅卯辰인묘진은 木의 계절, 봄이고
巳午未사오미는 火의 계절, 여름이다.
申酉戌신유술은 金의 계절, 가을이며
亥子丑해자축은 水의 계절, 겨울이다.

봄 호흡

이제 봄의 호흡을 통해 지장간의 변화를 살펴보자.

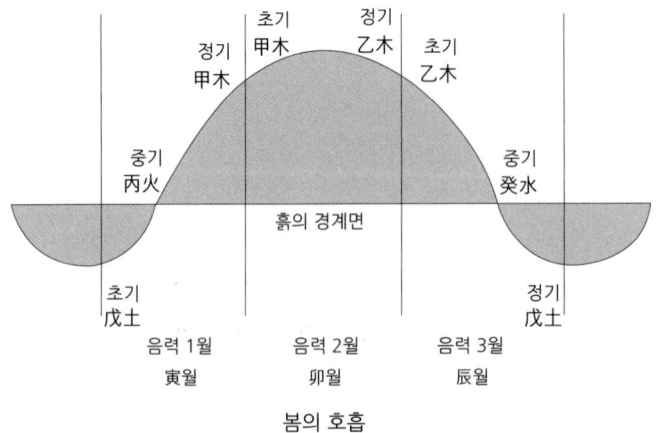

봄의 호흡

土(지구의 흙)가 봄의 주인인 木 기운을 호흡한다. 한 번은 들이쉬고 한 번은 멈추고 한 번은 내뿜는 3단계 호흡작용이다.

목 기운을 들이쉴 때 음력 1월 寅木 달이 되고,

들이쉰 기운을 멈출 때 음력 2월 卯木 달로 발전한다.

들어온 기운을 다시 밖으로 내쉴 때 음력 3월 辰土달이 된다.

음력 1월, 寅木

봄의 주인 木이 등장한다. 입춘(양력으로 2월 4일경)이 되면 한 해가 바뀌면서 목이 발생한다. 먼저 갑목이 나타난다. 여기서 하나 기억할 것이 있다. 어린 나무 갑목이 그냥 무턱대고 얼굴을 내밀 수는 없다는 거다. 당연히 준비과정이 있다. 그것을 지장간의 3단계 변화인 초기, 중기, 정기로 나눠 살펴보자.

a) 초기 : 땅속

갑목이 아직 땅밖으로 나오지 않았다.

땅의 기운인 무토가 영향력을 행사한다.

b) 중기 : 지표면의 변화

갑목의 자식에 해당하는 병화가 잠깐 나타난다. 갑목이 여름에 활동할 병화를 미리 만들어두는 것이다. 이것은 계절이 끊어지지 않고 잘 이어갈 수 있게 우주가 마련한 일종의 장치다. 다가올 계절의 씨앗을 미리 준비해 놓는 이 과정은 중기에서만 일어난다.

c) 정기 : 땅 위의 변화

갑목이 본격적으로 활동하는 기간이다.

음력 1월을 대표하는 기운이다.

12지의 지장간은 이런 단계로 구성된다.

寅월의 지장간은 戊丙甲 무병갑이다.

음력 2월, 卯木

봄의 한복판이다.

음력 2월은 심호흡을 한 상태에서 숨을 멈추는 기간이다. 들이쉬는 작용이 없기에 중기는 비어 있다. 木만 왕성한 가운데 甲목이 乙목으로 변화한다. 이것은 초목의 잎이나 가지가 무성해지는 현상으로 이해할 수 있다.

a) 초기 : 땅 위의 변화

이전 달의 정기가 이어진다. 갑목의 영향을 받는다.

b) 중기 : 지표면의 변화

변화현상이 없다.

c) 정기 : 땅 위의 변화

甲목이 乙목으로 변화한다. 목의 기운이 강해지는 시기다.

卯월의 지장간은 甲乙이다.

음력 3월, 辰土

진월은 무르익은 봄, 만춘晩春이다.

새로운 계절을 준비하는 곳이다. 이른 봄인 초춘初春과는 반대로 봄의 기운이 땅속으로 들어간다. 여기서도 3단계 변화를 겪는다.

a) 초기 : 땅 위의 변화

이전 달의 정기 乙木이 진월의 초기로 이어졌다. 약해지기는 했지만 여전히 을목 기운이 작용하고 있다.

b) 중기 : 지표면의 변화

인월은 木이 태어났던 곳이다. 진월의 중기는 목의 탄생에 기여했던 겨울호흡의 水가 소멸하는 곳이다. 목의 활동이 약해질 무렵에 水의 잔해가 땅에 묻힌다. 인생사로 따지면 자식이 부모의 장례를 치르는 것과 같다.

c) 정기 : 땅속

戊土가 작용한다.

辰월의 지장간은 乙癸戊을계무가 되었다.

같은 원리로 여름에는 巳午未월, 가을에는 申酉戌월, 겨울에는 亥子丑월이 형성된다.[21]

우리는 지금 12개의 지지를 살피기 전에 지장간의 변화를 이해하기 위해 준비운동을 하고 있다. 각각의 지지를 탐구할 때 본격적으로

---

21   나머지 계절의 호흡도 꼭 같다. 화가 들고 나는 여름호흡, 금이 주인인 가을호흡, 수가 주도하는 겨울호흡에 대해서는 따로 그림을 그리지는 않겠다.

다시 다룰 것이다. 지금은 그냥 열두 개의 지지에 지장간이라는 게 들어 있다는 정도만 알면 된다.

12지 산책

그럼 여기서 12지에 깃든 지장간이 어떤 게 있는지 미리 한 번 보고 가자. 10간을 다룰 때 만난 적이 있으니 아주 생소하지는 않을 것이다.

열두 달에 들어있는 지장간(10간)

월	초기	중기	정기
寅	戊 7일	丙 7일	甲 16일
卯	甲 10일		乙 20일
辰	乙 9일	癸 3일	戊 18일
巳	戊 7일	庚 7일	丙 16일
午	丙 10일	己 10일	丁 10일
未	丁 9일	乙 3일	己 18일
申	戊 7일	壬 7일	庚 16일
酉	庚 10일		辛 20일
戌	辛 9일	丁 3일	戊 18일
亥	戊 7일	甲 7일	壬 16일
子	壬 10일		癸 20일
丑	癸 9일	辛 3일	己 18일

지장간의 세기는 지장간에 배당된 시간을 보면 알 수 있다. 寅월은 丙화가 7일, 甲목이 16일이다. 寅월에는 火보다는 木이 두 배 이상 강하게 작용한다고 생각하면 된다.

초기는 이전 달의 정기가 이어졌다는 의미에서 여기餘氣라고도 부른다. 또 정기는 초기와 중기 다음에 등장해 달의 끝을 담당한다 하여 말기末氣라고도 일컫는다.

12지는 크게 세 종류로 나뉜다.

a) 寅, 巳, 申, 亥

계절이 시작되는 지지다.

무슨 일을 새로 시작하거나 이미 해오던 일을 더욱 확장한다는 의미가 있다. 주변 상황도 바쁘게 돌아가는 곳이다.

b) 卯, 午, 酉, 子

계절의 한 복판에 해당하는 지지다. 봄여름가을겨울, 사계절의 특징이 가장 강하게 나타나는 곳이다. 같은 기질의 오행만 모여 있다 보니 기운이 순수하다. 융통성은 없으나 한 가지 기운에만 전념할 수 있다. 중기가 비어있다. (단 오화는 중기가 있다.)

c) 辰, 未, 戌, 丑

계절의 끝에 형성되는 지지다. 土가 달의 정기로 등장한다.

겉에서 보면 조용히 쉬는 것 같지만 내면에서는 더 큰 변화를 준비한다. 또 이전 계절에 활동했던 오행이 땅에 묻히는 곳이다.

아리스토텔레스가 설명한 4원소설도 지구에서 일어나는 4계절의 변화와 연관시킬 수 있다. 아리스토텔레스의 발상에서는 우주의 4원소와 제 5원소 에테르가 서로 분리돼 있어 어떤 연관관계도 가질 수 없었다. 그에 비해 고대 동양인들은 제 5원소에 해당하는 토가 하늘에만 있는 것이 아니고 지상에 근거를 두고 4행과 긴밀한 관계를 가진다고 보았다.

12지를 이해한 프루스트

12지 공간에 10간이 깃드는 건 시간과 공간이 얽히는 것을 의미한다. 시공의 얽힘은 자연의 리듬이 되어 존재에게 영향을 끼친다. 12지를 이해할 때 함께 생각해보면 좋을 흥미로운 자료가 있다. 프랑스의 작가 마르셀 프루스트(1871~1922)가 쓴 〈읽어버린 시간을 찾아서〉라는 작품 속의 어떤 대목이다. 소개하려는 내용은 전체 7부로 된 작품 중, 베르고트라는 인물의 임종을 묘사한 '미지의 법률' 부분이다.

베르고트의 죽음 장면은 실제로 프루스트가 죽기 몇 시간 전, 펜을 들 힘조차 없을 때 자신을 도와주던 셀레스트의 도움을 받아 겨우 완성한 내용이다. 프루스트는 마치 자신의 죽음을 알고 있었던 듯 베르고트가 죽는 장면을 묘사하면서 삶과 예술에 대한 자신의 생각을 고스란히 담아냈다. 그는 세상에서 말하는 법칙과 상관없이 인간에게는 심성과 육체를 지배하는 미지의 진리가 따로 있고 그것은 인간 내면에 존재하는 영혼뿐 아니라 육체에도 하나하나 각인된다고 생각했다.

프루스트의 이런 생각은 12지의 지장간에도 적용할 수 있다. 즉 12지에 작용하는 시간 파동은 자연의 리듬이 되어 존재와 함께 머물며 존재의 본질이 된다. 그럼 〈잃어버린 시간을 찾아서〉의 해당부분을 감상해보자.[22]

"베르고트는 정말 죽은 걸까? 아니, 아무도 그렇게 단정할 수 없다. 어쩌면 우리는 이 세상에서 하는 모든 일들이, 다름 아닌 이전에 우리가 살았던 그 어떤 세상으로부터 가져온 의무들인지도 모른다. 우리가 사실 아무도 알아주지 않지만 힘들게 일들을 수행하는 이유를 이 세상에서는 아무리 찾아봐도 찾을 수가 없다.(…)

그러므로 우리는 또 하나의 세상, 이 세상과는 다른 어떤 세상, 사실은 우리가 먼저 살았던, 그러나 이 세상에서 태어나기 위해 떠나와야만 했던, 그러나 마침내 되돌아가게 될 그 어떤 세상, 그러니까 이 세상이 알지 못하는 그 어떤 미지의 법률이 존재하는 세상, 그 법률의 조문들이, 도대체 누가 그렇게 각인하는지는 모르지만, 우리 몸속에 씌어져 있어서 살아있는 동안 늘 지니고 다니는 그 어떤 법률, 보이지 않는 것들보다도 더 보이지 않아서 바보들은 결코 알아보지 못하지만, 그것이 무엇이든 마음의 깊은 곳까지 내려가서 그 바닥에 닿으려면 정신적인 것이 알고 따르는 그 어떤 법률 (…)"

22 인용한 부분은 미학자 김진영의 강의자료에서 발췌했다.

미지의 법률을 12지로 바꾸어 이해해보라. 의미가 전달될 것이다. 12지는 프루스트에 의하면 미지의 법률이고, 베냐민의 표현을 따르면 명명언어[23]이다.

12지를 이해할 때도 10간 때와 마찬가지로 변화하는 과정을 연속적인 이미지로 이어보는 것이 좋다. 12지와 지장간의 변화를 추적하고 계절이 지나가는 과정을 관찰하면, 자식이 태어나고 부모세대가 사라지는 시간적 경과를 느낄 수 있다. 12지에서는 띠 동물도 함께 살펴볼 것이다. 사람들은 음양오행에는 관심 없어 하면서도 자신의 띠와 관련된 동물에는 흥미를 보인다. 또 띠 동물과 실제 동물은 직접적인 관계가 없다고 생각하면서도 민간에서 전해 내려오는 속설을 아주 무시하지는 않는다. 흥미로운 것은 흔히 말하는 띠 이미지가 12지에 깃든 지장간과 연관이 있다는 점이다.

12지 탐방을 시작하자. 첫 번째 주인공은 인목이다.

---

[23] 베냐민은 이름과 의미가 일치하지 않는 기호언어와 구분하기위해 대상이 불리는 그대로 내면이나 본질이 거짓 없이 드러나는 언어를 명명언어(아담의 언어)라고 했다. 과정은 이렇다. 창세기에 하나님께서 아담을 시켜 자신이 창조하신 동물들의 이름을 짓게 했는데 아담이 지은 이름이 동물들의 본질과 정확히 일치하였다고 한다. 그래서 베냐민도 이름과 본질이 어긋나지 않고 잘 부합하는 언어를 명명언어(아담의 언어)라고 불렀다.

봄

    인목 寅木
    묘목 卯木
    진토 辰土

인목寅木, 생명에 대한 강력한 의지를 분출하는 곳

태양이 따뜻하게 비치는 골짜기 숲

생명이 무성해질 조짐이 보이는 곳

寅에 깃든 지장간 : 戊(거친 흙), 丙(따뜻한 태양), 甲(흙을 뚫고 나온 생명의 기운)

초기, 중기, 정기에 따른 기운의 세기는 체류하는 시간에도 나타난다. 가장 오래 머무는 정기가 영향력도 크고 강도도 세다. 寅月은 생명의 기운이 위로 솟아오르며 점차 기세를 확장해가는 때다.

 a) 초기 7일 : 무토, 거칠고 마른 흙

 b) 중기 7일 : 병화, 따스한 햇볕

병화는 입춘이 지난 다음, 따뜻한 기운을 지닌 어린 아이의 모습으로 태어난다長生. 여름을 향해 나아가려는 태세를 읽을 수 있다.

 c) 정기 16일 : 갑목, 생명의 기운

달의 주된 기운으로 세력이 가장 왕성해진다.

인월은 입춘일(양력으로 2월 4일경)에 시작된다. 이때쯤이면 혹독했던 겨울 추위가 조금씩 물러가면서 차가운 골짜기에 햇살이 비친다. 이 시기가 특별한 것은 이달에 새해가 시작되는 날이 들어있어서다. 동양에서 해가 바뀌는 시점은 음력 1월 1일로 알려져 있지만 음양의 기운이 작용하는 한 해의 시작은 입춘이 시작되는 시간부터다.

상식으로 판단하면 날이 바뀌는 것이 밤 12시 子시니 해가 바뀌는 것도 寅달이 아니라 子달이 되어야 맞을 것 같다. 고대의 학자들은 시행착오를 거듭한 끝에 1년의 시작을 동지가 아닌 입춘일로 잡았다. 그렇게 된 근거를 명확하게 남겨 놓지 않아서 과정을 알기는 어렵지만 그들이 정한 기준은 지금도 유지되고 있다.

한 해의 기점이 되는 특별한 달, 음력 1월 寅이 갖는 각별한 의미를 살펴보자. 송나라 학자 소강절은 우주의 시작을, 하늘과 땅과 그 가운데 살고 있는 존재라는 삼원三元으로 설명했다. 그가 쓴 〈황극경세〉에는 특별히 아래와 같은 글귀가 언급되어 있다.

전개어자, 지벽어축, 인기어인 (天開於子, 地闢於丑, 人起於寅)

"하늘은 子에서 열리고 땅은 丑에서 개벽되었으며 생명은 寅에서 시작된다."

寅을 생명이 시작되는 지점으로 보았다. 달의 주된 기운인 甲목은, 시간을 여는 10간에서 기수로 활동했다. 하늘과 땅으로 된 우주에서도 시간을 인식하는 주체가 되었다.

寅의 분위기

하늘에는 서광이 비치고 땅에는 생명이 생동한다.

입춘일이 되면 햇살이 따뜻하게 비치며 얼었던 땅이 녹기 시작한다. 겨울잠을 자던 생명들은 기지개를 켜고 하나 둘씩 깨어나 잠시 멈추었던 생명활동을 새로 시작한다. 느슨해졌던 활동과 끊어졌던 관계가 다시 이어지고 새로운 일과 사건이 다발적으로 생긴다.

寅월에는 겨울이 지나고 새로운 삶을 꿈꾸며 활동을 확장해 가려는 봄의 느낌이 들어있다. 왕성한 활동을 기대하며 준비를 하는 인월은 사람들과의 교류도 많아진다. 寅자와 모양이 비슷한 연演에도 '멀리 흐르다. 널리 퍼지다. 스며들다'와 같은 관계 확장의 의미가 있다. 寅에는 어린 木이 강한 의지로 생명력을 확장해간다는 의미가 있어 甲목의 본질과도 부합된다.

인월은 이른 봄이라 땅속 깊숙한 곳에는 겨울기운이 남아있다. 그래도 입춘이 지나면서 햇살이 지표면의 무토를 비추기 시작하면 날씨도 조금씩 따뜻해진다. 입춘에서 일주일 정도 경과하면 지표면에서는 마치 아이가 새롭게 태어나듯이(장생) 병화의 서광이 생동한다. 중순이면 얼어붙은 대동강도 녹는다는 우수雨水가 되어 공기 중에도 봄기운을 느낄 수 있다. 이제 갑목이 모습을 드러내도 좋은 분위기가 되었다.

원래 갑목에게 병화는 자식 같은 기운인데 인월 지장간에서는 관계가 좀 묘하다. 양육의 부담을 안겨주는 자식이 아니라 부모에게 삶의 활력을 불어넣어주는 복 덩어리다. 인목의 모습을 상상할 때 전후 맥락을 고려하지 않는다면 잎이 무성한 큰 나무가 우뚝 자란 것으로 생각하기 쉽다. 이달이 상징하는 의미는 그런 모습이 아니다. 나무가 무성하게 되는 시기는 한여름이다.

    인월의 본질은 나무의 외양에 있지 않고 활발하게 솟아나려는 내부 생명력에 있다. 이른 봄 어리고 순수한 생명이 따뜻한 햇살을 받으며 바깥을 향해 튀어나가려는 모습을 상상해보자. 그 기운은 충분히 굳세다. 여름이면 무성한 나무로 자라있겠지만 아직은 때가 되지 않았다.

    인달은 생명이 겨우 싹을 틔우는 정도의, 시작하는 기운이라는 것을 기억하자. 이 새싹은 얼어붙은 丑월의 땅속에 갇혀 있다가 외부로 나온 것이다. 분출하려는 기상은 정말 대단하지만 지금은 어린 싹이다. 잎은 드문드문 나 있고 둥치나 줄기를 보더라도 어딘지 모르게 엉성하다. 그래도 주눅 들지 않고 바깥의 기세와 동태를 탐색하며 생명력을 뿜어낸다.

일상에서 발견하는 寅의 형상

寅의 지장간 戊丙甲은 모두 양의 기운이다. 마르고 거친 戊토는 삭막한 느낌이 드는 허허벌판이나 사람의 왕래가 적은 산과 같다. 그런 곳에 따뜻한 丙화가 깃들고 생성의 기운이 감도는 甲목이 있다. 세 요소가 만나니 너른 토대 위에 사람이 많이 모여든 시가지나 도심지의 모습이 되었다.

인목은 위로 올라가며 공간을 넓혀가는 양상도 담고 있다. 층층마다 사람이 살고 있는 아파트 단지, 사무실이 빼곡히 들어차 있는 도심 속 빌딩이 좋은 예가 된다. 특히 갑목과 병화가 협력하면 영상, 광고, 홍보, 방송, 공연, 영화와 관련된 시설들이 들어서고 발전한다.

호랑이띠[24]

어린 싹이 자라는 인월에 왜 무서운 호랑이를 배정했을까?

寅은 어린 생명이 자라는 곳인데 띠 동물이 호랑이라니 뭔가 이상하다. 그런 어색함은 옛사람들도 느꼈을 텐데 그럼에도 호랑이를 선택한 데에는 사정이 있다.

자연에서 불이 귀한 긴 겨울은 바깥세상과 연결되기 어려운 어둠의 시간이다. 그런 시간을 잘 견디어낸 생명이 햇살이 비치는 입춘을 맞았으니 기대와 희망을 품는다. 그렇지만 아직은 겨울이 완전히 물러가

---

[24] 띠 동물을 이야기할 때는 자연스레 사람, 동물, 지장간의 속성이 서로 왔다 갔다 하며 뒤섞일 수밖에 없다. 딱히 구분해서 받아들이지 않아도 된다.

지 않아 곳곳에 하얀 눈이 남아있다. 어린 생명이 겁먹지 않고 용감하게 고난을 헤쳐 나가기 위해서는 그 어떤 것에도 굴하지 않을 용맹성이 필요하다. 이런 속내가 반영된 것이 寅월의 지장간 戊丙甲이다.

무토는 험준한 골짜기나 삭막한 벌판이고 갑목은 행렬의 맨 앞에 선 기수, 어떤 일을 처음 시도하는 개척자이다. 병화는 어떤 도전에도 주눅 들지 않고 바로 달려 나가는 전사와 같다.

이른 새벽에 어둠을 뚫고 불꽃같이 이글거리는 눈으로 먹이를 찾아다니는 호랑이의 모습에서 옛날 사람들은 생명의 강인함을 보았다. 더욱이 민담 속에 자주 등장하는 호랑이는 매우 신령하고 품위 있는 동물이다. 인월의 호랑이는 무턱대고 약한 생명을 해치는 맹수가 아니라, 산신령처럼 생명을 지켜주는 상징적 존재였다.

묘목卯木, 생기발랄한 생명의 공간

풀과 꽃으로 뒤덮인 초원

卯에 깃든 지장간 : 甲, 乙

이달의 지장간은 중기가 없고 초기와 정기만 있다. 4계절 중 봄을 담당한 '인묘진'에서 가운데 있는 묘월은 木기운만 드러낸다.[25]

   a) 초기 10일 : 갑목
이전 달의 정기 甲이 그대로 계승되어 약 10일 정도 머무르기 때문에 남아있는 기운이라는 뜻에서 여기餘氣라고도 한다.

   b) 정기 20일 : 을목
초기의 갑목이 을목으로 발전해 달을 지배하는 기운이 된다.

卯의 분위기

인월에서 이미 살펴보았듯이 木은 자라나려는 성장의 기운이었다. 寅卯辰으로 구성된 봄 계절에서 중심에 있는 묘월은 木의 기운이 가장 무성하다. 중춘(仲春; 봄이 한창인 때)인 음력 2월은 음력 1월과는 양상이 조금 다르다. 이달의 목은 위로 자라는 것 외에 좌우로 뻗어가며

---

25 각 계절의 한 가운데 해당하는 달은 중기가 빠진다. 물론 예외도 있다.

여러 방향으로 성장한다.

　이것은 을목의 특징이기도 하다. 지장간을 보면 卯의 구체적 내용을 알 수 있다. 음력 2월의 지장간은 甲과 乙로, 목만 들어찼다. 오행의 다른 요소는 없고 오직 목만 있다. 초순 10일간은 갑목이 이어가다가 봄기운이 깊어지면 을목으로 바뀐다. 나뭇가지가 부드럽게 갈라지면서 구부리고 휘는 모양새를 보인다. 변화가 좀 더 진행되면 산과 들에서 어린 잎사귀가 마구 돋아나고 뜰이나 꽃밭에도 새순이 파릇파릇 삐져나온다. 이 과정은 甲목이 乙목으로 변화하는 10간의 과정과 크게 다르지 않다.

　갑목과 을목이 적절히 배합된 卯는 조밀한 체계를 갖고 있다.

　위로도 자라지만 옆으로도 부드러운 가지를 뻗는다. 엉성한 인목일 때보다는 훨씬 더 안정돼 있고 외양도 한결 부드럽게 변모한다. 게다가 바깥세계의 자극을 재빨리 알아차리고 접속할 수 있는 자신만의 각별한 감각도 있다. 덕분에 환경이 다른 생명과도 다양하게 어울리며 촘촘한 관계망을 형성해나간다.

일상에서 발견하는 卯의 형상

卯기운을 갖고 태어난 사람은 어떨까?

연월 혹은 일시에 卯가 들어있으면 卯의 성정이 각인될까? 그렇다면 구체적 근거는 무엇일까?

이 문제는 여러 방향에서 접근할 수 있겠지만 우리는 프랙털적 관점에서 설명할 것이다. 프랙털은 전체와 부분 사이에 유사성이 반복되는 원리를 말한다. 기학학적 관점에서 출발한 이 원리는 12지에도 적용할 수 있다.

과정은 이렇다. 어떤 사람이 卯를 가지고 태어나면 그 사람은 외양이나 성정에서 卯의 기운, 즉 을목의 특성이 드러난다고 보는 것이다. 을목은 위로 곧게 솟는 힘은 조금 약하지만 대신 가늘게 휘며 여러 방향으로 뻗어간다. 그렇다면 묘가 있는 사람은 줄기와 잎을 여러 방향으로 확장해 가는 을목처럼 성격이 부드럽고 사고도 유연하며 생명력도 강할 것이다. 또 섬세한 꽃나무의 기질을 발휘해 미적 감각을 요구하는 분야에서 뛰어난 재능과 역량을 발휘할 것이다.

인간이 논리적 사유를 할 수 있었던 건 언어와 문자를 가졌기 때문이다. 이 언어와 문자에도 묘목의 속성이 고스란히 담겨 있다. 특히 문자는 낱낱의 요소로는 끊어져 있어도 서로 연결하거나 조합하면 의미를 창출해내는 특성이 있다. 그런 측면에서 생각해보면 묘목의 기운을 타고난 사람들은 말이나 글의 의미를 확장하고 확충해가는 영역에서 빛을 발할 것이다.

재미있는 건 저술활동을 한 사람들 중에 묘의 기운을 타고 난 사람들이 많다는 점이다. 〈동물농장〉을 쓴 저널리스트 조지 오웰, 〈사랑의 단상〉을 저술한 에세이스트 롤랑 바르트도 사주에 묘목이 나와 있다.

한자 卯의 모양도 펼쳐놓은 책과 비슷하다.

토끼띠

생명에 대한 애착이 강하다

음력 2월의 주인공은 토끼다. 음력 1월의 띠가 용맹한 호랑이인데 비하면 갑자기 상황이 확 달라졌다. 생명력이 점차 강화되고 있는데 왜 유약한 동물이 배속되었을까?

토끼는 풀이 많은 초원을 좋아하는 온순한 동물이다. 앞발을 들고 큰 귀를 쫑긋 세우며 주변 소리들에 민감하게 반응한다. 아주 작은 소리도 재빨리 감지하여 긴 뒷발로 신속하게 대처한다. 그렇지만 먼 곳을 즉시 간파해내는 火의 능력은 기대하기 어렵다. 대신 가까이 있는 존재를 느끼고 감각하는 木의 능력은 뛰어나다.

토끼가 이달의 대표동물이 될 수 있었던 이유를 생각해보자. 큰 나무의 줄기는 강하고 튼튼해 여간해서는 잘 꺾이지 않지만 한번 꺾이면 원상회복이 어렵다. 부드러운 풀은 수없이 밟혀도 생명선이 쉽게 단절되지 않기에 포기하지 않고 삶을 이어간다.

인달을 대표하던 호랑이는 위용과 강인함이 필요했다. 그에 비해 토끼는 예민하고 걱정이 많고 항상 긴장해 있지만 날렵한 동작과 유순한 자태로 끈기 있게 살아간다. 용맹스런 호랑이에 비하면 토끼는 너무도 유약하다. 그래도 넓은 초원에서 앞발을 손처럼 사용하며 자손을 낳고 소박하게 한 세상 살아가려 한다.

그런데 번식력 강한 토끼가 후손을 통해 생명 전승에서 진정한 승자가 되기 위해서는 무서운 포식자, 금의 기운부터 막아야 한다. 목이 금의 압박에서 벗어나려면 먼저 火라는 안전장치가 필요하다. 음력 1월의 경우, 장생하는 丙火가 장착되어있었다. 묘월은 그런 장치가 없어 위험스런 상황에 노출될 수 있다. 그래서 생명이 번성하는 달이지만 근심 걱정은 떠나지 않는다.

진토辰土, 생명체의 욕구가 반영된 공간

남아있던 물이 고여 생긴 늪지
세속적 욕망이 깃든 땅
원대한 포부와 야망이 숨어있는 곳

辰의 지장간 : 乙(나무뿌리), 癸(땅에 스며든 수분), 戊(대지)

봄의 마지막, 음력 3월은 자연의 순환 리듬이 땅속으로 이동한다. 이제 목 기운은 약간 쇠약해지는 단계에 접어든다. 그러면서 목이 있던 자리 주변으로, 남아있던 겨울의 습기들이 모여든다.

   a) 초기 9일 : 을목

초순 9일 동안은 묘월의 정기인 乙木이 이어진다. 이후 목은 점차 약해진다.

   b) 중기 3일 : 계수

중기는 癸水가 땅 밑에 고이는 시기다. 이것은 겨울에 왕성하게 활동하고 남은 水의 기운이다. 이렇게 계절의 마지막 달 중기에는 이전 계절의 기운이 고인다. 이런 지장간 배열을 전체 순환에서 한 번 생각해보자.

앞선 계절에서 세 달 동안 열심히 활동한 기운(부모)은 한 세대(인간사를 대입하면 3개월은 30년의 기간)로서의 활동을 마친 것이다. 다음(자식) 세대가 등장해서 활동을 이어가지만 그(자식) 세대의 활동이 후반부로 접어들 즈음, 부모 세대는 땅속에 묻힌다. 인간사에 비유하면 木이 부모인 水의 장례를 치르고 묘지에 묻는 것과 같다.

이 계수는 결코 무시해버릴 수 없는 기운이다. 부모가 이 세상에 남겨놓은 보이지 않는 유산과 같아서 자손이 살아가는 과정에 큰 거름이 된다.

c) 정기 18일 : 무토

각 계절의 마지막 달 정기는 항상 토가 차지한다. 계절의 리듬이 바뀔 때마다 토의 기운도 반복적으로 나타난다.

辰의 분위기

달의 정기는 토다.

이달을 이해하려면 먼저 달을 지배하는 정기를 알아야 한다. 그러기 위해서는 토의 특성을 살펴야 하는데 토와 동행하는 계절을 이해하면 토에 대한 개념이 잡힐 것이다. 辰월은 이전 달의 정기인 乙목과 이전 계절에서 잔류된 癸수가 있다. 토의 입장에서 보면 寅卯辰 세 달은 木기운에 휘둘려 많은 변화를 겪는 시기다.

약한 흙은 어쩔 수 없이 무너지고 강한 흙은 구조가 느슨해지면서 흙 사이의 공극도 커진다. 이 공극으로 겨울에 활동하고 남은 물이 깊이 침투한다. 진월이 되면 물이 흙속으로 모여들고 생명 활동도 조금 멈추어 쉬기 때문에 계절도 여유를 찾는다. 辰에서 그려볼 수 있는 자연 형상은 생태 환경이 좋은 습지나 논, 생육 조건이 잘 갖추어진 비옥한 논밭, 영양분이 많은 늪 정도다.

음력 3월은 생명들이 별다른 긴장 없이 저마다의 활동을 이어간다. 이제 생존 차원을 벗어난 또 다른 욕망이 꿈틀거리기 시작한다.

토는 본래 성질이 무심하고 중후해 잘 변하지 않는다. 12지의 상황은 좀 다르다. 세 달마다 반복되는 토 달에는 변화를 드러낸다. 토의 빈 곳을 채우는 4행에 따라 성정이 매번 달라진다. 辰도 다음 계절인 여름 火의 화려한 분위기에 이끌려 들썩거린다. 진월에는 진토 내부의 木 기운도 발산하는 여름 계절의 영향을 받는다.

양력으로는 4월이 조금 지난 음력 3월은 완연한 봄을 느낄 수 있다. 아지랑이와 함께 봄꽃은 피어나고 살랑거리는 봄바람에 살아 숨 쉬는 모든 것들도 함께 들뜬다. 기후도 변덕스러워 봄비가 잦고 하루 중에도 맑은 때와 흐린 때가 자주 반복된다. 숲과 늪이 있는 곳에서는 색색의 무지개를 자주 볼 수 있고 안개가 낀 봄의 한낮은 현실세계가 아닌 듯 착각도 불러일으킨다.

辰월은 寅卯월에 걸쳐 생리적 욕구를 충족시킨 잠룡들이 더 높은 단계의 야망을 이루기 위해 각자의 입장에서 승천 계획을 세우는 시기다.

일상에서 발견하는 辰의 형상

12지에서 정기에 토가 배치되는 경우는 辰, 未, 戌, 丑 네 가지다.

생명에게 꼭 필요한 물이 저장된 辰토는 낮은 늪지나 얕은 저수지로 비유된다. 辰은 지호地戶라 부르기도 한다. 지호는 일상생활과 관련이 많은 땅을 의미하는 말이다.

시기적으로도 봄과 여름의 중간에 걸쳐 있는 辰에서 만물은 성장하고 한껏 발전한다. 공간적으로도 辰은 저장된 수의 기운이 유통될 수 있는 곳이니 먹고 마시는 문제와 연관이 많다. 또 발산하는 여름 과정이 곧 이어질 것이니 큰 성공을 기대하는 분위기도 있다. 그래서인지 옛날 사람들은 辰을 가지고 태어난 사람은 먹고 사는 생계문제로는 걱정할 일이 없을 거라 생각했다. 그들이 그런 믿음을 가졌던 것은 농사를 주로 하며 살아온 삶의 방식에서 비롯된 것으로 수가 적당하게 스며든 촉촉한 논과 기름진 밭에서 기본적인 에너지를 충분히 공급받을 수 있었기 때문이다.

용띠

야심과 포부가 대단하다

용은 수심이 깊은 강이나 호수에서 지내다 비가 오고 천둥번개가 치면 자신의 모습을 드러낸다. 용은 마치 자신의 능력이나 조화로 하늘의 날씨를 좌지우지할 수 있다는 듯, 호수나 강에서 하늘로 솟구쳐 오른다. 그렇게 승천하는 용은 자신의 위엄과 능력을 과시하는 전설적인 동물이다.

겨울 호수水에서 태어난 용은 어릴 때는 물속에서 숨어 지내는 잠룡으로 있다가 늦은 봄이 되면 호수의 수면을 배회하며 호시탐탐 승천의 기회를 노린다. 그러다 어느 순간 좋은 기회를 포착하면 하늘로 승천火하고 그렇지 못하면 이무기가 된다. 용에 대한 옛사람들의 이런 상상은 아마도 늦은 봄 천둥 번개가 칠 때 생기는 지그재그 모양에서 나왔을 것이다.

이무기가 승천해 용이 된다?

그렇다면 이무기가 승천昇天하여 용이 된다는 이야기는 무슨 뜻일까? 이무기가 하늘을 나는 새로 변신이라도 하는 걸까? 아니면 지상의 존재가 하늘로 올라가 숭배의 대상이 된다는 말일까?

이무기의 진의는 '개천에서 용이 났다'라는 말처럼 평범한 인물이 노력하고 애를 써서 원하던 바를 이루었던 것과 상관이 있다. 이무기가 용이 되어 하늘로 오른다는 것은 하늘나라로 들어간다거나 고귀한 이상을 이루는 것이 아니라, 어떤 인물이 세속적 야망을 달성한다는 것이다. 용의 욕망은 세속적인 것에서 한 치도 비켜나지 않는다.

용이 야심을 발동하는 건 辰의 지장간을 차지한 을목과 계수 때문이다. 이무기인 을목이 지하水에서 하늘火로 화려하게 도약하고픈 욕망을 품고 있다.

水는 인간의 잠재의식이나 무의식에 스며있는 생명에너지, 리비도와 관계있다. 용은 비바람이 불고 천둥과 번개가 칠 때 승천한다. 이것은 존재 내부에 있는 수 기운이 하늘의 화 기운과 맞닿으면서 세상을 장악하고픈 욕망이 끓어오르는 것을 상징한다. 용이 수와 화의 중간에서 상승하는 동물이 되었던 것도 세속적 욕망을 구현하며 살고 싶었던 옛사람들의 염원이 반영되었기 때문이다.

다양한 동물들의 생김새를 조합해서 만들었다는 용은, 머리는 낙타에서 눈은 토끼에게서 귀는 소로부터 목은 뱀에서 빌려왔다. 뿔은 사슴의 것이고 비늘은 잉어의 비늘이며 발톱은 매와 닮았고 발은 호랑이의 것과 일치한다.

대체로 동물들은 서식지가 정해져 있는 편이고 터전을 바꾸어가며 사는 것은 매우 어렵다. 용은 태생과 상관없이 여기저기 옮겨가며 살 수 있는 변화무쌍한 동물이다. 그래서인지 이름도 아주 다양한데 물에서 갓 나와 비늘이 돋은 용은 교룡壬辰이라 하고 뿔이 난 용은 규룡庚辰이라 한다. 푸른 물 위를 나르는 용은 청룡甲辰으로 부르고, 불을 내뿜는 용은 화룡丙辰이라 한다. 또 용이 된 다음 수천 년이 경과한 용은 황룡戊辰이라 일컫는다.

용의 종류를 나열하니 복잡해 보이지만 바탕은 모두 같다. 지하에서는 물을 얻고 하늘로 승천한 다음은 불을 구하는 것처럼, 용은 자신의 뜻을 세상에 펼쳐 보이려는 무수한 존재들을 의미한다.

여름

사화 巳火

오화 午火

미토 未土

사화巳火, 흥청망청하다가도 셈을 따지는 곳

화려함 속에 미래의 열매가 될 씨앗이 있다.

巳의 지장간 : 戊(광대한 장소), 庚(기술이 빚어낸 시설물과 장비들), 丙(한껏 피어난 화려함)

a) 초기 7일 : 진월의 정기, 무토
b) 중기 7일 : 경금

중기의 金은 다음 계절, 가을에 활약할 주인공인데 계절이 다른 이 달에 먼저 어린 기운으로 태어났다長生. 봄에는 寅목에서 丙화가 장생했다. 어머니의 보살핌이 있어야 아이가 제대로 커나가는 것처럼 장생의 기운은 그달의 정기와 상생(甲목에 丙화) 관계를 이루는 것이 자연스럽다. 어찌 된 일인지 이달은 火克金 상극관계에 놓여있다. 갓 태어난 어린 庚금으로서는 丙화 기세에 죽을 지경이다. 경금이 겪는 이런 수난은 맹수의 세계에서 어린새끼가 경험하는 혹독한 과정과 닮은 점이 있다.

c) 정기 16일 : 병화

음력 4월이 절반쯤 지난 이때부터 정기 丙화가 강해지면서 날씨도 여름 기미를 보인다.

巳의 분위기

정신문명과 물질문명의 절묘한 배합

여름이 시작된다는 입하立夏가 되면 일교차도 줄어들고, 기온이 오른 한낮은 한여름처럼 무덥다. 초목들은 내리비치는 태양 빛을 좇아 하루가 다르게 자란다. 이제 봄은 끝나고 여름이 오고 있다.

일사량이 많아지면서 사람들도 집안에 있는 시간보다는 밖에서 보내는 시간이 점차 늘어난다. 자연스레 사람들이 모여들고 교류가 일어나고 볼거리가 생기고 서로의 생각을 나누면서 감정이나 느낌을 표출할 기회도 많다. 주위 분위기에 따라 즉석에서 즐거운 모임이 마련되기도 하고 한바탕 소동으로도 이어진다. 가끔은 노여움이 발동하고 분란이 생기면서 어수선한 사건에 휘말리는 경우도 있다. 이런 모습을 보면 사화의 본색이 다 드러난 것 같다. 내면 깊숙한 곳의 감정까지 다 쏟아내 버려 더는 남은 게 없을 것 같다.

달이 품고 있는 욕망의 리듬을 따져보면 아직은 초기단계. 달의 내면적 욕구나 진정한 모습을 파악할 수 있는 단계가 아니다. 제대로 된 욕망은 드러나지 않은 것이다. 이달의 위상과 의미를 알아차리지 못한 채 그냥 丙화의 분위기만 보고 섣불리 결론을 내리면 巳달의 본질을 놓치게 된다. 달의 의미를 이해하려면 巳화가 성취하고자 하는 진정한 욕망을 포착해야 한다.

지장간을 보자. 초기는 이전 달의 무토가 이어가고 그 뒤는 경금이 어린아이로 태어난다. 곧 이어 화려하게 발산하는 병화가 이달의 주인으로 등장한다. 병화는 끝을 모르고 팽창의 극한까지 달려가는 기운이다. 병화가 발산하는 속성을 지속적으로 유지하려면 木이 반드시 필요하다. 巳의 지장간은 火 기운을 빼는 戊토와 火를 억제하는 庚금만 있을 뿐 발산을 도와주는 木이 없다. 巳월은 겉으로는 화려해보일지 모르지만 내면은 자라는 庚금 때문에 다소 불편하다.

음력 4월의 지장간이 어정쩡하게 구성된 것은 일 년 열두 달 쉬지 않고 순환해야 하는 우주의 메커니즘 때문이다. 丙화는 양의 기운 중에서도 힘이 세다. 아무런 제어장치 없이 뜻을 마음껏 펼칠 수 있게 놔두면 우주의 다른 존재들은 모두 재가 되고 아마 세상도 끝나버렸을지 모른다. 그래서 우주는 낙서에서 살펴보았던 금화교역金火交易 작용처럼 병화의 역량을 통제할 수 있는 경금을 마련해 두었다.

핼리혜성은 어느 날 불현듯 나타나 태양을 한 바퀴 돌고 엄청난 속도를 내며 다시는 돌아오지 않을 것처럼 사라진다. 이 핼리혜성은 만유인력이 작동해 76년이 지나면 다시 돌아온다. 우주 밖으로 영원히 사라져버릴 듯한 병화 빛도 庚금의 인력 때문에 우주를 벗어나지 못하고 회귀한다. 그렇다면 사화 속의 발산하려는 힘이 경금에 이끌린다고 할 때 이 경금은 구체적으로 무엇일까?

金은 굳어 있는 물질이나 잘 여문 결실을 의미한다. 금에는 실리를 취하려는 계산이 개입된다. 巳월의 지장간을 따져보자. 표면은 병화의 찬란함이 드러나 있고 내면에는 병화로부터 이득을 취하려는 경금이 도사리고 있다. 구조적으로도 사화는 이중성을 피할 수 없다. 겉과 속의 서로 다른 분위기 때문에 언제든 상황이 바뀔 수 있다.

사화의 묘한 이중적 구조는 기업의 이윤 추구현상에서도 알 수 있다. 화려한 도심 한 복판에 들어선 거대한 쇼핑몰을 떠올려보라. 발전과 번영의 최대치를 보여주면서 편리와 혜택을 강조하지만 이면에는 거대 자본의 계산이 꼼꼼하게 작동한다. 화려한 병화의 뒤에는 냉엄한 자본주의적 속성의 경금이 있다.

빛의 활동을 지원하는 시설물이나 설비 및 장비를 지원하는 것에는 치밀한 계산이 따라붙을 수밖에 없고 그것은 경금의 작용으로도 알 수 있다.

사화가 전하는 자연의 리듬

12지는 상생만 반복할 수 없는 구조다. 상극에서 생기는 내적 갈등을 피할 수 없다. 달의 정기를 지배하는 병화는 속성상 화려함을 좋아하고 자기를 드러내고 싶어 하며 앞만 보고 나아간다. 발동이 걸려 앞으로 나가면 뒤를 돌아볼 줄 모르는 병화와 그런 병화를 고스란히 견디며 제어해야 하는 경금은 참 어울리기 어려운 조합이다.

자연계를 지배하는 이치에는 이율배반적 요소가 늘 따라다닌다. 가차 없는 혹독함과 살벌함도 매복해 있다. 사화 속에도 이율배반과 매복의 기운이 있고 그것이 우주의 섭리가 돼 자연의 리듬을 만들고 있다.

일상에서 발견하는 巳의 형상

巳의 지장간을 구성하는 戊土, 庚金, 丙火는 모두 강한 기질을 지닌 양간이다. 화려한 빛의 아름다움을 상징하는 병화가 영상이미지와 결합하면 방송매체나 문화예술 활동으로 나타난다. 경금은 원광석에 가깝지만 불이 있어 형태를 바꿀 수 있으니 시설물이나 대형장비가 될 수 있다. 병화와 경금에게 공간을 제공해주는 무토는 그들 덕분에 자신도 문화적 장소라는 명칭을 얻게 되었다. 巳에는 기술문명이 만들어낸 도심지의 이미지가 들어있다.

뱀띠

어쩌다 뱀은 간사하고 교활한 동물로 낙인이 찍혔을까?

뱀을 사악하게 여기는 것은 아마도 기독교적인 믿음이나 윤리관에서 비롯되었을 것이다. 뱀의 진정한 의도는 화려하게 번성한 발전을 이어가기 위해 물질적 근거를 확보하려는 데 있다.

뱀은 크기에서 많이 밀리지만 모습은 용과 비슷하다. 또 승천에 실패한 용을 우리는 이무기라고 부른다. 용이 승천한다는 것도 쉬운 일은 아니니 어차피 대부분의 용은 뱀이 될 수밖에 없다. 우리도 세속적 삶에서는 뱀을 닮았다.

하늘을 날아다니지도 않는 뱀은 대체 어떤 존재일까?

뱀은 땅을 기어 다니거나 땅속에서 지내며 땅속에 있는 대상숲을 먹고 살아간다. 한자 뱀 사巳의 모양도 똬리를 틀고서 먹이를 기다리는 자태와 닮았다. 글자의 모양만 보면 편안히 자리를 잡고 앉은 것 같다. 그래도 채취해야 할 먹잇감이 걸려들면 잽싸게 낚아채야 하니 눈앞에 먹이가 보이지 않더라도 만반의 준비를 하고 지켜봐야 하는 뱀은 몹시 고되다.

뱀의 본성은 지장간이 말해 주고 있다. 巳월의 정기 丙화는 경쾌하고 발랄하며 성급해서 뒤를 돌아볼 줄 모르는데 그런 병화의 기운만 믿고서는 도저히 삶을 지탱할 수 없다. 더욱이 승천도 못한 뱀으로서는 하는 수 없이 시선을 땅으로 돌리고 살아남기 위해 金의 결실을 확보해야 한다.

실제로 뱀은 활동을 통해 체온을 조절한다. 그 얘기는 추운 곳과 더운 곳을 번갈아 다닐 만큼 조절능력이 뛰어나지만 그 만큼 또 신경을 많이 써야한다는 뜻이다. 그러고 보면 뱀의 체온조절능력도 巳월의 지장간을 설명하는 것 같다.

오화 午火, 열정이 타오르는 곳

빛이 중심인 문명의 천국

뜨거운 현장 한가운데

순수함이 극에 달한 지점

午의 지장간 : 丙(강력한 빛), 己(빛이 모이는 곳), 丁(달아오르는 불)

   a) 초기 10일 : 병화, 찬란하게 빛나는 화려한 빛

巳월에 작용하던 병화가 이어졌다.

   b) 중기 10일 : 기토, 타오른 열기가 수렴되는 곳

12지 중 4계절의 중심이 되는 子午卯酉월은 각 계절의 대표 기운이 강화되면서 다른 기운(중기)은 깃들지 않는다고 했다. 午火는 丙丁화 외에 중기에 己토가 있다.

午달에 중기가 존재하는 것은 토가 차지하는 특이한 위상 때문이다. 기토는 병화의 발산을 한 곳으로 모아 정화로 전환하는 볼록렌즈 역할을 한다.[26]

   c) 정기 10일 : 정화

모여든 빛은 불씨를 간직한 정화가 되어 달을 지배한다.

---

26   10간의 丁화편을 참조하기 바란다.

午의 분위기

양력 6월 21일쯤이면 낮이 가장 긴 하지夏至가 들어온다. 북반구에서는 일 년 중 태양의 고도가 가장 높고 일사량도 많다. 본격적인 여름은 이때부터 시작된다. 태양 빛 丙화가 지상을 집중적으로 비추고 그것이 근토에 수렴되어 丁화 불꽃을 만든다.

강렬하고 화려한 불빛이 좁은 근토를 향해 모여드는 모습을 상상해보라. 뜨거운 관심을 받는 사안이나 사건의 현장과도 연결시킬 수 있다. 사람들의 시선을 집중시키는 午화의 현장은 구체적으로 어떤 곳일까? 다채로운 놀이와 근사한 공연이 펼쳐지는 공간, 영상물을 만드는 제작현장, 정치적 현안이나 사회적으로 주목을 끄는 사건을 취재하기 위해 보도진이 몰려있는 곳, 여러 사람들이 모여 어떤 안건에 대해 의견을 나누고 표결하는 장소 등이다.

午달은 대중의 이목을 끄는 쟁점이나 사안들이 많이 터져 나오는 때이다. 또 공들여 만든 작품이나 공연이 주목을 받을 수 있는 달이다. 특이한 것은 같은 여름인데도 이전 달과는 공기가 사뭇 다르다는 점이다. 사화는 병화의 문명적 요소와 경금의 물질적 요소가 결합해 있기에 때가 되면 결실을 거두겠다는 계산이 있었다. 사화는 오화와 확실히 다르다.

午가 뿜어내는 열정

午화의 현장에서 일어나는 일들은 공통점이 하나 있다. 丙丁화의 에너지에서 나타나는 정서로 흔히 열정이라 부르는 것이다. 열정은 마음이 하나의 초점을 향하여 고도로 집중할 때 발생하는 순수한 힘이다. 열정은 잘못된 고정관념을 바꾸어 인식을 새롭게 만들기도 하고 은밀한 비밀을 캐내어 진실을 밝혀낼 수도 있다. 우리는 열정 덕분에 우리가 가진 정신적 가치를 드높이고 업적도 이룬다.

열정은 지루한 일상을 살짝 흔들어놓는 고마운 정서이다. 그렇게 귀한 열정을 품은 오화는 박수세례만 받을 것 같지만 꼭 그렇지도 않다. 뿜어낸 열정으로 주변의 상황이나 결과가 어떻게 되느냐에 따라 평가는 극과 극을 오간다. 비난을 받을지 환영을 받을지는 일의 경과를 지켜보아야 알 수 있다.

오화를 이해할 때도 순수한 열정 그 자체에 매몰되어 정작 중요한 것을 그르치면 곤란하다. 만약 지나치게 과도해진 丙丁 불꽃이 우주의 순환메커니즘을 벗어나 버리면 아주 위험한 일이 발생한다. 순식간에 모든 것을 태워 없앤다고 해보자. 그러면 과거에 대한 기억도, 현재에 대한 인식도, 미래에 대한 기대도 전부 다 한순간에 사라진다.

우주도 이런 우려를 했던지 오달의 중기에는 다른 계절의 지장간 구성과는 판이하게 다른 기토[27]를 배치했다. 앞서 설명한 것처럼 계절의 중심을 맡은 달의 중기는 원래 없는 것이 원칙이다. 오화에게 기토

---

27 봄의 중심인 卯달의 지장간은 중기가 없고 甲乙목만 있다. 마찬가지로 가을의 중심인 酉달의 지장간도 중기 없이 庚辛금만 있다. 겨울의 한복판, 子달의 지장간도 중기 없이 壬癸수만 들어있다.

를 허용한 것은 병정화의 급격한 성정을 진정시킬 수 있는 출구가 필요했기 때문이다. 부드러운 기토가 나서서 오화 속에 내장된 병정화를 조절하게 만든 것이다.

이런 메커니즘은 낙서에서도 볼 수 있다. 4행의 외곽에 대각선으로 숨어있는 10의 배열을 떠올려보기 바란다. 기토가 4행과 함께 수축과 팽창에 자발적으로 참여하며 우주의 공간 역할을 한다. 그래서 빛이 아무리 빠르다고 해도 그 속도는 초속 30만km로 구속을 받고 기토를 벗어나는 일은 결코 발생하지 않는다.

기토의 작용

丙丁화의 발산이 있는 午달은 움직임도 빠르고 날렵하다. 고도의 에너지와 거침없는 집중력은 낡은 관념을 깨부수어 긍정적 기운을 전파한다. 午가 힘을 발휘하는 것은 기토가 있기 때문이다.

그렇다고 해도 이달만 끊어서 본다면 기토의 역할이 미미해 보일 것이다. 지구의 외곽을 둘러싸는 부드러운 이 흙은 달의 특성상 아직은 역량이 부족해서 자신의 존재감을 완전히 드러낼 수 없다. 달이 바뀌면 정기가 돼 우뚝 설 것이다.

자연의 리듬에서 기토는 결코 무시할 수 없는 존재이다. 한 순간 정점을 찍고 활활 타올랐던 불꽃이 재가 되어 허공에서 흩어져도 기토는 그 흔적을 보존해 수축과정으로 이어준다.

일상에서 발견하는 午의 형상

午의 지장간에는 丙丁화가 있다. 병화는 어둠을 몰아내고 추위를 물리치며 세상을 환하게 드러낸다. 정화는 좁은 영역을 뜨겁게 달구어 섬세하고 미세한 곳을 속속들이 밝혀낸다. 병정화의 이런 특성은 사물을 다룰 때 중요한 기능을 한다. 특히 빛과 불의 변형된 형태인 전자와 전기는 컴퓨터 및 반도체 소자 내부를 흐르며 온갖 장비들에 활용된다. 빛은 오늘날 우리의 일상 깊숙한 부분까지 영향을 미치며 삶의 질을 개선하는데 앞장서고 있다.

오화는 순수한 화의 성정을 가졌다. 그래서 짧은 시간에 빛을 한곳으로 모으고 주의력을 집중시켜 고도의 기술을 발휘한다. 과학시대인 오늘날은 정밀한 기계가 도처에 있다. 그래도 오화의 빠른 움직임과 순발력이 없다면 기계는 무용지물에 불과하다.

영화나 드라마를 제작하는 현장, 뉴스를 보내는 방송센터, 공연이 진행되는 공연장에서 장비나 시설의 중요성은 언급할 필요가 없다. 하지만 매 순간 재빠르게 판단하고 결정하는, 오화의 역할이 있기에 장비와 시설도 쓰임새가 생긴다. 오화는 순간을 위해 열정을 쏟는 일터도 된다. 오화 기운은 특히 매체와 관련된 분야에서 분초를 다투는 사람들과 관련이 많다.

말띠

뒤돌아보지 않고 앞만 보고 달린다

갈기를 휘날리며 너른 평원을 질주하는 말은 다른 동물에 비해 매우 빠르다. 좀처럼 뒤로 잘 물러서지 않고 앞으로 나아가는 말에게서는 기품도 느껴진다.

말띠로 태어난 사람은 순발력이 뛰어나고 두뇌 회전이 빠르다. 재치도 있고 용모도 수려한 편이다. 스스로도 날렵하고 근사하다고 믿는다. 그렇게 생각하는 이유는 오화 지장간에 丙丁이 있어서다.

火는 뒤돌아보지 않고 하늘 높이 재빠르게 퍼져나가는 속성이 있다. 높은 곳에서 자신의 빛으로 다른 존재들을 비추어주고 찬사를 받다가 영광의 빛이 끝나면 산화한다. 미끈한 외모를 가진 말도 빛의 성정을 가지고 있어서 주변의 시선을 항상 의식하며 사람들의 관심을 얻기 원한다.

말은 기대하는 것이 실현되지 않거나 자신을 둘러싼 주변 상황이 불만스럽게 전개되면 조급한 성격 때문에 참고 기다릴 수가 없다. 자신의 모든 것을 걸고 극단적인 선택을 해버린다. 높은 이상을 펼칠 수 없어 삶이 구차해지면 참고 견디느니 차라리 죽음을 택하는 것이 말의 속성이다. 취향에 있어서도 한 번 좋아한 것은 끝까지 좋아하고 처음 싫어한 것은 두 번 다시 숙고하지 않는다. 호불호의 감정을 제대로 숨기지도 못해서 종종 어려움에 처하는 것 또한 큰 약점이다.

말이 지닌 순수함과 열정은 장점에 가깝지만 삶의 문제를 깊이 있게 접근하기도 어렵고 표면의 화려함만 추구한다는 비난도 불러온다. 그에 비해 水에 속한 겨울의 띠 동물들(돼지亥, 쥐子, 소丑)은 말과 다르다. 욕망이나 포부를 쉽게 표출하지 않고, 주변의 기세를 오랫동안 살피며 어려움이나 고난도 참고 견딘다.

미토 未土, 지식과 정보를 갖춘 자료창고

누적된 열기가 머무는 긴 여름 長夏

기록보관소

未의 지장간 : 丁, 乙(생명활동의 결과물), 己(기록되고 보존된 것들의 전시장)

a) 초기 9일 : 정화, 이전 달에서 이어진 불빛

b) 중기 3일 : 을목

봄에 활동한 木이 여름이 끝나가는 무렵에 성과물을 남기고 사멸한다. 이 목은 죽음의 잔해가 아니라 성숙한 열매를 위한 씨앗이 된다.

c) 정기 18일 : 기토

기토는 木火가 金水로 전환되는 과정에 등장했다. 목화의 결과들을 층층이 쌓아서 기록하고 보존하는 역할을 한다.

未月은 열정으로 한껏 달아올랐던 전 달의 분위기를 조금 누그러뜨리고 휴식을 취하는 시기다. 그러면서 슬슬 수축단계로 접어들 준비도 한다.

未의 분위기

未月은 태양이 가장 뜨거운 하지도 통과한 시기다. 이제부터 밤이 점점 길어진다. 이상한 것은 본격적인 더위는 지금부터 찾아든다는 점이다. 열기는 점차 식어간다는데 우리가 체감하는 더위는 예사롭지 않다.

이유는 이렇다. 이 시점은 열기가 외부로 빠져나갈 수 있는 출구가 막혀 있다. 별 수 없이 내부는 답답하고 지루한 상황이 발생한다. 그것이 한해 중 가장 무더운 날들이 돼 이어진다. 고대인들은 이달에 따로 이름을 붙여 장하長夏라고 불렀다.

대단한 열기를 간직한 丙丁화는 음력 5월 午달 지장간에 있다.

'작은 더위'를 의미하는 소서小暑는 음력 6월의 입절일로 정하고 큰 더위 대서大暑는 소서와 입추 사이에 두었다. 이것을 보면 고대인들은 실제적인 열에너지의 유입과 그것이 누적되어 생기는 열을 이해했던 것 같다.

음양의 큰 흐름을 알고 있으면 미달의 분위기도 짐작할 수 있고 달이 수행하는 작용도 쉽게 이해될 것이다. 木火의 흐름은 팽창하는 양기의 흐름이고 金水의 기운은 수축하는 음기의 흐름이다. 未달은 木火 흐름이 金水 흐름으로 교체되는 金火교역(exchange)지점이다. 한자 未에서도 교체의 의미를 발견할 수 있다. 未자는 木의 가지가 위로 올라가는 것이 아니라 옆으로 벌린 형태로 평평하게 머무는 모습이다. 그러다가 더는 견디기 어려운 단계가 되면 가지를 아래로 떨어뜨린다.

이달의 변화는 느리게 진행된다. 점점 약화되던 힘이 어느 순간 멈추는가 싶더니 방향을 바꿀 준비를 한다. 이것을 일정 항로를 왕복 운항하는 비행기로 설명해보자. 그 비행기는 두 도시, A와 B의 공항을 왔다 갔다 한다. 비행기의 동선은 파동의 움직임과 비슷하다. 비행기는 처음에 출발지 A를 떠나 부지런히 날아오다가 도착지 B가 가까워지면 속도를 늦추어 천천히 선회한다.

未달은 목적지에 가까이 온 비행기가 일종의 연착륙을 위해 조금씩 속도를 줄이며 브레이크를 작동시키는 과정과 흡사하다. 그 과정에서 비행기는 안전한 착륙지점을 여러 번 선회하면서 적당한 장소를 택해 착륙한다.

未달은 木火의 과정을 순조롭게 마무리해 金水과정으로 이어주는 역할을 한다. 봄여름에 일어났던 활동들을 기록해 가을겨울로의 진입을 준비하는 것이다.

기록을 보관하고 기억을 간직한다

기토에 담긴 내용물은 어떤 것일까? 기토의 공극에는 생명의 특성을 지닌 木이 있고 또 목이 火의 기운을 얻어 전개했던 여러 활동도 있다. 그 활동에는 눈에 보이는 물질적 산물도 있지만 가볍고 빠르게 움직일 수 있는 정신작용의 산물도 다양하게 들어있다. 未속의 己토는 지식과 정보의 보관소에 가깝다. 미토는 정신과 문화의 중추다.

미토는 순환의 두 축 사이 즉 木火와 金水의 중앙에 위치해 있다. 木火의 산물들은 문화의 형태로 보존해 널리 알릴 수 있다. 거기에 금수과정을 위한 준비까지 하며 서로 다른 성격들을 조정하고 있다.

일상에서 발견하는 未의 형상

未에 깃든 지장간은 丁火와 乙木, 己土다. 정기 己土는 부드러운 흙으로 사람들이 쉽게 닿을 수 있다. 이전 달에서 온 정화는 힘이 잦아드는 단계에 있으나 아직은 작용하고 있고, 성장과정이 끝나 고지(보관창고, 묘지)에 들어간 을목은 상품처럼 이용할 수 있다. 그래서 미토는 일반적으로 생각하는 묘지의 느낌과는 상당히 다르다. 사람들의 발길이 잘 찾아들지 않는 어둡고 구석진 장소가 아니라 원하면 언제든지 접근이 가능한 곳이다.

12지는 지역에 따라 미치는 영향력이 다르다. 미토도 그렇다. 가령 지역적 특성이 기토가 우세한 농촌이라면 미토는 문화적 유산을 갖춘 유적지나 시설물, 마을 공동체, 회관, 곡식창고 같은 곳이 된다. 문화산업이 발달된 도심지는 기토보다는 정화에 비중이 실리므로 미토는 빛과 관련된 화려한 영상시설, 소비를 자극하는 백화점, 거대한 놀이공원 등과 관련이 있다.

시대에 따라서도 다르다. 정보와 교육을 담당하는 각종 기관과 학교나 학원, 자료를 보관하는 도서관과 학술원도 예전에는 문서와 책을 갖추고 이용자들을 맞았다. 요즘은 컴퓨터, 음향 자료, 각종 시청각 자료 등 다양한 형태의 기록물을 비치하고 이용자들을 위해 고도의 서비스를 제공한다.

그러나 기억할 것이 있다. 미토의 주된 기운은 움직임이 거의 없는 기토라는 사실이다. 오화에 비해 새로운 것에 둔감하고 보수적이다. 내면에 품고 있는 내용물이 부드러워 정신활동을 지향하고 있지만 움직임이 느려 다소 지루한 느낌은 있다.

양띠

엄청난 정보를 갖고 있지만 생동하는 기운은 다소 부족하다

양은 온순하고 겁도 많은 동물로 무리를 잘 이탈하지 않으며 주인을 신뢰한다. 행동반경이 좁고 움직임도 느리고 식성까지 소박하다. 이런 양의 이미지는 달의 정기인 기토를 보더라도 알 수 있다.

기토는 부드러운 흙이라 농작물이 잘 자랄 수 있다. 여기에 정화와 을목까지 구비한 미토는 한여름 초원에서 한가히 풀을 뜯는 순한 양을 떠올릴 수 있어 평온하기 그지없다.

평화로운 분위기도 문제는 있다. 안온하고 한가로운 상태는 자칫하면 지루하고 답답한 느낌으로 이어진다. 변화를 불러오려면 호기심과 모험이 있어야 한다. 未토의 전반적 풍경을 냉철하게 판단하면 외양적으로는 평화롭고 살기 좋은 곳이지만 내적으로는 생동감이 떨어져 권태롭다. 또 새롭게 약동하는 변화의 기운이 없다 보니 무미건조하다.

화평하기만한 이달이 지겨운 것은 미토 내부의 건조함 때문이다. 미토는 여름의 마른 흙이다. 활동적인 봄木과 화려한 여름火을 지나오면서 최고의 지적조건을 갖추었다. 그렇지만 만물이 팽창을 거듭하는 동안 에너지는 다 소모돼버렸다. 내부의 창조적 에너지水가 완전히 고갈됐다. 미달은 을목이 땅 깊숙이 뿌리를 내리고 있지만 그 주변은 정화가 싸고 있어 땅은 메마르다. 달의 정기인 기토에는 水가 소진되었다.

未에는 팽창하는 봄여름 동안의 활동이 지식과 지혜로 가라앉아 있다. 그 성과를 결코 무시할 수는 어렵다. 하지만 진취적 생동감이 부족해 조건이나 환경이 바뀌면 제대로 대응해나가기 어렵다.

양도 갑작스러운 위험에 처하면 기지를 발휘하지 못하고 적절한 대처도 못 한 채 매에, 매에 하고 울어댄다. 옛사람들은 그런 양의 모습까지 참작해 띠 동물을 정했다.

만약 학자나 연구자들 중에도 사주에 미토가 많다면 기존의 지식은 잘 흡수하지만 새로운 사고로 전환해 나갈 활력은 부족할 수 있다. 그래서 후학들로부터 고지식하고 답답하다는 얘기를 듣기 쉽고 한물 갔다는 소리까지 들을지 모른다. 옛것을 거울삼을 수는 있지만 그것에 안주하면 곤란하다. 미월은 학문의 세계에서도 다채로운 시각으로 늘 새롭게 정진해야 함을 넌지시 알려준다.

가을

신금 申金

유금 酉金

술토 戌土

　강렬한 태양 빛이 내리쬐는 여름은 세상 만물이 각자의 존재양식을 최대로 뿜어낸 계절이었다. 가을은 사정이 다르다. 이제 정반대 기운이 작동한다. 앞에서의 방향이 팽창과 분열이었다면 지금부터는 수축과 통합의 방향을 따라가야 한다. 이 시기를 金이 주도한다. 금은 한껏 뻗어 나갔던 만물을 바깥에서부터 단단하게 만들어 외부와 내부의 경계를 짓고 내부에 일정한 규제를 가한다. 가을은 먼저 외부를 차단하고 내부를 통제하면서 전체 구조의 균형과 질서를 유지하려는 관리과정이다.

신금 申金, 팽창에서 수축으로 기세가 바뀌는 곳

성장 방향이 바뀌면서 외부와 내부를 구분하고 정돈한다.
단단한 결실을 원하고 물적자원을 관리하려는 의식이 발동한다.

申의 지장간 : 戊土(단단한 흙), 壬水(샘물), 庚金(땅속 바위)

  a) 초기 7일 : 무토
이달은 양의 달이므로 기토를 이어 받아 무토가 등장한다.
  b) 중기 7일 : 임수
다음 계절, 겨울에 활동할 水가 어린 壬水로 태어난다.
  c) 정기 16일 : 경금
가을의 주역인 金으로 모습을 드러낸다. 다만 아직은 투박하고 거친 양의 금이다.

申의 분위기

계절로는 가을이 시작되었지만 신월 초반은 음력 6월 未의 기운이 쉽게 물러가지 않아 한낮은 무더위가 여전히 위력을 발휘한다. 그래도 아침과 저녁은 약간의 서늘함을 감지할 수 있다. 아주 미세하게 일어나는 변화지만 계절은 바뀌고 있다. 자연의 리듬 또한 봄여름 과정과는 다른 방향으로 변하고 있다.

　새로운 계절 가을에 대해 자세히 살펴보자. 寅卯辰 봄과 巳午未 여름에 작용했던 기운은 분열과 팽창이었다. 이제 정반대 기운인 수축과 통합의 절차를 밟아야 한다.

　가을은 외부로 향한 성장은 멈추고 대신 내부로의 성숙이 진행된다. 즉 내부와 외부가 구분되면서 외부는 형식을 갖추어 단단해진 모습이고 내부는 부드러운 내용물이 들어차기 시작한다. 그 과정에서 처음 얼굴을 내비친 금은 申금의 정기 庚금이다. 이 경금은 달의 초기에 바로 등장하지는 않는다. 원래 주인공은 수행원들이 사전작업을 해 놓은 다음 무대에 오른다.

　비슷한 현상은 초봄이 시작되는 寅월에도 있었다. 戊토와 丙화가 성기의 지장간 甲목보다 먼저 모습을 보였다. 이달도 무토와 임수가 먼저 무대에 올라 금의 기운을 예고하고 나면 이윽고 경금이 나타난다.

　과정은 이렇다. 초기는 미월의 정기인 기토에서 그대로 이어지지 못하고 음양이 바뀌어 단단한 무토가 나타난다. 그러다 중기의 임수로 바뀌면 선선한 바람이 불고 더위도 세력이 조금씩 꺾인다. 드디어 정기의 경금이 달을 지배할 태세를 갖추고 등장할 때가 되었다. 우리는 이때가 되어야 가을이 오고 있다는 사실을 비로소 느낀다. 이제 팽창하는 여름과는 너무도 다른 가을 기운이 엄습해오고 있다.

　경금의 작동방식을 보면 처음에는 내부 에너지의 누출을 방지하기 위해 외부의 출입을 통제하는 정도에 그친다. 시간이 흐르면서 제어의 강도를 점점 높여 달의 분위기를 주도하고, 체계를 갖추어 내부 구조까지 새롭게 구축한다.

경금의 등장 배경

여기서 경금이 이달의 주인이 된 과정을 따져보는 것이 좋겠다. 지나온 시간을 보면 봄여름은 무수한 생명들이 자유를 보장받고 마음껏 자랄 수 있었다. 특히 寅월은 봄의 초기로 생명 탄생의 기운이 가득했고 그런 분위기 속에서 태어난 생명들은 음력 6월까지 자신의 역량에 따라 각자 성장해 왔다.

음력 7월이 되면 지상의 에너지는 고갈되고 생명체들 간의 경쟁도 치열해져 이제 다툼 없이 함께 살아가는 일은 불가능하다. 자연은 너무 많이 펼쳐 놓은 목의 삶을 정돈해야 전체 균형을 유지할 수 있으므로 경금에게 제어의 역할을 부여했다.

그렇다고 경금의 출현이 한 순간에 그저 이루어진 것은 아니다. 미월이 지나가자마자 갑작스레 경금이 태어날 수는 없다. 세상 만물의 존재양식은 결코 단절되거나 불연속적으로 나타날 수 없다. 현상에서는 보이지 않더라도 내부는 파동으로 연속해 있다. 가을 초기에 갑작스레 등장한 것처럼 보이는 경금도 사실은 뜨거운 여름 火의 기운과 함께 조금씩 성장하고 있었다. 이 책을 주의 깊게 읽어온 독자라면 음력 4월 巳화 달에 경금이 어린아이로 태어나 힘겨운 연단을 받았던 내용을 기억할 것이다.

12지의 지장간에 깃든 모든 요소들은 우주 순환의 관점에서 치밀하게 배치돼 있다. 무력하게만 보였던 未월이나 급격한 변화를 예고하는 申월과 酉월도 자연의 흐름에서 각자 배역에 맞는 역할을 하고 있을 뿐이다.

申달은 생명을 무조건 규제하고 억제하려고 있는 것이 아니라 전체 시스템의 균형을 위해 존재한다. 또 혹독한 규제의 칼날이라고 문제만 일으키는 것은 아니다. 생명체 또한 그런 과정을 통과해야 보다 성숙하고 견고한 자아를 만들 수 있다.

경금의 작용

앞에서 언급한 것처럼 신월의 구조는 대략 두 가지로 요약할 수 있나. 먼서 외부와 내부를 나누는 틀을 마련한다. 그런 다음 내부 구조를 보다 섬세하게 만들어 수축과정을 진행시킨다.

신월의 역할을 수행하는 庚금은 火가 팽창하던 과정을 어렴풋이 기억해내고 이제 역행의 과정을 생각해야 한다. 팽창하고 분열하던 과정을 수축과 통합의 단계로 돌려야 한다. 그것은 높은 온도에서 액체로 허물어져 내렸던 금속이 다시 온도를 낮추면 원래 모습으로 되돌아가는 것과 비슷하다.

일상에서 발견하는 申의 형상

申월 초기를 차지한 무토는 비교적 넓게 조성된 터를 의미하고 중기의 장생하는 임수는 흐르는 물의 발원지를 뜻한다. 정기 경금은 아직 잘 다듬어지지는 않았지만 그래도 물이 있어 어느 정도 정제될 수는 있다. 申에서는 사방으로 쉽게 연결되는 도로망, 구획된 시설물, 기차역, 버스터미널, 공업단지 등 짜임새 있는 도시건축물을 연상할 수 있다.

申금을 가지고 태어나는 사람은 기계 공구를 직접 다루거나 구조물을 관리하는 일을 한다. 자동차, 지하철, 중기, 철강, 선박, 철도 쪽에 종사하는 경우가 많다. 또 법칙과 질서를 중요시하는 딱딱하고 엄격한 조직에서 검사나 군인, 경찰관으로도 활동한다.

원숭이띠(잔나비)

외롭고 고독하다?

원숭이는 재주가 뛰어나고 머리도 비상하다. 그럼에도 옛사람들은 원숭이의 일생은 순탄하지 않고 우여곡절을 많이 겪는다고 했다. 원숭이띠로 태어나면 어려서부터 부모와 분리되거나 세상을 떠돌며 의지할 데 없이 외로운 처지에 놓인다고 생각해왔다. 당나라 때 유행했던 당사주에도 잔나비는 천고성(天孤星; 의지할 데 없는 고아로 외롭고 고독하다)을 지녔다는 이야기가 있다. 당나라 시대 사람들은 왜 잔나비 띠가 부모와 떨어져 힘든 삶을 산다고 했을까?

申금의 지장간을 통해 이유를 생각해보자.

계절의 순환에서 보면 申월은 열매가 여물기 시작하는 가을 초입이다. 정기의 경금이 좀 더 단단해지려면 햇빛이 더 필요하다. 만약 이쯤에서 태양 빛이 사라져버리면 곡식이나 열매는 고루 다 익지 못하고 설익거나 쭈그러든다.

사람의 생애를 보더라도 탄탄한 결실은 대체로 인생 후반부에 영글게 마련이다. 띠는 연에서 결정되므로 삶을 시작하는 초년에, 태어나서 자라는 유년기에 영향을 끼친다. 그래서 오래전의 사람들은 인생 초반부터 금이 작동하는 운명을 걱정스럽게 보았다. 권세가 대단한 귀족 가문이나 경제적 기반이 탄탄한 집에서 출생한 경우가 아니라면 어린 시절부터 생활 현장으로 내몰릴 거라 판단했다. 즉 부모의 보호로부터 단절되기라도 하면 하는 수 없이 어설픈 재주를 부려서라도 밥벌이를 해야 한다고 보았다.

옛사람들의 생각을 전적으로 부정할 수는 없지만 그들의 견해를 꼼꼼히 따져 볼 필요가 있다. 申금이 연에만 배치되는 것도 아니다. 또 신금의 본질 역시 분리와 고독에 있지 않다. 신금의 존재 이유는 열매로서의 독립성을 부여하기위해서다. 띠 동물을 이해할 때는 시각을 열어놓고 특성을 고루 잘 살펴야 한다.

원숭이띠로 태어나는 사람들은 재주가 많고 성품도 강인하다. 일정한 학습과정을 거치면 정신도 성숙해져 더욱 매력적인 사람이 된다. 또 능력과 기량을 발휘해 주변 사람들로부터 찬사를 얻는다.

그럼 이쯤에서 소설 〈서유기〉에 등장하는 원숭이, 손오공을 떠올려보자. 손오공은 서역의 돌 바위가 많은 곳에서 그것도 강한 벼락을 맞은 화과산 바위에서 태어났다. 재주가 뛰어나 한때는 신선으로부터 도술을 배웠고 여의봉도 얻게 되면서 꽤 오만하게 굴었다. 그는 부처님과의 대결에서도 수만리를 날아다니며 재주를 펼쳐보였다. 그러다 아무리 날뛰어보았자 결국 부처님 손바닥을 벗어나지 못하는 존재라는 것을 자각하면서 손오공은 자신이 가진 재주가 참된 이치에는 미치지 못함을 깨달았다. 이후 그는 부처님의 진리가 기록된 책을 구하려는 삼장법사일행을 돕는 일에 기용되었다.

손오공 이야기는 경금과 木과의 관계에도 대입할 수 있다. 원숭이는 나무가 무성해야 나무사이를 자유롭게 다닐 수 있다. 할 일도 많아져 재물을 얻을 기회도 생긴다. 이것은 봄과 여름에 나무가 무성하게 자라는 과정이 있어야 그 속에서 원숭이도 재주를 부릴 수 있고 자신의 역할도 생기는 것을 의미한다. 손오공 이야기는 뛰어난 재능도 정신적 성숙이 없으면 해악이 되며 재주는 옳은 일에 바르게 쓰여야 한다는 것을 말하고 있다.

유금 酉金, 냉혹한 통제가 일어나는 곳

합리와 절제, 냉철함을 요구한다.

사회적 정의를 추구한다.

단단한 결실이 들어찬다.

酉의 지장간 : 庚金(정돈과 결단의 기운), 辛金(날카롭고 예리하며 치밀한 기운)

    a) 초기 10일 : 경금, 전달의 기운이 이어진다.

    b) 중기 : 없음

    c) 정기 20일 : 신금

내부가 섬세하게 정돈되면서 엉성하던 庚금의 모습은 사라지고 어느새 보석처럼 단단하고 빛나는 辛금의 모습으로 바뀐다.

酉달은 세밀한 제어가 작동하는 곳이다. 申달은 지장간에 戊토가 있어 군데군데 유휴지가 생길 수 있지만 내부가 촘촘한 酉金은 빈틈이 없다.

酉의 분위기

가을이 깊어가는 酉월은 낮과 밤의 길이가 같아지는 추분점이 들어 있다. 날씨도 음과 양이 균형을 이루어 춥지도 않고 덥지도 않다.

조화로운 기운은 수평을 이룬 천칭 모양의 한자 酉에서도 알 수 있다.

봄에 심은 농작물이 여름 동안 자라 충실한 결실을 맺은 유달에 농부는 풍성한 수확을 기대할 것이다. 성과는 정당한 수고로움 뒤에 오는 것이다. 소산물을 얻으려면 먼저 논밭을 마련한 다음 씨앗을 심고 거름을 주며 꾸준히 돌보아야 한다. 그 단계를 건너뛰지 않고 철저히 거친 농부들만이 酉달에 웃을 수 있다.

현실은 이런 작업을 해놓지도 않고 달을 맞는 경우가 허다하다. 소출의 기회를 얻지 못하는 정도에서 그치지 않고 당장 먹을 양식도 없어 내몰리기도 한다. 이처럼 음력 8월 유달은 결실도 있지만 좌절과 고통도 숨어있다.

달의 지장간은 초기 庚금, 정기 辛금으로 金으로만 되어 있다.

金의 본성은 木의 활동을 통제하고 관리하는 것이다. 그래서 대상이 너무 약해 쓸모없다고 판단되면 제거해버린다. 날카로운 칼날 같은 辛금이 木에게는 살벌하고 끔찍할 수밖에 없다. 이 위험한 기운을 옛사람들은 숙살지기(肅殺之氣; 싸늘하고 차가워 생명을 죽이는 기운)라 하였다. 비슷한 분위기는 종말 심판이라는 내용으로 성경에도 나온다. 세상이 끝나는 날, 하늘에는 종말의 심판이 있고 인간의 행실을 따져 실한 것은 귀하게 여겨 곳간에 들이고 부실한 것은 방치했다가 마지막에 불태운다는 것이다.

酉월의 숙살지기를 얘기하면서 이 심판 사건을 언급한 것은 그 속에서도 우주순환의 이치를 발견할 수 있어서다. 신앙인이라면 성경에서 말하는 심판의 의미를 절대자가 행하는 종말적 심판으로 받아들이겠지만 순환의 기운에서 보면 회귀하는 지점에서 일어나는 특별한 사건이다.

가을의 한복판에 위치한 酉금은 반대편에 있는 木(생명)의 파동을 완전히 뒤집는 기운이다. 金기는 강한 생명력을 품은 木을 만나면 목에 대응하는 물적 결실을 이룬다. 길항작용이 일어나는 셈이다. 생명력이 형편없는 목을 대하면 金기 스스로 자연의 심판자를 자처하고 나서서 약한 木을 냉혹하게 거두어들인다. 그렇다고 酉월을 대립과 갈등, 죽음과 종말 같은 극단적 기운만 서려 있다고 보면 곤란하다. 이달이 진정 원하는 것은 우주가 달성하려는 조화와 균형을 구현하는 것이다.

일상에서 발견하는 酉의 형상

酉에 깃든 지장간은 庚과 辛뿐이다. 전체구조에서 볼 때, 경금은 지지대 역할을 하고 신금은 내부를 더욱 치밀하게 조직한다. 유금의 모습이 반영된 물적 요소들은 금융이나 유통에 이용되는 첨단장비, 산업현장에서 사용되는 정밀기계, 의료기, 하이테크 무기 등이다. 낱낱의 요소들도 유금의 기운을 반영하지만 함께 배치하거나 정렬해 놓으면 유금의 모습은 더욱 확연히 드러난다. 가령 최첨단 장비나 값비싼 기계들의 효율성을 위해 관련성이 큰 것들을 모아 놓으면 유금의 이미지는 공업단지가 된다. 고도의 기술로 생산된 설비나 장치, 기계제품을 빼곡히 채우고 있는 도심 속의 건물도 유금의 기운을 반영하고 있다.

유금의 기운을 타고 난 사람들은 금융권, 유통업, 기계 기술, 의료와 관계된 업무에 종사하는 경우가 많다. 또 국가권력과 관련된 조직이나 기관에서 일하는 경찰, 군인, 법조인, 기술 관료, 행정 관료 등도 유금과 연관이 있다.

닭띠

분석하고 판단하고 예측하는 능력이 있다

앞에서 살핀 원숭이도 닭처럼 金에 속하는 띠 동물이다. 또 재주를 부려 먹고살아야 했으니 사는 일이 피곤했을 것이다. 그래도 닭에 비하면 사정이 나은 편이다. 닭은 일생 동안 아주 많은 알을 낳는다. 인간에게는 유익한 일이지만 닭으로서는 신경도 많이 써야 하고 고생스런 과정이다. 지장간을 살펴봐도 원숭이보다는 닭이 훨씬 힘겨워 보인다. 신달에는 금 외에 다른 요소가 함께 있어 조여오는 압박감이 그렇게 강하지 않았다. 유달의 지장간은 庚辛금 밖에 없다.

아주 오래전 시계가 없던 시절에는 시간을 알리듯 정확한 시간에 울어주는 예민한 닭이 꼭 필요했다. 닭을 이용하여 시간을 예측한 셈이다.

동남아시아 지역에서는 닭싸움을 많이 한다. 12지 중 싸움에 적합한 선수들을 고른다면 호랑이나 소, 말처럼 덩치가 크고 힘도 센 동물들이 따로 있는데 왜 하필 닭을 가지고 싸움을 할까 싶기도 하다. 지장간의 성정을 고려하면 酉금 속의 辛금만큼 날카롭고 무서운 도구는 없다. 끊어내고 잘라내는 酉금의 속성은 생명 있는 존재들을 긴장시킨다. 그렇게 따지면 12지 중, 가장 두려운 기운을 장착한 선수는 당연히 닭이다. 전사의 조건은 갖추고 있지만 그렇다고 닭의 가장 중요한 특성이 호전성은 아니다.

　옛사람들은 세상사를 정확하게 꿰뚫어 생각하고 예민하게 분석해서 결과를 미리 알 수 있는 능력은 닭의 것이라 여겼다. 庚辛금에서 발생하는 날카로운 예리함이 다가올 사건이나 문제를 예측할 수 있다고 보았던 거다.

　가을이 깊어 가면 만물은 서서히 성장을 멈춘다. 생명에너지가 현저히 약화되고 창조적 능력도 소진된다. 더욱이 곧 닥칠 겨울에 대한 부담감도 있다. 이제껏 살아온 인생이 순조로웠다면 풍요로운 결실을 맺을 수 있으니 남은 삶도 즐겁고 행복할 것이지만 그런 경우는 아주 드물다. 때문에 대부분의 닭은 신경이 곤두서고 근심과 걱정에서 벗어날 수 없다. 하는 수 없이 남아있는 자원이나마 아껴 써야 하고 그나마 거둔 결실은 단단하게 압축해 두어야 긴 겨울을 버틸 수 있다. 앞날에 대한 불안과 긴장을 떨쳐버릴 수 없는 닭은 특유의 예측력이라도 발휘해 어려운 시기를 통과하려는 것이다.

술토戌土, 소멸 앞에서 삶의 의미를 재정립하는 곳

가을걷이가 끝나고 텅 비어 있는 땅
세속적 삶과는 거리가 있는 정신세계

戌의 지장간 : 辛, 丁(동굴 안을 밝히는 불), 戊(에너지가 빠져나가 생기를 잃은 땅)

a) 초기 9일 : 신금, 전달의 정기가 이어졌다.
b) 중기 3일 : 정화

이전 계절 여름에 희미하게 남아 있던 불빛 丁화가 묘지로 들어가 보존된다. 이 불빛 덕분에 동면하는 생명은 얼어 죽지 않고 이승을 떠난 영혼들도 정체성을 유지한다. 삶과 죽음은 완전히 단절된 것이 아니라 술토를 통해 서로 연결돼 있다. 술토를 보면 저승과 이승의 관계를 이해할 수 있다.

c) 정기 18일 : 무토
생명을 직접 배양하지는 않지만 여전히 흙의 역할은 수행한다.

음력 9월 戌의 지장간 정기는 戊토다. 가을의 끝자락인 戌월은 추수가 거의 끝나가는 때다. 쌓아놓은 볏단과 벼 그루터기가 조금 남아있을 뿐 더 거두어들일 수확물은 없다. 혹시 아직 베지 않은 벼가 있다 해도 그저 땅에 뿌리만 박고 있을 뿐 자라는 상태가 아니다. 이 시기의 땅은 더 이상 곡식을 배양할 의무가 없으니 편안할 것도 같고 갑자기 일이 없어져 무료할 것도 같다.

확보해놓은 결실만 충분하면 술월은 정신세계를 탐구할 수 있는 절호의 기회다. 준비해둔 것이 시원찮다면 흘려보낸 과거가 후회스럽고 다가오는 미래 또한 암담할 수밖에 없다.

戌의 분위기

술달은 찬 이슬이 맺힌다는 한로寒露부터 시작된다. 날씨가 점점 추워져 추풍낙엽의 신세에 놓인 생명들은 소멸의 시기를 맞는다. 봄여름에 흘린 땀의 대가를 풍성한 결실로 돌려받는 농부는 이달에 충분한 휴식을 취한다.

이전 달 유월은 봄여름 동안 부지런히 성장한 초목들이 단단하고 충실하게 결실을 맺는 때였다. 술월이 되면 아직 완전한 열매로 영글지 못해서 좀 더 자라야하는 생명이라도 그 상태로 그냥 거두어버린다. 그나마 쓸 만하다고 판단되면 수확물로 분류되지만 그렇지 못할 경우, 어쩔 수 없이 사멸의 과정을 밟아야 한다. 어린 생명이 잘 자랄 수 있는 습지 辰토와 가녀린 생명도 뽑아버리는 메마른 戌토는 흙이라는 점에서는 같지만 그 성질은 대조적이다.

가을철 수확이 끝난 후의 텅 빈 들녘, 에너지가 바닥나 양분이 없는 땅, 물이 귀한 황폐한 골짜기, 일상의 공간에서 멀리 떨어진 오지,

건조한 사막 등은 생산적 활동과는 별로 관련이 없다. 사람들의 관심을 얻기 어렵다.

황량해 보이는 술토에도 존재이유가 있기 마련이다. 육체적 속박을 벗어난 영혼은 안식이 보장돼 있는 술토에 머무르며 정신세계를 두루 여행할 수 있다. 원래 관념세계와 관련이 많은 戌토는 속세를 떠나 산속에 위치한 절土의 속성도 갖고 있다. 우리가 몹시 지쳐있을 때 고요한 산속, 술토를 닮은 사찰에서 상념을 내려놓고 잠시 명상에 잠기거나 휴식을 취하면 다시 힘을 얻기도 한다. 옛사람들은 술월 다음에 이어지는 亥수를 특별히 戌亥로 함께 묶어 천라天羅라 부르며 영혼이 지향하는 방향이라 생각했다.

우리가 잘 모르는 생소한 개념을 접했을 때는 상대적 개념을 떠올리면 좋다. 천라를 이해할 때도 戌亥와 반대쪽에 있는 辰巳를 알고 나면 천라의 의미가 더욱 분명해진다. 辰巳는 지호地戶라 하여 인간이 경작 가능한 땅, 시골 장터, 분주한 생활 터전을 나타낸다. 지호는 살아가는 일만으로도 너무 바빠서 눈코 뜰 새가 없다. 辰토와 巳화에는 농부는 농사 준비로 바쁘고 직장인은 일하느라 바쁘고 경영자는 이득을 계산하느라 부산한 모습이 있다. 지호의 세계에서 개체는 세속의 이해관계에 집착한다. 지호를 갖고 태어나면 정신적 영역보다는 당면한 현실에 더욱 많은 관심을 쏟을 것이다.

그에 비해 천라는 지향하는 방향도 정신적이고 몽환적이다. 육체의 경계를 벗어난 상태에 가깝고 세속적 욕구도 별로 없다. 북방 하늘을 향해 솟대를 꽂고 신과 소통하기 위해 기도를 올렸던 샤머니즘적 행위도 천라의 세계로 진입하기 위한 염원이었다.

일상에서 발견하는 戌의 형상

술토 지장간에는 辛丁戌가 있다. 불씨를 담아둔 것과 같아 화로, 동굴, 사막에 비유된다. 戌이라는 글자에도 토를 뜻하는 기슭 엄厂이나 창 과戈같은 의미가 있는 것을 보면 사람들이 친숙하게 여길 수 있는 땅은 아니다.

戌만 덩그러니 나와 있으면 지루하고 팍팍한 느낌뿐이겠지만 큰 강이나 바다, 호수와 함께 어우러져 있으면 원래는 없던 술토의 효용이 생겨난다. 대규모로 조성된 공업단지, 강이나 바닷물을 막는 댐, 도시와 도시를 잇는 고속도로, 광산, 터널 등 기간산업시설로 변모한다. 막힌 곳은 뚫고, 끊어진 곳은 이어 붙이고, 높이가 다른 곳은 고르게 만드는 공사현장도 술토의 활약이 돋보이는 곳이다. 술토는 보존하고 묻어두는 창고나 금고의 역할에도 능하다. 조달청, 은행, 귀중품을 보관하는 금고, 세무서 등은 도심지 한복판에 있는 술토인 셈이다.

술토는 관념의 세계, 현실 밖의 정신세계, 사후세계와도 맥이 닿아 있다. 철학, 종교, 역학, 점술과 관련된 분야에도 영향을 미친다. 술토의 기운을 갖고 태어난 사람은 승려나 목사처럼 종교인이 되거나 철학자나 사상가로 활동하는 경우가 많다.

개띠

다정하나 답답하다

　주인이 죽으면 저승까지 동행하며 충성을 다한다고 알려진 개는 기존의 가치를 따르고 지키는 것을 본분으로 안다. 주인 아닌 다른 사람을 보면 경계부터 하고 잘 받아들이지 않기에 무뚝뚝하고 감정이 무디다고 생각하기 쉽다. 그래도 한 번 친해지면 나눈 정을 오래 기억한다.

　개는 12지에서 반대편에 있는 용과는 성격이 다르다. 용은 화려한 미래를 위해 스스로 변신을 시도하고 변덕도 부린다. 개는 이승과 저승이 갈리는 길목에서 주인을 끝까지 지키는 동물이다. 개의 충직을 미덕으로 여기고 그저 칭송만 하면 개띠가 가지는 특성이나 술월을 제대로 이해할 수 없다. 술월의 분위기에 접근하기 위해서는 내부요소부터 자세히 분석해야 한다.

　戌은 거칠고 건조한 가을의 戌土가 주된 기운이다. 辛금이 있지만 여기서는 열매를 단단하게 하는 것이 아니라 흙을 딱딱하게 만든다. 약하지만 불씨가 있는 丁화에 의지해 겨우 추위를 막아낼 뿐이다. 이때의 丁화는 하루 일과를 마치고 잠들기 전 침대 옆에 켜 놓은 침침한 조명등과 비슷하다. 활발한 작용을 기대하기 어렵다.

　옛사람들은 한 번 맺은 관계를 지루해하지 않고 끝까지 긴밀함을 이어가는 개에게서 늦가을에 형성되는 뻣뻣하고 굳은 土金 기운을 느껴 술월에 개를 배정했다.

　생각해보면 戌월이 주는 스산함과 개가 주는 답답함은 일치하는 구석이 있다. 처음부터 주인의 처분에 자신의 운명을 내맡긴 개는 죽는 날까지 한눈팔지 않고 충성을 다한다. 다만 융통성이 부족해 상황에 따른 처신은 기대하기 어렵다.

옛사람들이 띠 동물을 결정할 때 어떤 단계를 거쳤었는지 잘 알 수는 없지만 술월에 개를 배치한 것을 보면 그들의 발상과 지혜가 새삼 놀라울 뿐이다.

겨울

해수 亥水

자수 子水

축토 丑土

    우주는 계절이 바뀔 때마다 에너지를 전환해 자연의 리듬을 바꾼다. 金의 과정이 진행되는 동안 외부는 음기로 경직되었지만 내부는 양이 들어있어 음과 양이 조화를 이룬 치밀한 구조가 되었다. 그 과정에서 목의 생명력은 점차 약화돼 가다가 가을이 끝나가는 戌월이 되면 기력이 소진돼버린다. 이제 땅 위에 생명의 자취는 영영 사라지고 쓸쓸한 적막감만 감돈다. 그냥 이대로 생명현상이 끝나버리는 게 아닌가 하는 걱정을 하고 있는 사이, 강과 산의 기슭에서 물이 흐르는 소리가 들리기 시작하더니 어느새 계곡을 타고 바다나 호수로 흘러들면서 물이 고인다. 이때가 되면 자연의 리듬은 가을을 마무리하고 새로운 계절 겨울을 맞이한다. 이제 水가 온전히 한 계절을 지배하는 시기가 되었다.

    수는 금의 치밀한 구조를 풀어내 얽매이지 않는 자유로움으로 바꾼다. 수는 존재의 깊숙하고 미세한 곳까지 흘러들어 충동과 욕구도 섬세하게 감지해낸다. 자연은 드러나지 않은 심층의 기운을 읽어내는 수에게 새 생명을 여는 역할을 맡겼다. 이런 水가 주인으로 나타난 것이 亥子丑이다.

해수亥水, 삶과 죽음을 연결하는 공간

내면에 에너지가 쌓이면서 생명에 대한 욕구가 강하게 작동한다.
어둡고 낮은 데에서 생기가 깃든다.

亥의 지장간 : 戊(물가의 흙), 甲(새로 잉태되는 생명들), 壬(원초적 생명에너지가 깔려있는 바다)

  a) 초기 7일 : 戊의 영향으로 무토가 이어졌다.
  b) 중기 7일 : 갑목
봄에 활동할 갑목이 먼저 어린 기운으로 태어난다.
  c) 정기 16일 : 임수
정기 임수는 생명에게 활력을 제공하는 에너지다.
갑목은 이곳에서 엄마의 자궁처럼 편안함을 느끼며 자란다.

亥의 분위기

겨울이 시작되는 입동은 만물의 생기가 사라져가는 때다. 초목들의 가지는 앙상하고 조금 남아있던 활기도 뿌리에서만 겨우 발견될 뿐이다. 이 시기가 되면 지상의 수많은 생물들은 먹이를 구하기 힘들어 어쩔 수 없이 겨울잠을 자거나 자연의 리듬에 따라 소멸된다. 예전에는 인간 또한 이 기간에는 생산 활동을 멈추고 휴식을 취하며 겨울이 무사히 지나가기만을 기다렸다.

그런 분위기는 하루 동안에도 어김없이 찾아든다. 해시(늦은 9시~11시)는 낮의 태양이 水기운에 완전히 잠기는 시간이다. 이 시간이 되면 사방 천지가 깜깜해지면서 지상의 생명들은 조용히 꿈의 세계로 빠져든다. 세상 만물이 水의 세계에 진입하는 시간대이다. 생명을 가진 존재들은 내면세계로 침잠하거나 깊은 잠(짧은 죽음의 과정)에 접속하는 시간이다.

자연의 순환에서 보면 해수는 주기적으로 찾아드는 죽음의 리듬이다. 한해살이 생명에게는 직접적인 죽음을 의미하고, 여러 해를 사는 생명에게는 기능이 부분적으로 정지되는 동면冬眠을 의미한다. 수십 년을 사는 인간이라면 亥는 자신의 내면과 영혼, 무의식, 죽음 등을 깊숙이 응시하는 시간일 것이다.

亥월의 지장간도 이런 자연의 리듬에 맞게 구성되었다. 초기의 무토는 술월의 정기가 이어진 것으로 물가의 흙을 의미한다. 중기 갑목은 다가올 봄을 준비하는 기운으로, 아직은 정신이나 이성이 성숙되지 않은 어린 생명의 움직임이다. 그다음 이달의 주인인 임수가 정기로 등장해 생명현상에 꼭 필요한 에너지가 된다.

亥달은 어둠과 죽음의 기운만 가득할 것 같았는데 정작 그 속을 들여다 보니 생명의 싹이 자라고 있다. 고대인들 중에는 사람이 죽으면 영혼은 저승의 강이나 호수를 건넌다고 생각한 사람들이 많았다. 여기서 건너야 할 저승의 강은 다름 아닌 해수이다.

삶과 죽음을 이어붙이는 해수

우리의 인식체계는 순환구조로 되어있다. 존재의 경계를 가르는 죽음도 의식이 깨어있는 삶의 세계에는 뚫고 들어오지 않지만 어디 멀리 가지 않고 亥수의 기운에 머문다.

亥수는 대체 어떻게 작용한다는 말일까? 해수는 죽음과 삶을 잇는 연결고리이다. 그것은 깊은 잠에서 깨어 내일 아침을 맞을 사람에게는 꿈이나 무의식으로 작용한다. 또 다시는 깨어나지 못하는 경우라면 영혼의 세계로 들어서는 죽음이 된다. 亥수의 본질은 삶과 죽음은 따로 분리되어 있는 것이 아니라 동전의 앞뒷면처럼 서로 붙어있음을 의미한다.

문명이 지금처럼 발달하기 전에는 밤과 낮, 밝음과 어두움은 비교적 명확하게 구분되었다. 밤이면 잠을 자야 했고 겨울이 오면 대부분의 일은 다음 계절로 미루면서 자연의 법칙을 따랐다. 현대인의 생활을 들여다보면 밤과 낮, 계절은 존재하지만 작업은 끊임없이 이어진다. 누군가는 쉬지만 다른 누군가는 일을 하면서, 시간과 공간의 의미도 개체마다 서로 다르게 작동한다.

삶과 죽음, 어두움과 밝음, 낮과 밤은 우리가 깊이 새겨보아야 하는 기본사항이다. 그것들은 관계에서 서로 맞서거나 비교되는 상대적 개념들로, 예전에 비해 주기 구분의 의미가 약해졌을 뿐 우리가 그 구분을 완전히 뛰어넘은 것은 아니다.

현대인들은 삶에 너무 치중한 나머지 살아있는 시간을 확장하고 늘릴 생각만 한다. 그러면서 죽음은 저만치 멀찍이 떨어뜨려 놓고, 온갖 의술을 동원해서 극복해야만 하는 대상으로, 마치 죽음을 쫓아낼 수 있을 것처럼 죽음을 무시한다.

해월은 응축된 임수의 기억을 보존하여 갑목이 자랄 수 있는 기초를 마련한다. 이것은 죽음과 삶은 완전히 다른 영역에 있는 것이 아니라 같은 곳에서 공존하고 있음을 의미한다.

해수는 인간의 심리와 정서에도 깊이 개입하고 있다. 우리는 몹시 불안하거나 불편해서 마음속 화평이 깨져버리면 음악을 듣거나 명상을 하면서 잃었던 평안을 회복할 때가 있다. 이것은 亥수에 깊이 깃들어 있는 임수 속에 치유의 기운이 내재해 있기 때문이다.

일상에서 발견하는 亥의 형상

해수는 골짜기를 타고 내륙을 통과해 모든 것을 포용하는 바다나 호수로 흘러든 물이다. 해수의 정기 임수는 움직이는 힘이 있어 흘러간다. 그 과정에서 단단해진 金 결정체를 녹여 부드러운 에너지로 전환시키지만 대신 물이 흐려졌다. 이런 저런 찌꺼기도 함께 녹아들어 모습이 그리 깨끗하지 않다.

중요한 것은 가을에 단절되었던 생명을 다시 배양할 수 있는 실마리가 해수에서 제공된다는 사실이다. 이 시기에 마련되는 생명의 기운은, 자수를 거쳐 계절이 새로 시작되는 이른 봄이면 인목이라는 생명탄생으로 이어진다. 亥월은 단순히 종결이나 죽음만을 의미하지 않는다. 금에서 끊어졌던 자연의 리듬을 다시 이어 새로운 삶으로 연결시킨다.

해수와 연관된 일은 일상에서도 쉽게 찾아볼 수 있다. 날마다 잠을 자는 일, 영양이 고루 갖춰진 음식물을 먹는 것, 농가에서 씨앗을 심고 퇴비를 만들며 농사준비를 하는 일, 수산물을 처리하고 유통시키는 여러 과정, 해양자원과 관계된 일, 아이가 태어나는 출산 등에도 亥수의 작용이 미친다. 또 고요한 바닷가를 찾는 것, 자신의 영혼을 생각하며 종교를 갖는 것, 세계와 존재를 탐구하기위해 철학에 관심 갖는 것 등 다양한 방향으로 적용해볼 수 있다.

얼핏 보면 해수는 죽음의 기운만 품은 듯하다. 찬찬히 뜯어보면 생명체를 살아 움직이게 하는 동력원이다. 해수는 멀리 두고 배척할 것이 아니라 가까이서 원활히 소통해야할 기운이다.

돼지띠

주변을 두루 살피고 신경을 많이 쓴다

돼지를 생각하면 통통하게 살이 오른 모습부터 연상하기 쉽다. 오래전 식재료가 귀했던 시대에 돼지띠로 태어나면 식복은 타고난 것으로 여겼고, 행복한 가정을 꾸리고 일생을 평안하게 살아간다고 생각했다. 재미있게도 돼지를 의미하는 시亥에 지붕형상의 갓머리를 올려놓으면 가정을 의미하는 집 가家가 나온다. 실제로 돼지는 무엇이든 잘 먹고 새끼도 많이 낳는 가축이다. 옛사람들은 그런 돼지의 모습에서 亥달에는 먹을 것을 확보한다고 믿었고 돼지를 띠 동물로 정했다.

지장간으로 돼지의 성정을 추리해보자. 천천히 흘러가서 고이는 壬수가 있으니 대상의 내면을 깊이 이해한다. 甲목이 있으니 생명력도 품고 있다. 다만 지장간의 전체 분위기로 볼 때 많은 水에 비해 활동성을 의미하는 火가 없어 행동은 다소 둔하다. 그래도 돼지띠로 태어나면 편안하게 일생을 살아간다고 믿는 것은 예나 지금이나 마찬가지다.

자수 子水, 지나간 것을 새로운 것으로 전환한다

정제된 물

산뜻한 시작을 생각하는 곳

子의 지장간 : 壬水(깊은 바닷속의 물), 癸水(맑게 고인 물)

a) 초기 10일 : 임수

이전 달의 정기를 이어받았다.

b) 중기 : 없음

c) 정기 20일 : 계수

임수가 그나마 유지하던 약한 운동성마저 잃어버려 계수가 된다.

子의 분위기

음력 11월은 밤이 가장 긴 동지冬至가 들어있다.

태양이 동지 지점에 도달하면 고도가 가장 낮다. 밤의 길이는 일년 중 가장 길고 일사량도 가장 적다. 음의 기운은 동지를 지나면서 서서히 물러서고 낮의 길이가 매일 1분씩 늘어나면서 비로소 양의 기운이 꿈틀거린다. 여기서 음력 1월 寅달에서 언급했던 황극경세의 구절을 보자.

천개어자, 지벽어축, 인기어인 (天開於子, 地闢於丑, 人起於寅)

"하늘은 子에서 열리고 땅은 丑에서 개벽되었으며 생명은 寅에서 시작된다."

하늘이 시작되는 시점을 子로 본 것은 水가 만물의 시원이라는 말이다. 그렇다면 亥달도 같은 水인데 무슨 차이가 있기에 자수를 시작의 기운으로 보았을까? 亥와 子의 지장간을 따져보는 것이 좋겠다.

亥水의 정기 壬水는 물이 흘러들어 고인 것으로 어떤 일이 마무리되는 과정이었다. 새로운 사건이 발생할 수는 없었다. 자연의 순환메커니즘에서 해수는 새로운 탄생을 위해 종결과 죽음이라는 뒷정리를 맡았다. 죽음이라는 어휘를 사용할 뿐이지 실은 자신에게 주어진 과제를 무사히 마쳤기에 해수는 아쉬움보다는 홀가분함을 느낀다. 하루를 보더라도 해시쯤이면 일과를 끝내고 잠자리에 든다. 꿈을 꾸거나 잠에 빠져 드는 달콤한 휴식의 시간이다.

子달은 분위기가 사뭇 다르다. 종결과정이 잘 마무리된 다음, 시작을 위해 새로운 관문으로 접어든 것이 자수 단계다. 壬癸水로 말끔히 정화되어 고요하고 깨끗한 심해와 같다. 새로운 목적지를 향해 나아가길 원한다.

일상에서 발견하는 子의 형상

자수의 지장간에는 임수와 계수가 함께 들어있지만 주된 기운은 계수가 담당한다. 이전 달의 해수와 이달의 자수는 모두 水에 속하지만 차이가 있다. 해수는 자수에 비해 수심이 얕아 일상생활과 밀접한 관련이 있다. 자수는 수심이 깊어 쉽게 접근하기도 어렵다. 해수보다는 은밀하고 비밀스러운 공간이다. 독창성을 발휘해 언제든 새롭게 일을 시작하려는 기운을 품고 있다. 또 유연하고 부드러운 수의 천성은 잊지 않고 있어서 주변상황에 따라 곳곳으로 흘러들 수 있다.

자수의 기운을 타고난 사람은 국제무역, 통상, 운송, 원양어업, 외교 분야로 진출하면 역량을 발휘할 수 있다. 사주에 자수와 木이 함께 있으면 의사가 되거나 생명공학이나 생물공학을 공부하기도 한다. 자수가 있는 사람이 의사가 된다면 산부인과나 비뇨기과로 진출하면 두각을 나타낼 것이다. 인체에서 일어나는 작용을 10간의 속성과 연결시킬 때 자수의 정기 계수는 방광, 신장, 자궁, 혈액이나 호르몬으로 보기 때문이다.

쥐띠

발길이 닿은 영역은 빈틈없이 이해하는 전문가적 기질이 있다

　밤의 제왕인 쥐는 부지런히 움직여 재물을 확보하고 비밀스럽게 쌓아둔다. 모은 재산을 자랑하지도 않고 혼자서 누리고 관리한다. 인간들이 곤히 자는 한밤중에 살금살금 기어 나와 활동하는 쥐에 대해 옛사람들도 좋은 인상을 갖지 않았다. 살펴본 대로라면 새로운 시작의 기운을 품고 있어 기대와 희망도 갖게 하는 쥐인데 사람들은 왜 부정적으로 보았을까? 그 사정을 더듬어보자.

　농부는 한해의 농사가 모두 끝나면 수확물을 곡물창고로 옮겨 차곡차곡 쌓는다. 쥐는 봄여름과 가을 동안은 들판이나 야외에서 스스로 먹이를 구해 그럭저럭 살아간다. 겨울만큼은 도저히 혼자 힘으로는 버티기 어렵다. 하는 수 없이 농부의 곡식창고로 숨어 들어와 쌓아둔 곡식을 야금야금 축내며 생명을 이어간다. 애써 마련한 식량을 쥐란 놈이 새끼들과 떼로 나타나서 겨울 내내 얄밉게 먹어치우니 부아가 치밀만도 하다. 남의 말을 몰래 엿듣고 고자질할 수 있는 녀석을 쥐로 지목한 '낮말은 새가 듣고 밤말은 쥐가 듣는다'는 속담도 그래서 나왔을까?

　쥐에 대한 그릇된 시각은 평가기준을 인간의 이해관계에만 두어서 그렇다. 순환의 관점에서 보면 문제될 것이 없다. 지장간의 구성을 따져보아도 수 이외의 요소까지 섞여 있는 해수에 비해 수만 있는 자수는 가장 순수하고 깨끗한 물이다.

　일상에서도 돼지는 인간의 식재료가 되기 위해 축사에 갇혀 살아간다. 쥐는 돼지에 비해 자유롭고 어디에도 얽매이지 않고 마음대로 움직인다. 쥐는 다른 동물과 잘 어울리지 않고 따로 활동하기에 비밀이 많고 좀 외로워 보이지만, 숨은 에너지가 많다. 그래서 예민한 감각으로 조심스럽게 새로운 곳을 찾아 마치 화폐를 유통시키듯 자신의 에너지를 흘려보낸다. 또 어떤 일이든 착수하면 꾸준한 노력으로 만족스런 결과를 얻는다.

　모든 것이 세분화되는 현대사회에서는 세밀하고 오묘한 자수의 기질을 잘 발휘하는 사람들이 주목받을 기회가 많아지고 있다.

축토丑土, 축적된 에너지가 가득한 곳

물적 자원을 비축해 놓은 땅

丑의 지장간 : 癸(응축된 에너지), 辛(보존돼 있는 자연의 자원들), 己(부드러운 흙)

 a) 초기 9일 : 계수, 전달의 정기가 이어졌다.

 b) 중기 3일 : 신금

丑월 중기에는 가을 기운 辛금이 땅속 깊이 내려가 자리를 잡는다. 그래서 축을 금의 묘지라 일컫는다. 금이 깊숙한 지하창고로 내려가는 이유는 태어날 어린 생명들이 억압받지 않고 자유롭게 성장하기를 바라는 우주의 염원 때문이다.

 c) 정기 18일 : 기토

이달의 주인 기토가 등장해 임무를 완수한다.

丑의 분위기

겨울 중에서도 추운 날이 유독 많은 축월은 얼어 있는 땅이다. 일사량은 분명히 子월보다 많은데 왜 丑월을 더 춥다고 느낄까? 여름의 未월이 누적된 열 때문에 가장 더운 달이 되는 것과 마찬가지다. 차곡차곡 쌓인 추위가 땅속까지 깊이 파고들어 앉아 가뜩이나 추운 겨울날씨를 더 얼어붙게 만든다.

亥子丑으로 이어지는 겨울의 마지막, 丑월의 들판은 군데군데 얼음과 눈만 보일뿐 초목은 발견하기 어렵다. 간혹 시들고 말라붙은 풀이 눈에 띄어도 생명의 기운은 땅속의 뿌리에 있다. 상황이 이러니 초식 동물들은 겨울나기가 힘들고 그 동물들을 먹이로 삼는 육식 동물도 겨울을 나는 것이 매우 어렵다. 혹독한 겨울을 견디느라 가뜩이나 지쳐 있는 생명들에게 온기의 흔적은 털끝만큼도 찾아볼 수 없는 축월은 그 자체로 거대한 시련이다.

이렇게 얼어붙은 땅에서도 따뜻한 열기가 다가오고 있음을 느낄 수 있다. 어떻게 그런 일이 생길 수 있을까? 丑월은 子월에는 없던 부드러운 흙 기토가 지장간 정기를 차지했다. 子월의 바닷속 깊은 기운이 축토 속의 기토로 연계돼 해안가의 모습으로 바뀌었다.

고운 흙 기토라 한들 분위기로 봐서는 해안가 땅이 어떻게 생명에게 에너지를 제공할 양분이 있는 흙이 될 수 있을지 의문스럽다. 그런데 우리가 알아차리지 못했을 뿐 기토는 동지를 지나면서부터 매일 조금씩 늘어나는 햇볕을 흡수하면서 서서히 따뜻해지고 있었다. 그래서 축월의 정기가 작동하면 기토의 따스한 열기가 단단하게 언 金水를 조금씩 녹인다. 이렇게 되면 지금까지는 생명을 위협하던 금도 이제 새로운 삶을 시작하려는 목 생명에게 에너지가 되고 기토도 생명체들의 터전이 된다.

이것은 우주가 丑월에 부여해 놓은 매우 특별한 장치다. 즉 자연의 에너지나 천연자원, 물적 자원 등을 저장해 두었다가, 寅월이 오기 전에 잘 녹여서 새로운 생명에게 원기를 제공하라는 것이다.

일상에서 발견하는 丑의 형상

음력 12월 丑토는 반대편에 있는 음력 6월 未토와 비교해보면 이해하기 쉽다. 축토도 미토와 마찬가지로 지장간의 정기는 기토다. 흥미로운 건 기토를 제외한 나머지 요소들은 서로 상반된 것들로 채워졌다는 사실이다. 미토는 축토에 비해 가볍고 경쾌한 木火의 지장간이 들어 있어서 정신, 문화, 교육, 정보, 놀이와 관련이 많다. 축토는 金水의 무거운 에너지가 보존되어 있어 물질성을 가진 물적 자원과 연관된다.

축토는 사람들이 많이 모여 사는 己토에 辛금까지 있어 재화나 설비시설이 잘 갖추어진 공간이다. 거기에 구획된 경로를 따라 흐르는 癸수까지 있다. 축토 지장간은 생산 공정을 통과한 상품이 보관과 이동을 거쳐 최종소비자를 향해 가는 단계와 닮았다. 또 응축된 상태로 존재하거나 냉장, 냉동으로 보존되는 제품도 丑토와 관련이 있다. 자재 창고, 기계 창고, 차량 정비소, 무기 저장고, 은행의 금고, 각종 기계 등도 축토의 특성이 잘 발휘되는 영역이다.

옛사람들은 丑을 해안가, 하구, 무기 창고, 군영, 농토 정도로 여겼을 뿐, 丑의 이용가치와 위상에 대해 큰 의미를 부여하지 않았다. 축토의 가치가 높아진 것은 산업의 발달과 깊은 연관이 있다.

丑을 이해할 때 물질적 요소에 너무 얽매일 필요는 없다. 경계를 설정해 대상을 가두는 작용, 어떤 현상이나 기운을 제어하고 압박하는 것처럼 추상적 개념으로 확장할 수 있다. 어쩔 수 없이 냉혹한 결정을 내려야 하는 법원, 경찰서, 군대, 정신병원, 중환자실의 분위기도 축토와 어울린다. 또 감시·단속·경계가 중요한 업무도 축토와 관련이 있다.

소띠

힘들고 괴로운 임무를 꿋꿋이 잘 견딘다

　소는 정말 전생의 업보 때문에 고통을 당하는 것일까? 아니면 더 나은 생명 단계로 나아가기위해 고난의 과정을 견디는 걸까? 순하고 어진 소의 눈을 보면 측은한 느낌이 든다. 설령 윤회라는 것이 있다 해도 이생에서 보내는 고된 삶이 끝나면 전생에서 지은 모든 죄는 용서받을 것 같다.

　기술이 발달한 오늘날은 소가 농사일에 자주 동원되지는 않는다. 대신 인간에게 먹히기 위해 가혹한 방법으로 사육당하며 시달린다. 사실 인간이 기르는 가축치고 편안하게 자기 생체 리듬에 맞게 살 수 있는 동물은 거의 없다.

　丑달 지장간은 辛金과 癸水가 있다. 金水는 차고 무거운 것이 하강하여 얼어붙는 기운이니 그 움직임이 둔하고 육중하다. 소는 체구가 크고 힘도 세지만 활동량이 많지 않은 겨울에는 한자리에 오래 머물며 봄이 오기만을 기다린다. 넓은 초원을 활기차게 달리는 말과는 아주 다르다. 소의 고단한 일생에 비하면 말의 삶은 정말 멋지고 화려해 보여 소로서는 억울해할 것 같지만 꼭 그렇지는 않다.

조화를 중요시하는 우주법칙에 따라 소에게는 좀 특별한 소임이 부여되었다. 丑은 가을에 결실을 거두어들인 금이 축적된 곳이다. 그래서 다음 계절에 나올 생명을 위해 자재창고가 된다는 자부심이 있다.

흔히 소의 기질을 얘기할 때 끈기와 인내를 먼저 꼽지만 다른 특징도 많다. 입이 무겁고, 좀처럼 불평을 하지 않으며, 맡은 일을 굳건하게 해내는 저력도 있다. 주변 상황이 어려울 경우에도 책임을 회피하거나 남 탓으로 돌리지 않고 자신이 부족한 것으로 받아들인다. 사안에 따라 곰곰 따져 잘못된 것은 고치고 바로 잡아야 하는데도 모든 것을 덮어버리니 가끔은 답답하고 우둔하다는 소리도 듣는다. 게다가 느리고 답답하고 대책 없어 보이는 성격은 문제 해결을 방해하는 것처럼 보일 때도 있다.

소의 성정에는 시간과 공간의 끝없는 순환 속에서 전체의 연결 고리를 단절시키지 않으려는 우주의 소망이 담겼을 뿐이다.

지금까지 10간과 12지를 나누어 살펴보았다. 10간은 시간에 따른 기의 변화로, 공간의 수축과 팽창도 담고 있다. 12지는 土를 중심으로 12방위로 나눈 다음, 각각의 위치에 깃든 에너지를 표현한 것이다.

60甲子는 10개의 천간과 12개의 지지가 서로 만나 시간과 공간이 교차되면서 나왔다. 복잡할 것 같지만 그 원리는 너무도 단순하다. 천간은 천간끼리 지지는 지지끼리, 순환을 지속하는 것이다.

이제 60갑자에서 생성되는 관계와 작용을 탐구할 차례다.

3부 | 운명을 살다

명식命式, 운명방정식

　힘을 얘기하고 기를 설명하며 여기까지 왔지만 모두가 궁금해 하는 것은 자신의 인생일 것이다. 자기 삶이 어떤 행로로 전개될지, 자기 운명의 밑그림은 어떤 구도로 짜여있는지 궁금하기도 하고 두렵기도 할 거다. 우리는 앞에서 오행과 10간 12지, 60갑자를 살펴보았다. 이제 이것들이 어떻게 한 사람의 운명을 구성하는지, 어떻게 작동되는지 탐구할 차례다.

　한 사람의 운명을 이해하려면 태어나면서 받은 고유한 틀을 제대로 분석해야 한다. 같은 풍경을 보고 그림을 그리더라도 화가에 따라 포착하는 시선이 다른 것처럼 운명 틀에 대한 이해도 해석하는 사람의 생각에 따라 다르다. 중요한 것은, 인간의 운명은 다른 생명체에 비하면 약간의 자율성이 있다는 점이다. 그래서 정해진 운명을 따라 흘러가면서도 어떤 선택의 순간이 오면 인간은 자신의 의지를 발동할 수 있다.

운명을 결정하는 양자파동

사주四柱, 4대가 머무는 집

존재로 태어나면 누구나 자신만의 고유한 연월일시를 갖는다.
그것을 네 개의 기둥이라는 뜻으로 사주四柱라 한다.
명식, 운명, 명이라고도 일컫는다.

네 개의 기둥은 아래와 같다.

年의 기둥을 연주年柱
月의 기둥을 월주月柱
日의 기둥을 일주日柱
時의 기둥을 시주時柱라 한다.

사주팔자라는 말의 四柱는 바로 네 개의 기둥을 의미한다.

네 기둥과 여덟 글자

사주는 확인했고 그럼 팔자는 어디 있을까?
우리는 앞에서 열 개의 천간과 열 두 개의 지지를 살펴보았다.

10간과 12지지가 결합하면 60개의 年이 나오고 그것을 60갑자라 했다. 우리가 태어난 해도 60가지 年 중에 하나일 것이다. 사주가 팔자가 되는 건 우리의 생년월일시를 천간과 지지로 구분했기 때문이다. 기둥의 윗부분은 간이 되고 아랫부분은 지가 된다.

여기서 연은 연간과 연지, 월은 월간과 월지, 일은 일간[28]과 일지, 시는 시간과 시지로 구성된다. 네 개의 기둥에 들어찬 여덟 개의 요소가 팔자다. 운명을 구성하는 여덟 가지 성분이라는 뜻이다. 이렇게 얘기하면 이런 의문을 갖는 사람이 있을 것이다.

12지는 지장간이 있으니 자리가 좀 더 있어야 하지 않을까?

맞다. 그래서 지지를 나타낼 때는 대표기운인 정기만 표시해준다.

양자파동이 빚어낸 건축물

사주는 연월일시라는 4단계로 되어있다. 태어난 해와 달과 날과 시를 네 기둥으로 표현한 것이다. 기둥이 4개라는 점 때문에 4개의 파동과 연관되는 것으로 오해하기 쉽지만 사주와 관계있는 파동은 2개다. 지구가 태양을 1회 공전할 때 형성되는 연월의 파동과 1회 자전할 때 생기는 일시의 파동이다.

연월은 지구 공전에서 결정되고 일시는 지구 자전에서 나온다. 연월이 일시에 영향을 미치는 형태다. 인식의 주체인 일간은 공전의 영향을 받은 자전의 움직임이다.

---

28 태어난 날에서 결정되는 일간은 '나'를 의미한다. 생각하고 결정하는 나 자신이다.

연월일시의 관계, 사주의 구조를 살펴보자.

사주 (뿌리, 줄기, 꽃, 열매)

근(根, 뿌리) : 年의 기둥을 연주年柱

묘(苗, 줄기) : 月의 기둥을 월주月柱

화(花, 꽃) : 日의 기둥을 일주日柱

실(實, 열매) : 時의 기둥을 시주時柱라 한다.

연과 월, 일과 시가 뿌리·줄기·꽃·열매가 돼 사주를 구성한다.[29]

연주는 할아버지, 할머니를 비롯한 윗대의 조상들이 만든 결과다.

월주는 부모가 형성하는 기운이다.

일주는 일간과 배우자가 함께 엮어나가는 기운이다.

시주는 일간이 지향하는 목적지이다. 말년의 삶을 알 수 있다.

연주, 선조가 조성한 기운

연은 개인을 둘러싼 여건을 나타낸다. 할아버지, 할머니를 비롯한 조상들이 형성한 기운이다. 선조들이 살면서 만들어낸 기운이 뿌리로 남아 일간의 배경이 된다. 일간에 미치는 연주의 기운은 세월이 흐르면서 차츰 약해지지만 완전히 단절되지는 않는다.

연은 사주에서 첫 번째 등장하는 관문이다. 집으로 치면 대문이다.

---

29 명식과 사주, 명은 같은 말이다. 널리 알려진 용어는 네 가지 기둥이라는 뜻의 사주이지만 이 책에서는 운명방정식이라는 의미의 명식을 사주와 함께 사용할 것이다.

대문을 통과하지 않으면 집안을 알 수 없다. 결혼할 때 띠를 중시하는 것도 이유가 있다. 서로 다른 환경에서 커온 남녀가 가정이라는 구조물을 잘 만들기 위해서는 각자의 대문을 잘 통과하는 것에서부터 문제가 없어야 한다는 생각이 깔렸기 때문이다.

월주, 부모가 구축하는 환경

연주에서 가지를 뻗어 나와 일정한 방향성을 가지고 움직이는 기운이다. 부모가 조성한 가정환경을 말한다. 계절의 힘이 작용하기 때문에 개인의 운명에 가장 큰 영향을 끼친다. 조상의 흔적이 반영된 연주는 시간적으로 길게 이어지는 구속으로 평생 작용한다. 그에 비해 유아기와 유년기를 거쳐 성인이 될 때까지 영향을 미치는 월주는 실질적 구속력을 행사한다. 아버지, 어머니, 형제자매와의 인연도 월주에서 드러난다.

일주, 의식능력을 발휘하는 실체[30]

일간(일의 천간)은 인식의 주체다. 대상을 바라보는 눈이 있고 자유의지가 작동한다. 선택하고 결정하고 판단한다. 일지(일의 지지)는 배우자의 자리다. 일간이 혼인한 다음, 부부가 함께 만들어가는 기운이다. 인생의 전반부는 부모의 보호아래 성장하는 과정이라 연월의 지배력에 좌우된다. 후반부는 결혼을 하고 자식을 낳고 한 가정을 잘 이끌

---

30 일간과 거의 동일한 뜻으로 사용되지만 엄밀하게 따지면 일간+일지를 의미한다.

어야 하기에 일과 시가 위력을 발휘한다.

시주, 말년의 모습

시주는 일간이 지향하는 최종 목적지여서 말년과 깊은 연관이 있다. 관계로 보면 아들, 딸, 아랫사람, 인생의 후반부에 만나는 사람 등을 의미한다. 시주를 살펴보면 나이가 들었을 때의 삶을 알 수 있다. 또 일간이 세상을 떠난 후 후손이 펼쳐가는 삶의 형태도 짐작할 수 있다.

대운大運, 일간의 인생행로 人生行路

태양계에서 생성되는 양자파동은 두 가지다.

하나는 공전에서 나온 연年의 축이고 다른 하나는 자전에서 비롯된 일日의 축이다. 연과 일의 두 기본 축[31]에서 생성된 양자파동이 인간의 운명을 만든다.

연은 큰 파동, 일은 작은 파동이다. 큰 파동은 외부가 되고 작은 파동은 내부가 된다. 즉 연의 기운이 일의 기운을 넓은 영역에서 둘러싼다. 자전에서 생성된 일의 작은 파동이 연의 큰 파동 내에서 굴러가는 것이다. 이 과정에서 대운이 등장한다.

대운은 일주가 향하는 시간이다. 일간이 걸어가는 인생길이다. 일의 파동은 연의 파동 안에서 월의 영향에 의해 좌로 혹은 우로 흐른다.

---

31 사주는 연월일시라는 네 기둥으로 구성되는데 왜 축이 둘이라고 할까? 연이 결정되면 월은 연에 구속된다. 일도 마찬가지다. 일이 정해지면 시는 일에 의해 좌우된다.

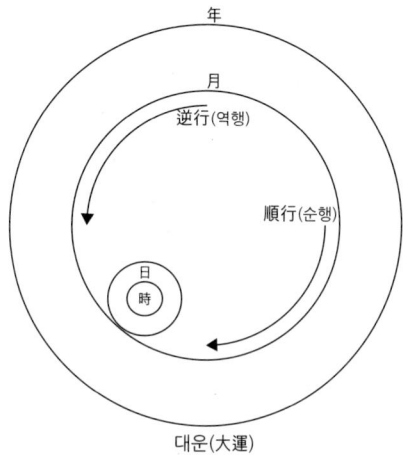

출생하는 사람이 남자인지 여자인지, 또 태어나는 해의 연간이 음인지 양인지에 따라 오른쪽 혹은 왼쪽으로 진행한다.

연이라는 전체 양자파동이 결정되면 계절을 결정하는 열 두 달이 발생한다. 여기서 월의 방향을 따라 하루하루 굴러가는 것이 일시의 파동이다. 그래서 우리는 1년에 대략 360(정확하게는 365.245)일을 바퀴처럼 돌며 계절의 변화를 경험한다.

끊임없이 계속되는 운명 농사

12지의 지장간에서 가장 중요한 정기는 한 계절의 주인이 되어 왕성한 활동을 한다. 반드시 그 직전 계절에 태어나야 하고 자신의 계절이 끝나고 오는 다음 계절이면 땅속에 묻힌다.

운명의 틀에서 보면 사람도 각자의 명식대로 한 평생 동안 대운이 흐르는 방향을 따라, 봄여름가을겨울이라는 순환주기를 만나는 것이다. 우리의 일생도 1년의 농사에 비유할 수 있다.

조상이 지어놓은 농사가 부모에게 이어지고 나를 거쳐 다시 자식에게 영향을 미치는 것이다. 사주라는 농사, 운명이라는 농법은 4대에 걸쳐 전개되며 끊임없이 되돌아오는 순환성이 있다. 이 농사는 내가 죽는다고 끝나는 것이 아니다. 자식으로 이어지고 자식의 자식으로 이어지면서 운명 농사는 계속 연결된다.

일간은 연월에서 이어져 온 농사를 정성을 들여 경작한 다음 다시 자식에게 승계해야 한다. 이것은 일간이 매 순간 최선을 다해 삶을 풀어 가야 한다는 말이다. 내 인생이니 내 마음대로 살겠다는 얘기가 나올 수 없다. 일간이 허송세월하면 4대에 걸쳐 순환되는 운명이라는 농사도 흔들린다.

이제 봄여름가을겨울로 전개되는 대운을 적용해볼 차례다.

대운 찾기

양력으로 1972년 5월 26일 02시 00분 출생한 남성의 대운을 찾아보자.

시	일	월	연
辛	丁	乙	壬
丑	巳	巳	子

대운

壬 辛 庚 己 戊 丁 丙
子 亥 戌 酉 申 未 午
63 53 43 33 23 13 03

위 사주의 연과 월은 임자와 을사다. 남자가 양간 해에 출생했으니 대운은 순행한다. 여자가 음간 해에 출생한 경우도 대운은 순행한다. 만약 남자가 음간 해에 출생하면 대운은 역행할 것이다. 여자가 양간 해에 출생해도 대운은 역행한다.

이제 순행과 역행이 무슨 말인지 살펴보자. 이 사람은 을사월에 태어났다. 대운이 순행한다고 했으니 을사월 뒤에 이어지는 달을 만세력에서 찾아 순서대로 표시하면 이 사람의 대운이 나온다. 대운 밑에 표시된 숫자는 대운이 바뀌는 나이를 의미한다.

대운에서는 계절의 흐름을 먼저 살펴야 한다. 이 남성은 여름에서 시작해 가을, 겨울, 봄으로 흐르는 대운을 따라 운명이 전개된다. 병오 정미의 여름대운이 20년 지나면 무신 기유 경술로 이어지는 가을대운 30년을 만나고 다시 신해 임자 계축으로 흐르는 겨울대운 30년을 경험할 것이다.[32]

---

[32] 운명을 설명하는 여러 책에서 대운의 계산과 방향은 자세히 언급하고 있으므로 여기서는 대운을 찾는 방법만 소개했다. 또 대운이 바뀌는 나이는 만세력에서 자신의 생일을 확인하면 알 수 있다. 만세력은 따로 구입하지 않아도 인터넷에서 쉽게 구할 수 있다. 요즘은 태어난 연월일시만 입력해도 사주팔자와 대운이 자동으로 계산돼 나오는 프로그램도 무료로 쓸 수 있다.

이 세상에는 몇 개의 사주가 존재할까

2014년 가을에 미국의 인구조사국은 세계인구가 72억을 넘어섰다고 발표했다. 그럼 72억이나 되는 사람들 중에서 사주는 몇 개나 나올까? 72억 개라고 답하는 분이 있을지 모르겠다.

사주의 종류[33]는 얼마나 될까? 답은 518,400개다.

남자와 여자를 더하면 1,036,800가지가 나온다.

60년×12개월×60일×12개의 시간 = 518,400

태어날 수 있는 연은 60가지가 있다. 태어날 수 있는 달은 12개고, 날은 연과 마찬가지로 60개다. 시간이 24가 아니고 12개가 되는 건 하루는 24시간이지만 사주에서는 두 시간을 하나로 묶어 총 12개의 시간을 적용하기 때문이다. 시간에도 12지를 대응시킨 것이다.

0.0000001929의 확률

우리는 518,400개의 사주 중에서 1개를 가지고 이 세상에 나온다.

운명이라는 건축물은 마음에 안 든다고 허물고 새로 지을 수 있는 것이 아니다. 내가 태어나기 전부터 형성된 기운이 이어져 있어서다. 더할 나위없는 좋은 운명을 타고났다 하더라도 그냥 누리기만 하면 곧

---

[33] 시중에 나와 있는 책(《나의 운명 사용설명서》, 《나는 왜 이렇게 사는가》)에서는 사주 종류를 12,960,000개(60×60×60×60)로 소개하고 있는데 명백한 오류다. 월은 연에 구속되므로 60이 될 수 없다. 시도 일이 확정되고 나서 나오는 것이니 12개가 전부다. 만세력에서 2016년을 찾아 월이 몇 개 인지 확인해보라. 열두 개밖에 없다.

란하다. 조상의 이력을 들추어보고 부모의 삶을 지켜보면서 혹시 일간인 내가 개입할 것이 있는지 살펴야 한다. 이 얘기는 선조의 삶이라고, 조상이 닦아놓은 길이라고 무턱대고 발맞춰 가면 안 된다는 것이다.

일간을 왜 인식의 중추라 할까? 부모나 조상은 일간에게 영향력은 미치지만 결정하고 판단하고 선택하는 주체는 될 수 없다. 연월일시에서 가장 활성화된 기운은 일간이다.

지금까지 살펴본 내용을 잠시 떠올려보자.

처음 출발한 곳은 음양이었다. 그 다음은 음양에서 어떻게 오행이 나오는지 탐구했고 다시 10간과 12지를 거쳤다. 또 10간과 12지가 결합해 60갑자가 되는 과정을 설명했다. 이후 네 개의 기둥과, 대운 구성을 살폈다. 이제 남은 것은 육친이다.

육친을 알면 사주를 어떻게 판단하는지, 운명을 어떻게 분석하는지 이해할 수 있다.

순환에는 상생만 있지 않다.
우주 전체 변화에서 보자면 상극은
영역을 넓힐 수 있는 과정이다.
상생은 수축하는 순환이고
상극은 팽창하는 순환이다.

육친六親, 관계의 바다

육친六親, 관계에 다가가다

육친 관계

　육친은 일간을 중심으로 발생하는 관계를 말한다. 인성印星 비겁比劫 식상食傷 재성財星 관성官星의 다섯 가지 요소에 일간日干까지 더해 육친六親, 혹은 육친 관계라 부른다. 육친은 사주를 인생사에 적용하기 위해 나왔다. 육친의 의미를 제대로 알면 운명의 원리를 이해할 수 있다.
　구체적인 관계를 따져보자.

육친산책

　　인성은 일간을 상생하는 오행,

　　비겁은 일간과 성분이 같은 오행,

　　식상은 일간이 상생하는 오행,

　　재성은 일간이 상극하는 오행,

　　관성은 일간을 상극하는 오행이다.

일간을 기준으로 표기하면 이렇다.

　　일간　木 火 土 金 水
　　인성　水 木 火 土 金
　　비겁　木 火 土 金 水
　　식상　火 土 金 水 木
　　재성　土 金 水 木 火
　　관성　金 水 木 火 土

이를테면 일간이 甲乙목일 경우

　　甲乙목을 상생하는 壬癸수는 인성,

　　甲乙목과 오행이 같은 甲乙목은 비겁,

　　甲乙목이 상생하는 丙丁화는 식상,

　　甲乙목이 상극하는 戊己토는 재성,

　　甲乙목을 상극하는 庚辛금은 관성이 된다.

육친 적용

실제 명식에 대입해보자. 양력으로 1935년 12월 17일 18시 00분 출생한 사람이 있다. 만세력에서 날짜를 찾아 간지를 확인하면 다음과 같은 사주가 나온다.

시 일 월 연
己 丁 戊 乙
酉 卯 子 亥

육친 관계는 일간 丁화를 기준으로 정한다.

천간은 복잡하지 않은 단일한 기운이라 쉽게 파악된다. 연간, 월간, 일간, 시간 이렇게 네 곳에 오행(육친)을 적어 넣으면 된다. 지지에는 10간 중, 두 개 혹은 세 개가 지장간으로 들어있다. 그렇다고 지장간 모두를 표시하지는 않는다. 연지, 월지, 일지, 시지에 나타내야 하니 그럴 자리도 없다. 지지에는 그냥 지장간의 대표 격인 정기 오행(육친)만 표기한다.

만세력에서 뽑은 간지를 보면 연은 을해, 월은 무자, 날은 정묘다. 오후 여섯시에 태어났으니 시간은 유시다. 날이 정묘라서 기유시가 된다.

己 丁 戊 乙
酉 卯 子 亥

만세력에서 확인한 네 기둥의 간지를 오행으로 바꾸고 그것을 일간을 중심으로 육친 관계로 나타내면 아래와 같다.

土 火 土 木
金 木 水 水
식상 (일간) 식상 인성
재성 인성 관성 관성

시부터 따져보자.
   酉金의 정기는 辛金이니 丁火에게는 재성
   卯木의 정기는 乙木이니 丁火에게 인성
   子水의 정기는 癸水라서 丁火에게 관성
   亥水의 정기도 壬水여서 丁火에게는 역시 관성이다.

이처럼 일간을 중심으로 나머지 일곱 곳에 배치된 오행의 관계를 육친용어로 바꾸기만 하면 인간의 운명을 해석할 수 있다. 출생한 연월일시를 만세력에서 확인하고 오행으로 나타낸 다음 육친 관계만 파악하면 한 인간의 기질과 속성, 가족관계, 사회적 활동까지 풍성하고 흥미로운 이야기를 펼칠 수 있다.

예를 들어 재성은 일간이 자라는 동안은 부친과의 관계, 부친의 역할이나 사회활동을 나타낸다. 성장한 다음은 외부 대상과 맺는 관계나 획득하고 싶은 물건이나 펼치고 싶은 활동도 재성에 해당된다. 남자의 경우는 아내의 위치나 관계, 역량까지도 재성의 영역이다.

시중에 나와 있는 사주 책들을 보면 육친을 혈연관계 위주로 언급하는 경우가 많다. 이 책에서는 컴퓨터 기기의 입출력 관계로 설명하는 '시스템이론', 일간과의 관계거리에 따른 '근접과 원격'이라는 색다른 방법으로 육친을 살펴볼 것이다. 관점이 바뀌면 의미망도 확장될 수 있기 때문이다.

육친을 이해하는 세 가지 시선

첫째, 인연 관계로 접근한다.
둘째, 시스템이론으로 파악한다.
셋째, 상생상극에서 발생하는 관계거리를 따진다.

인연관계

여기서는 관계구도만 기억하면 된다.
육친을 파헤치는 과정에서 다시 다룰 것이다.

인성 - 어머니, 나를 도와주는 윗사람

비겁 - 형제, 동료, 친구

식상 - 여자에게는 자식

재성 - 아버지, 남자에게 아내

관성 - 남자에게 자식, 여자에게는 남편

시스템이론

    컴퓨터 시스템은 본체와 입출력 장치를 갖추고 있다. 당연히 재순환(feedback, recirculation) 과정도 있다. 다음은 네 단계가 표현된 아주 간단한 시스템 모형도[34]이다.

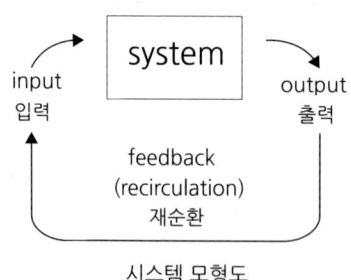

시스템 모형도

    이 시스템 모형도에 육친 관계를 대입할 것이다.

---

[34] 시스템이론이란 하나의 체계(시스템)는 하부체계를 구성하는 요소들과 서로 긴밀한 연관관계에 있음을 말하는 것이다. 육친 관계에도 '시스템이론'을 적용하면 '육친 시스템'모형이 나온다. 이름은 복잡해 보이지만 내용은 아주 간단하다. 여섯 가지 요소들이 서로 상관관계를 만들어낸다는 것이다.

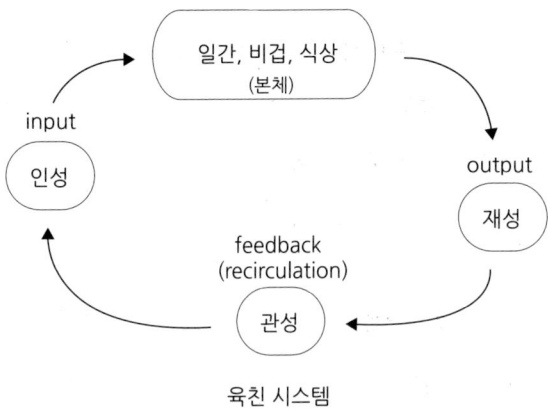

육친 시스템

육친 시스템이다. 일간과 비겁, 식상을 하나로 묶어 본체의 작용으로 보았다.

첫째, 정보를 받아들이는 입력(input)은 사전에 준비하는 과정이다. 일간이 배우고 익히는 단계로 인성에 해당한다.

둘째, 일간과 비겁, 식상으로 이루어진 본체는 일간과 좀 더 긴밀한 관계에 있다. 일간을 중심으로 일어나는 생산 활동이다.

셋째, 출력(output)은 본체가 생산한 것을 시장(재성)에 내다 팔아 수익을 내는 과정이다. 2차적 생산인 셈이다. 여기에는 일간이 능력을 갖추어 자신을 필요로 하는 곳으로부터 부름을 받는 과정도 포함돼 있다.

넷째, 피드백은 일간의 활동을 평가하는 과정이다. 관성에 해당한다. 일간이 자신을 좀 더 객관적으로 바라볼 수 있는 단계에 진입한 것이다. 일간이 관성의 시선을 갖게 되면 공동체를 이해할 수 있는 능력이 생긴다. 이 피드백은 다시 입력과정으로 연결된다. 사실 피드백이라는 말 속에 이미 출력의 결과가 입력을 변화시킨다는 의미가 포함돼 있다. 우리가 어떤 행동을 하고 나서 그 결과를 보고 다음번에는 좀 더 다른 행동을 하게 되는 것도 일종의 피드백이다.

일간과의 거리에 따른 근접과 원격

한 사람을 이해하려면 그 사람을 중심으로 밀접한 관계를 이루는 대상과 그렇지 못한 대상을 모두 파악해야 한다. 육친도 마찬가지다. 일간과 가까운 관계가 있고, 한 단계 건너서 작용하는 먼 관계가 있다. 가깝게 붙어있으면 상생하는 관계이고 한 단계 건너 있으면 상극관계이다.

일간을 중심으로 발생하는 관계거리를 표시한 도형[35]이다.

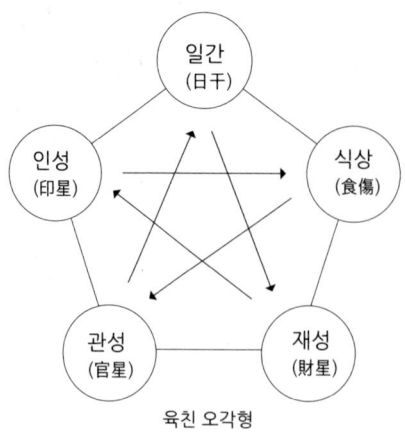

육친 오각형

35 비겁은 일간과 같은 오행이라 따로 구분하지 않았다. 그래서 모형도 육각형이 아닌 오각형이다.

그림처럼 일간에서 오른쪽 방향으로, 오행상생의 순서로 육친을 배치하자. 그럼 각각의 요소가 일간과 내밀한 근접관계에 있는지, 멀고 소원한 원격관계[36]가 되는지 알 수 있다.

일간을 중심으로 발생하는 육친의 거리는 크게 두 가지다. 하나는 일간의 바로 앞뒤에 위치해 일간과 직접 접촉이 가능한 근접近接오행으로, 인성과 식상이 있다. 다른 하나는 일간과 붙어있지 않고 한 단계 건너 존재하는 원격遠隔오행으로 재성과 관성이 있다.

인성 - 일간을 지지해주는 근접오행

　　인성은 정신 및 물적 자원을 투입해 일간을 북돋운다. 인성의 도움으로 일간은 가정에서는 부모의 보호를 받고 사회에서는 앞선 세대로부터 학문과 지식을 배운다. 그 과정에서 지나간 시대의 흐름과 정서도 이어받고, 당대의 가치관이나 교양도 함께 받아들인다.

일간과 비겁

　　일간은 개인의 정체성이 형성되는 단계다. 느끼고 생각하고 결심하는 마음의 중추이다. 비겁(비견과 겁재)은 일간과 성분이 같은 오행이다. 동질감을 느낄 수 있어 일간의 정체성이 강화되는 측면도 있지만 경쟁이나 분쟁의 소지도 있다.

[36]　관성은 일간을 상극하고 일간은 재성을 상극한다. 재성은 인성을 상극하고 인성은 식상을 상극한다. 식상은 또 관성을 상극한다. 육친 오각형에서 화살표는 상극관계(원격관계)를 의미한다. 결국 상극과 원격은 같은 말이다.

식상 - 말과 행동, 사적 활동, 개인적 성향이나 기질

　일간의 개성을 드러내는 근접오행이다. 일간의 취향과 기질, 감각이나 감성, 내밀한 특성들이 노출된다. 일간에게 식상과 인성은 같은 근접오행이지만 그 양상은 아주 다르다. 인성은 이미 있는 기운이나 윗사람을 뜻하니 일간의 태도 또한 수동적이다. 식상은 일간의 의사가 적극적으로 표출되는 것이니 보다 능동적이고 자발적이다.

재성 - 본체를 벗어나 외부에서 만나는 1차 원격오행(output)

　재성은 시스템의 외부환경으로 일간의 욕망을 불러일으키는 대상이다. 인성의 후원을 받은 일간은 식상의 기술과 노력까지 더해 외부환경(경제적 관점으로는 시장)에 진출하고 재성을 지배하려 한다. 재성은 일간이 사회에서 구축해나가는 활동과 역량을 의미한다.

관성 - 본체로 향하는 재순환 과정의 2차 원격오행

　외부환경은 일간이 욕망하는 재성도 있지만 일간을 욕망의 대상으로 여기는 관성도 있다. 관성은 재성에서 한 번 더 나아간 단계로 일간을 제어하고 통제한다. 국가나 사회를 유지하기 위해 관리를 담당하는 기관이나 조직도 관성에 해당한다.

　관성이 재성에서 한 단계 더 진행되었다고 해서 관성과 일간의 관계가 멀어진 것은 아니다. 거리가 벌어진 것 같지만 힘이 작용하는 관계 거리로 보면 재성과 같다. 관성의 제어는 일간을 위해서도 필요하다.

관성이 있어야 일간은 다양한 관계의 세계를 경험할 수 있다. 관성이 없으면 자신의 욕구만 확장하는 1차원적 팽창에 그치고 말아 객관적 시각을 갖기 어렵다.

관계거리에서 나오는 육친 오각형을 살폈다. 이제 앞에서 보았던 육친 시스템모형을 조금은 이해할 수 있을 것이다. 물론 하나도 몰라도 상관없다. 지금까지는 본격적인 육친 탐구에 앞서 준비운동만 했다.

육친에서는 먼저 각 요소들이 상생하는 관계인지 상극하는 관계인지를 아는 것이 중요하다. 또 일간과 가까이 있는 근접 오행인지, 아니면 조금 멀어진 원격 오행인지 구분해야한다.

이제 육진을 파헤칠 차례다.

육친六親, 관계를 파헤치다

앞에서는 시스템 개념과 관계거리로 육친을 간략히 설명했다.

개별 내용을 살펴볼 차례다. 그 전에 미리 밝혀둘 것이 있다. 이 책에서는 육친의 종류를 무턱대고 나열하지는 않을 것이다. 운명을 이해할 때 꼭 필요한 것들 위주로 소개하고 설명방식도 압축하고 단순화시킬 것이다. 육친을 수월하게 이해하기 위해서다.

대체로 육친의 종류는 음양의 구분에 따라 열 가지로 설명한다. 예를 들어 일간이 甲목이면 壬癸수가 인성印星이다. 그것을 다시 음양으로 구분한 다음, 甲목은 양의 목이므로 인성을 따질 때도 음에 해당하는 癸수는 정인이라 하고 양에 해당하는 壬수는 편인이라 한다. 우리는 음양을 나누어 설명하지 않겠다.

육친을 중요시하면서도 음양의 구분을 마다하는 데는 이유가 있다. 원래 하나의 이론은 시대가 만든 부산물이기에 시대로부터 자유로울 수 없다. 육친은 송나라 때 확립된 이론인데 당시는 성리학이 성립되던 시기여서 명분을 중요하게 여겼다. 육친의 음양배합에도 옳고 그름을 판단하는 윤리적 기준을 적용하여 음양에 따라 육친을 편編과 정正으로 나누었다. 편과 정이라는 구분은 단지 일간의 관점에서 바라본 것일 뿐인데도 정은 길吉하고, 편은 흉凶하다는 시각이 알게 모르게 깔려있다.

음양의 작용을 편과 정으로 나누고 세심한 차이까지 이해하려는 태도는 모든 것이 느리게 작동하던 과거에는 도움이 되었다. 세상이 복잡다단하게 돌아가는 오늘날은 그런 차이를 파악하는 일이 어렵기도 하고 의미도 없다. 육친을 정과 편으로 구분하여 연구하는 것보다는 10간의 세심한 차이를 깊이 탐구하는 것이 운명을 잘 이해할 수 있는 방법이다. 여기서는 정과 편의 구분은 생략하고 시스템의 전체구도를 조망해보면서 일간과 육친의 관계거리를 꼼꼼히 파고들 것이다.

인성印星, 일간의 배후

    관계 : 모친, 선배, 윗사람
    작용 : 일간을 보호하고 지원한다
        기존 지식을 익히고 학습하는 능력
    관건 : 후원 세력은 많을 수록 좋을까.

인성의 본질

    인성이란 용어에는 어떤 의미가 함축돼 있을까? 인印은 도장을 뜻하고 도장은 자신의 존재감을 나타낼 때 사용한다. 인성은 일간보다 한 단계 먼저 있었던 오행이므로 이미 그 사회에서 기득권을 확보한 세력이다. 인성이 일간을 상생한다는 것은 인성이 누리던 권리와 몫을 일간에게 제공해 준다는 의미가 들어있다. 제 아무리 뛰어난 자질과 능력을 타고 난 사람이라 해도 어린 시절에는 보호와 보살핌이 필요하다. 그럴 때 일간을 양육하고 교육할 후원세력이 낳아준 부모가 되는 것은 자연스럽고 당연하다.

부모의 역할을 세분해 볼 때 어머니와 아버지 중 누가 진정한 후원자일까? 이것은 흔히들 물어보는 어머니와 아버지 중 누가 더 좋니? 라는 물음과 비슷하다. 아이가 자라는 동안은 함께 부대끼며 보내는 시간에서 보더라도 아버지보다는 어머니의 역할이 중요하고 또 절실하다. 아버지의 소임은 가정 밖에서 재물을 확보해 자식에게 공급해주고 가정을 잘 보호하는 것이다. 그렇다 보니 실질적으로 먹이고 입히고 키우고 가르치는 과정에는 어머니가 감당하는 부분이 많다. 10개월 가까이 아이를 품고 있는 것에서 그치지 않고 출산 후에도 많은 시간을 함께 보낸다. 그래서 인성의 기능도 아버지보다는 어머니 쪽에 무게가 실렸고 당연히 인성 자리도 어머니에게 돌아갔다.

인성과 명분

옛사람들도 인성 역할을 두고 아버지와 어머니 사이에서 고민했다. 대의명분을 중시했고 상생을 도모했던 시절이었기에 부모 자식의 관계도 온전한 사랑에 기초한 것으로 보고 처음에는 아버지를 편인, 어머니를 정인이라 했다. 甲목 일간일 경우, 壬수는 아버지고 癸수는 어머니로 해석한 거다. 그렇게 되면 부모가 공동으로 협력하여 상생관계를 이루니 부모역할로도 무난하고 명분상으로도 합당하다 여겼다.

그런 발상은 모양새는 그럴 듯하지만 문제가 있다.

음양의 조화는 표면만의 조화가 아닌 깊은 내면까지의 조화를 의미한다. 그래야 제대로 된 순환이 일어난다. 표층에서만 음양의 구색을 갖추면 진정한 음양 순환이 되지 못한다. 부부는 처음에는 상극의 관계로 만나지만 시간이 흐르면서 상극 관계를 극복하고 음양의 조화를 이루어낸다. 음양의 조화는 단순히 지엽적인 상생과 상극에 좌우되는 것이 아니라 전체 시스템을 통한 시간과 공간의 순환에 기초한 것이다.

아버지를 편인, 어머니를 정인으로 하면 일간의 사회적 활동(재성)을 읽어낼 수 없다. 인성의 조력으로 성장한 일간이 식상까지 나간 다음, 나머지 육친은 구경도 못하고 다시 인성으로 돌아와야 할 판이다. 아버지는 육친에서 어떤 자리를 차지할까? 바로 재성財星이다. 재성을 다루는 장에서 자세히 다루겠지만 일간과 재성의 관계는 여기서 언급하는 것이 좋겠다.

아버지를 집밖으로 내쫓는 자식

재성은 일간이 상극하는 오행인데 육친 관계를 처음 대하는 분들은 아버지를 나타내는 재성을 일간이 상극한다는 것이 무척 생소할 것이다. 도덕이나 윤리를 강조하는 유교적 사고에 익숙한 사람이라면 더욱 의아할 수밖에 없다.

순환에는 상생만 있지 않다. 우주 전체 변화에서 보자면 일종의 역순환인 상극은 영역을 넓힐 수 있는 필수과정이다. 상생은 수축하는 순환이고 상극은 팽창하는 순환이다. 일간과 재성의 상극도 공간 확장을 위한 팽창순환인 셈이다. 재성이 집밖으로 나가면 양육비도 벌어오고 일간의 활동도 보장받는다. 즉 어릴 때의 일간은 사회활동이 많지 않다. 그런 시기에 일간 대신 아버지가 대리자로 세상에 먼저 나와서 일간의 활동영역을 개척한다.

아버지가 세상으로 나가는 것은 재성의 사회적 위상을 구축하고 재물을 확보하기 위해서다. 그런 아버지의 활동 덕에 어린 자식은 영양이 충분한 음식물을 섭취하며 무럭무럭 자란다. 그 과정을 통해 일간은 성장하고 일정 시기가 되면 자신의 근거지를 스스로 마련한다.

오래전 BBC에서 아버지의 역할에 관한 흥미로운 실험을 소개한 적이 있다. 아버지가 있는 가정과 아버지가 없는 가정에서 자라는 어린이의 발육상태를 비교 연구한 자료였는데 아기의 운동신경발달은 아버지가 바깥에서 수행하는 활동과도 깊은 관련이 있다는 거다. 아버지가 집에서 아이와 함께 놀아주는 행위가 아이의 건강에 도움이 되고 사리를 분별하고 판단하는 데에도 영향을 끼친다는 연구발표는 이전에도 있었다. 그런데 아버지가 가정을 벗어나 사회에서 하는 활동도 아이의 인식능력과 공간감각을 발달시키는 데 영향을 미친다고 한다. 일간과 재성의 관계를 이해하는 데 도움이 되는 내용이라 잠시 소개했다.

순환메커니즘에서 보면 재성은 일간에게 단순히 상극을 받는 입장이 아니다. 사회에 먼저 진출한 원격오행으로서 일간의 길을 개척하는 것이다. 재성의 세세한 의미는 재성을 다룰 때 하자. 여기서는 일간의 가장 긴밀한 후견자인 인성 어머니와 관련시켜 또 다른 보호자 역할을 하는 아버지가 서로 깊이 연관돼 있다는 정도를 설명했다. 인성은 일간이 태어나기 전부터 있던 조건이고 환경이다. 그래서 일간의 가장 가까운 곳에서 일간을 지켜주는 그림자가 되어 일간을 보호한다.

인성의 순기능

일간은 인성을 기반으로 삶을 전개해 나간다. 명식에 인성이 없다면 인생의 출발부터 문제가 발생한 것과 같다. 기초공사를 제대로 하지 못한 건물이 비바람을 견디기 어려운 것과 마찬가지다.

 a) 인성의 도움이 있으면 배우고 익히는 학습과정을 잘 마칠 수 있다.

  배움의 시기에 교육을 받고 사회에서 필요한 윤리적 태도를 갖추기 위해서는 명식에 적절한 인성이 있어야 한다.

 b) 지식과 정보에 대한 호기심이 많아서 학자나 연구자에 어울린다.

 c) 권력을 행사하는 조직이나 기관, 윗사람이 요구하는 일을 불평하지 않고 묵묵히 잘 따른다.

인성의 역기능

절실한 인성이지만 세력이 강해지면 부작용이 발생한다.

세상 만물은 균형을 유지할 때 빛을 발한다. 육친을 고르게 갖추지 못하고 인성만 지나치게 많으면 일간은 새로운 사고를 하기 어렵고 창조력도 발휘하지 못한다.

어머니나 윗사람의 보살핌, 기득권에 필요이상으로 기댄다면 스스로 새로운 길을 찾을 수 없다. 인성의 부작용은 다음과 같다.

a) 이론만 강하고 고지식하다.

b) 실천력이 부족해 탁상공론에 머문다.

c) 윗사람의 눈치를 보고 의지하려 한다.

d) 아랫사람에게는 무심하고 대접만 받으려 해 자기본위적인 사람으로 비친다.

e) 상급기관의 명령이나 연장자가 시키는 일이면 이치에 맞지 않아도 저항을 잘 하지 못한다.

인성과 직업

명식에 인성이 있는 사람은 졸업증서나 자격증을 취득하는 경우가 많다. 몸을 움직이는 활동보다는 지식을 이용한 활동과 연관이 있다. 신분을 보장받는 공무원이나 전문자격증을 필요로 하는 직업에서 역량을 발휘한다.

인성에 의지해 살아가는 운명

그럼 여기서 인성의 역량이 잘 발휘된 사주를 하나 살펴보자. 이 명식은 가장 영향력이 큰 월에 인성이 나와 있다.

시	일	월	연
乙	甲	癸	丙
丑	申	巳	午
木	木	水	火
土	金	火	火
비겁	(일간)	인성	식상
재성	관성	식상	식상

일간은 甲목이다. 火가 많은 여름에 태어난 메마른 나무다. 다행히 월에 인성 癸수가 있고 시에 축축한 丑토가 보인다. 12지에서 설명하였듯 축토는 金水를 비축하고 있다. 어머니의 각별한 보호와 탄탄한 지원 덕에 유학도 다녀왔고 대학교수가 되었다.

비겁比劫, 화합도 하고 배척도 하고

관계 : 형제, 자매, 친구, 동료, 경쟁자, 방해자
작용 : 주체성의 확립, 확고한 자립성
    자아와 타아의 관계를 통해 협력과 경쟁을 배운다
관건 : 비겁은 일간의 진정한 동지일까?

비겁의 본질

비겁(비견과 겁재)은 일간과 오행이 같다. 자아의 범위가 확장되는 것으로 본다면 비겁은 분명 일간의 의지나 주체성을 강화시키는 면이 있다. 비겁은 형제나 자매에서 친구나 동료로 나아가고, 점차 더 큰 조직이나 집단으로 계속 확장된다. 비겁이 있으면 자의식이 강하고 형제자매에 대한 우애나 친구에 대한 우정에 가치를 두며 자신이 속한 공동체에 애정을 갖는다.

인성이 부족한데 비겁만 지나치게 많으면 문제가 발생한다. 부모의 사랑을 받지 못하다 보니 정에 굶주려 있다. 친구들에게 의지하고 마음을 쏟아보지만 돈독한 우정을 느끼기는커녕 배반만 당한다. 자아정체성이 확고해지는 것이 아니라 친구에 의지하다 심리적 타격만 입는다. 인성이 부족하니 예의를 차리기 어려워 난폭해지기 쉽고 형제나 친구, 동료들과 원만한 관계를 이어갈 수 없다. 거기에 물질마저 부족하면 일간이 원하지 않는데도 경쟁할 일만 많아진다.

육친을 탐구할 때 꼭 기억할 사항이 하나 있다. 육친의 요소 중 그

어떤 것도 그 자체로 좋거나 나쁜 것은 없다는 사실이다.[37]

　일간에게 비겁은 이 세상에서 함께 발맞춰 살아가야 하는 존재다. 동질감을 느끼며 더할 나위 없이 좋을 때도 있지만 상황이 어려우면 모든 이해관계에서 직접 부딪칠 수밖에 없는 엄연한 경쟁자이기도 하다.

비겁의 순기능

　a) 적절하면 자존심을 지키고 주체성을 갖는다.
　b) 삶에 대한 의지가 샘솟고 동료를 각별히 여긴다.

비겁이 많을 때의 역기능

　a) 생각이 유연하지 못하고 갇힌 사고를 하기 쉽다.
　b) 성향이 다른 대상을 이해하기 어렵고 과격한 행동을 드러낸다.
　c) 객관적으로 사물을 관찰하는 능력이 부족하다.
　　일간과 같은 오행이 중첩돼 있다보니 자기중심적인 판단을 하기 쉽고 눈앞의 일에만 급급해 하는 측면이 있다.

비겁과 직업

　직업은 주로 식상, 재성, 관성에 의해 결정된다. 다만 비겁이 많으면 일간과 생각이나 기질이 비슷한 부류들과 관계있는 일을 맡거나 그들과 팀을 이뤄 일을 하기 쉽다. 비겁 기운이 강하면 형제가 많고 친구

37　다만 각각의 요소가 고루 배치되지 못하고 어느 한 편으로 치우친 명식을 타고나면 인식의 주체인 일간은 명식의 조화를 위해 좀 더 많은 신경을 써야할 것이다.

도 많고 직장동료들과도 관계가 많다.

비겁은 직업을 결정하는 직접적 요인은 아니나 영향을 미치는 간접적 요소인 것은 분명하다. 흥미로운 것은 명식에서 관성이나 재성이 부족한데도 비겁으로만 뭉쳐 균형과 질서를 이루는 경우가 있다는 거다.

비겁이 위력을 발휘한 운명

대통령을 지낸 분의 명식이다.

```
시   일   월   년
甲   己   乙   戊
戌   未   丑   辰

木   土   木   土
土   土   土   土

관성 (일간) 관성  비겁
비겁  비겁  비겁  비겁
```

일간이 土인데 비겁이 무려 다섯 개나 된다. 넓은 땅으로만 된 명식으로 대통령이 되었다는 것이 잘 이해되지 않는다. 이 사주가 독특한 것은 12지에서 토를 나타내는 辰戌丑未를 완벽하게 갖추었다는 점이다. 토의 속성 중에는 다른 4행을 수용하는 후덕함이 있다. 辰戌丑未가 사방으로 고루 펼쳐져 있어 木火金水를 포용하는 능력은 있다고 판단된다. 오행을 연구하는 사람들에게 좋은 자료가 되는 명식이다.

식상食傷, 욕구충족의 해결사

관계 : 아랫사람, 제자
  남자에게는 처갓집 식구, 여자에게는 자식
작용 : 개인적 기질, 취향, 재주, 능력, 소질, 일상의 욕구, 삶의 방식
관건 : 성적이 우수한 사람은 인성의 덕일까? 식상의 작용일까?

식상의 본질

식상은 일간이 상생하는 육친이다. 일간이 甲乙 木이면 丙丁 火가 식상이다. 식상은 일간의 마음속 깊은 곳의 욕구나 소망이 말이나 행동으로 표출되는 것이니 일간의 1차적 산출물인 셈이다. 일간의 분신과 같다.

이해를 돕기 위해 막 태어난 동물을 예로 들어 설명해보자. 어미 배속에서 방금 나온 어린 새끼는 아직 눈도 제대로 뜨지 못한 상태지만 어떤 식으로든 외부세계에 자신을 표현한다. 세상에 대한 어떤 사전 정보도 없이 감각에만 의지해, 이것저것 부딪히는 대로 탐색하고 반응한다. 우선 생리 욕구에 따라 어미의 젖꼭지부터 더듬어 배고픔을 해결

한다. 그런 다음 앞이 잘 보이지 않는데도 여기저기 더듬으며 몸을 조금씩 움직여 킁킁거리고 나아간다.

식상은 세상에 대해 뭐 하나 제대로 아는 것이 없어도 본능적 감각으로 환경에 적응하며 대상과 마주치는 기운이다. 처음에는 감각에 기대고 체험에 의지해 조심조심 나간다. 시간이 지나면서 반복된 경험에 의해 독창적이고 고유한 자신만의 기술로 발전시킨다. 식상에 인성까지 있으면 일간은 더욱 세련된 성과를 거둔다. 이쯤 되면 학창시절 누구나 한 번쯤 고민해 보았을 학습능력이라는 것은 식상과 인성 중 어떤 것과 더 긴밀할지 궁금할 것이다.

공부, 인성과 식상의 합작품

학습은 개인의 재능만으로 해결되기 어렵다. 학창시절의 체계적인 학습은 외부의 도움이 무척 중요하다. 부모의 지원과 교사의 지도라는 인성의 작용이 있어야 지식을 제대로 흡수한다. 다만 인성을 적극적으로 수용할 수 있는 역량은 각자가 타고난 식상에 좌우된다.

'육친 오각형'에서 인성의 위치를 떠올려보라. 인성은 일간의 근접 오행으로 이미 존재해 있던 입력의 기운이다. 지적 정보 및 물적 에너지의 흐름이다. 인성의 배경인 관성은 육친 시스템에서 피드백 역할을 한다. 사회적 정보의 흐름으로 볼 수 있다.

식상의 배경은 일간과 비겁이다. 이들은 일간의 자의식과 자존감, 동료애와 관계된다. 식상은 사적으로 표출되는 활동과 깊은 연관이 있다. 기질, 성향, 내면 욕구, 자유의지, 재능 같은 한 개인의 독창적 기운이다. 식상이 있으면 총명하고 순발력이 뛰어나 학습능력도 대단할 것으로 생각하지만 그것도 인성의 통제가 있어야 가능하다.

일간으로서는 적절한 인성도 구비해야 하고 식상도 갖추어야 아쉬움이 없다. 문제는 그런 조건을 갖추는 것이 정말 어렵다는 데 있다. 사람들의 운명을 보면 인성이 강하면 식상이 약하고 식상이 강하면 인성이 부실하다.

식상, 생명을 유지시켜주는 수호신

개인의 자유로운 행동은 먹고 마시고 말하고 잠자고 배설하는 기본욕구에서 시작된다. 그런 다음 하고 싶은 것, 배우고 싶은 것으로 점차 확장해간다. 삶을 이어가기 위한 생리현상은 모두 식상의 지배를 받는다.

식상 없는 사주

그럼 생리적 욕구와 깊은 연관이 있는 식상이 사주에 없다면 어떻게 될까? 식상이 없는 사람은 식상이 잘 갖추어진 사람에 비해 먹고 마시는 일상 활동에서 약간은 어려움을 느낀다. 자신의 생각이나 의견을 말할 때도 애로를 겪는다. 먹고 마시는 행위나 기쁘고 슬픈 정서를 표현하는 일의 중요성은 언급할 필요조차 없다. 그것이 마음만큼 원활하지 않다면 당사자로서는 무척 답답할 것이다.

식상의 순기능

a) 일간의 정서나 속마음을 속속들이 표현해 외부와의 소통을 돕는다.

식상은 육친의 다른 요소들에 비해 존귀함에서는 조금 떨어지지만 일간이 느끼는 기쁨과 괴로움을 하나도 놓치지 않는다.

b) 깊숙한 내면의 상처도 표출시켜 우울감이나 불안함을 해소한다.

c) 기존의 방식에 안주하지 않고 진취적이고 창조적인 마인드를 품는다.

식상의 역기능

a) 식상이 과다하면 자신의 주장이나 요구를 관철시키려고 고집을 부린다.

b) 자신과 견해가 다르면 부모나 윗사람에게도 맞선다.

c) 조직에서 화합하지 못하고 겉도는 경향이 있다.

식상과 직업

식상이 잘 발달한 사람의 직업은 어떨까?

식상이 있으면 사람들의 마음을 잘 읽어내고 아랫사람과의 관계도 원만하다. 식상과 재성이 함께 있으면 자영업이 가능하고, 관성과 인성이 식상과 조화를 이루면 큰 사업가로 발전한다. 자영업은 식상과 재성의 연결이 순조로워야 가능한데 그 과정을 특별히 식상생재(食傷生財; 식상이 재성을 상생한다)라 한다.

식상을 반기는 운명

식상의 역할이 큰 명식을 살펴보자.

시	일	월	년
丙	甲	丁	己
寅	寅	丑	卯
火	木	火	土
木	木	土	木

식상 (일간) 식상 재성

비겁 비겁 재성 비겁

일간은 음력 12월, 섣달에 태어난 갑목이다. 비겁이 많아 자존감도 강하고 의지도 대단하다. 이 명식은 水 인성보다 나무의 성장활동을 이끌어줄 식상을 더욱 반기는 구조다. 다행이 따뜻한 태양 丙화와 난롯불 丁화가 식상으로 나와 있고 여기에 재성(己丑토)까지 갖추었으니 식상생재로 이어진다. 화학약품을 취급하는 기업에서 영업부서를 이끌며 회사의 경영을 맡았다.

재성財星, 물적 향유의 대상이자 인격적 교류의 당사자

관계 : 남성 (아버지, 아내)
　　　여성 (아버지, 시어머니, 시댁의 분위기, 시댁식구와의 관계)
작용 : 직장에서의 활동, 경제활동의 목표, 여러 형태의 재산
관건 : 재성이 많으면 재물을 쌓아놓고 살까?

재성의 본질

재성은 기본욕구에서 출발한 식상이 활동범위가 넓어져 사회까지 나아간 기운이다. 이렇게만 얘기하면 너무 막연해 흔히 재성을 돈과 아내로 표현한다. 재성의 의미를 설명하기 위해 대상을 콕 집어 나열하는 방식은 명확하기는 하지만 재성의 본질에 접근했다고는 볼 수 없다. 게다가 재성은 꼭 눈에 보이는 것에만 한정할 수도 없다. 재성 기운은 우리의 무의식에도 들어있다.

육친 오각형에서 재성은 일간에서 바로 연결되지 않고 한 단계 건너 있다. 일간의 외부에서 일간의 호기심을 불러일으키지만 밀어내는 힘이 먼저 작동한다. 가까이 다가가려면 방법을 강구해야 하니 상당히 까다로운 목표물이다. 일간이 재성과 문제없이 지내려면 재성을 꼼꼼하게 살피고 깊이 연구해서 관계를 긴밀히 다져놓아야 한다. 아무런 대책 없이 그저 다가가면 재성은 일간을 기피하고 외면해 버린다. 재성의 입장에서는 자신을 이해할 수 있는 능력을 일간이 먼저 갖추고 난 다음 관계요청을 해오는 것이 당연하다 여긴다.

일간에게 재성은 외부세계의 깐깐한 타자이고 쉽게 장악하기 어려운 대상이다. 일간으로서는 살아있는 내내 재성을 동경할 수밖에 없다.

재성에 이르는 길

재성은 일간이 식상을 거친 다음에 만나는 대상이다.

관계거리에서 보면 두 단계나 멀어진 사회적 객체다. 그 객체에 도달하려면 법적 제약도 있고 무수한 경쟁자들과의 힘겨운 싸움도 치러야한다. 재성은 일간이 쉽게 장악할 수 있는 만만한 대상이 아니라는 의미다. 재성으로 가는 길의 고단함을 느껴보기 위해 톨스토이의 잘 알려진 단편 〈사람에게는 얼마만큼의 땅이 필요한가〉의 줄거리를 잠시 떠올려보자.

어느 날 가난한 농부가 적은 돈으로 많은 땅을 확보할 수 있다는 소문을 들었다. 그것이 악마의 속임수라는 것을 까마득히 모르는 농부는 땅을 판다는 부족을 찾아갔다. 부족장은 땅은 얼마든지 있다며 하루 동안 농부의 발길이 닿은 곳 모두를 아주 싼 값에 주겠다고 했다. 그러면서 "반드시 지켜야 할 사항이 하나 있다. 해가 저물기 전에 처음의 장소로 돌아와야 하는 일이다. 약속을 어길 경우 땅은 고사하고 목숨도 장담하기 어렵다."는 만만치 않은 단서를 달아두었다.

그 다음 이야기는 다들 알고 있는 대로 농부는 좀 더 많은 땅을 소유하고픈 욕심으로 제 시간에 돌아오지 못하고 결국 한 평도 되지 않는 장소에 묻히고 말았다. 운명의 게임에 걸려든 것이다. 만약 비슷한 시험에 우리가 걸려든다면 농부와 달리 현명한 판단을 할 수 있을까?

아마 어려울 것이다. 운명에는 악마도 없고 선한 신도 따로 없다. 인생이라는 여정에서 결코 피할 수 없는 운명적 고난이나 시련은 어쩌면 현실 그 자체일지 모른다. 그 현실에서의 삶이 고되고 힘든 것은 너무도 당연하고 그 어려움은 재성을 확보하는 것과 깊은 관련이 있다.

지름길을 허락하지 않는 재성

우리가 대면해야 하는 재성은 소설에서처럼 하루 동안 열심히 움직여 성취할 수 있는 것이 아니다. 인성의 보호로부터 출발하는 일간은 식상·재성·관성을 지나 다시 인성의 작용까지 되돌아가는데, 그것들은 시간과 공간에 얽혀 있다. 재성이 탐난다고 중간 단계를 건너뛰고 바로 달려갈 수 없다. 육친 관계는 4대(연월일시)를 통해 생성, 소멸이라는 자연의 순환과정을 거치며 끊임없이 이어지는 과정에서 실현된다.

명식은 지구의 공전과 자전에서 나온 양자파동이 만든다.

25,920년 주기의 세차운동이 큰 틀을 만들고 그 틀 안에서 다시 60갑자의 작은 주기가 반복된다. 인간의 의식과 무의식에 영향을 미칠 수밖에 없다.

일간이 재성과 잘 소통하려면 먼저 인성을 통해 보살핌을 받고 교육도 받아야 한다. 그런 다음 자신의 재능, 기질, 취향을 반영하는 식상에 따라 인생의 방향을 정하고 역량만큼의 재성을 향해 나아간다. 이후 다시 반환점(재성과 관성의 중간지점)을 돌아 귀환하면 된다.

재성은 욕망이 원하는 대로 마구 탐하고 누리며 시간을 허비하는 것이 얼마나 위험한지를 알려주는 계기판이다. 재성은 한 인간이 재물을 얼마나 획득하고 누릴 수 있는지를 알려주는 준거점이 아니라 파국을 피하기 위한 경고판이다. 그래서 재성이 진정 바라는 것은 일간이 인생의 반환점을 정확하게 인식해서, 운명의 궤도로 안전하게 귀환하는 것이다.

재성 : 물적 대상이자, 일간과의 교류를 원하는 인격적 존재

재성은 일간의 외부에 있고 일간으로부터 확장된 영역이다. 어떤 사람의 명식에서 재성이 부족하다면 사회생활을 할 때 활동할 시공간이 쉽게 제공되지 않는다는 의미다. 동물들이 자신의 분비물을 이용해서 활동영역을 표시하는 것처럼, 우리는 재성으로 획득할 수 있는 대상을 이해하고 그 대상과의 관계도 정한다.

사주에 재성이 있다고 재성과의 관계를 잘 구축할 수 있는 건 아니다. 일간과 재성의 관계가 조화로워야 하고 다른 육친과도 균형을 갖추어야 한다. 재성도 일간에 못지않게 힘과 인격을 가진 객체이기에 일간에게 욕망만 불러일으키는 단순한 대상이 아니다. 일간과 서로 소통하고 즐거움도 함께 누리려는 존재다.

재성은 물적 대상이면서 내면세계이고 또 사랑하고 그리워하는 정서까지 중첩돼 있는 복합개념이다. 어떤 때는 향유의 대상인 물질로 다가오지만 또 어느 경우에는 연인이나 아내가 되어 인격적 존재로 다가온다. 재성을 관계에서 파악할 때는 어울림이 중요하다. 만약 균형이 깨어진 운명 구조에 재성만 과다하면 일간으로서는 감당하기 어려운 부담이고 짐이다.

재성의 순기능

a) 일간의 경제활동을 보장해준다

명식에 재성이 없다면 일간을 불러주는 곳이 많지 않기 때문에 활동할 공간을 찾는데 어려움이 따른다. 동물들이 자신의 활동영역을 표시하고 세력을 과시하는 행위를 하는 것도 재성의 영역을 표시하는 것으로 볼 수 있다. 동물에게 육친을 적용해본다면 행동이 비교적 자유로운 맹수들은 재성이 발달해 있을 것이다. 반면 인간에게 예속돼 좁은 우리에 갇혀 사는 가축은 재성이 부족할 것이다.

여기서 잠시 생각해볼 것이 있다. 사주에 재성이 나와 있기만 하면 좋은 직장도 마련되고 재물도 많이 모으고 살까? 그렇게만 돌아가면 우리네 인생살이가 조금은 수월할지 모른다.

맹수가 초식동물들이 머무는 초원 주변을 어슬렁거리며 자신의 배설물로 영역을 표시해놓았다고 해보자. 영역 안에 있는 동물들이 곧바로 먹잇감이 되지는 않는다. 영역만 설정했을 뿐 목표물을 낚아채려면 다시 엄청난 노력이 필요하다. 인간의 운명도 마찬가지다. 재성이 있어도 그 재성이 사주 안에서 조화와 균형을 갖추어야 한다.

b) 일간의 고유한 욕망을 알려주는 계기판 역할을 한다

인간은 왜 자신의 운명을 알아야 할까? 단순하게 생각하면 내가 무엇을 잘 하는지, 무슨 일을 하면 큰돈을 벌고 안정된 삶을 이어갈 수 있을지 알기 위해서일 것이다.

운명을 알면 한 인간의 욕망을 정확하게 파악할 수 있다. 드라마나 영화 속의 멋진 주인공에게서 나온 욕망 말고 자신의 사주에서 비롯된 진실한 욕망을 이해하려면 운명을 알아야 한다. 매체에서 말하는 욕망은 비슷할 수밖에 없다. 차별화된 것이라는 환상은 심어주지만, 상품시상과 연결돼 있기 때문에 계량화된 욕망일 뿐이다. 계산할 수 있다는 건 측정할 수 있다는 것이다. 나의 기호와 기질을 고려한 나만의 욕망은 시장이 측정할 수 없다.

우리는 모두 다른 운명을 갖고 이 세상에 나온다. 그래서 욕망도 제각각일 수밖에 없다. 나의 욕망을 알면 내가 할 수 있는 일을 알 수 있고 나만의 세계를 마련할 수 있다.

개인의 자아실현과 긴밀하게 연결돼 있는 욕구나 욕망은 비난받아야 하는 대상이 아니다. 우리는 거대자본의 욕망이 치밀하게 작동하는 시대를 살아간다. 자신의 욕망이 아닌 매체의 욕망에 휘둘리기 쉽다. 이럴 때일수록 자신의 운명을 알고 분명한 자기 욕망을 이해할 필요가 있다. 이것은 언제 잘 되고 언제 나쁜가를 예측하라는 것이 아니

다. 자기 운명의 구조를 파악하라는 것이다. 더 정확히 얘기하면 자신의 재성, 자신의 욕망 크기를 이해하라는 것이다.

재성은 시장이 부추기는 욕망이 아니라 진정한 자기 욕망을 발견하게 도와주는 계기판이다.

c) 공동체 속에서의 책임과 의무를 일러준다.

재성은 일간의 원격오행이다. 일간은 식상을 거쳐 재성까지 나아가야 독립을 맛볼 수 있다. 자신을 보호해주는 가정이라는 울타리를 벗어나 바깥세상의 기운을 경험하는 것이다. 재성의 확보는 진정한 사회적 독립을 의미한다.

맹수의 새끼도 약간의 힘과 기술만 터득하면 어미에게서 떨어져 홀로 살아간다. 인간도 그렇다. 재성이 작용하면 결혼할 대상을 찾고 부모로부터도 독립하려고 한다. 문제는 독립만 한다고 일이 술술 풀리는 게 아니라는 점이다. 어떻게 생각하면 골치 아픈 책임과 의무의 세계로 편입된 것이기도 하다. 권리와 이익이 아주 없는 건 아니지만 짊어져야할 의무가 태산처럼 쌓여 있다.

만약 사주에서 재성이 다른 오행과 균형을 이뤄 안정돼 있으면 일간이 누릴 수 있는 것도 많을 것이다. 그렇더라도 재성은 속성상 누린 것 이상으로 되갚아야할 의무를 만들어낸다. 공동체 속에서의 사회적 책임이 발생하는 것이다. 재성은 사회로 확장된 기운이다. 그러니 일간만 괜찮다고 문제가 끝난 게 아니다. 재성은 일간만큼 힘을 갖지 못한 사회적 약자나 타자까지 살피기를 요구한다. 재성은 한 인간의 사회적 독립을 확인시켜줌과 동시에 책임과 의무도 인식하게 하는 육친이다.

재성의 역기능

a) 일간이 약하면 공격해온다.

명식은 여덟 개의 요소가 들어차 있는 건축물이다. 이 건물에 재성이 너무 많으면 어떻게 될까? 어차피 자리는 여덟 곳뿐인데 재성 때문에 다른 육친이 배치될 수 없다. 이 경우는 일간이 재성에 시달린다. 욕구를 빨리 해결해달라는 것이다. 먹을 것, 입을 것, 뛰어놀 무대를 마련해달라고 아우성을 친다. 재성은 참고 기다리는 법이 없다. 그래서 건물 주인인 일간이 시원찮아 보이면 반란을 일으킨다.

이런 사주를 재다신약(財多身弱; 재성이 너무 많아 일간이 맥을 못 추는 상황)이라 한다. 일간의 역량에 비해 재성이 너무 많으면 재성이 요구하는 것들을 일간이 미처 처리해나갈 수 없다는 의미다. 이때의 재성은 재물도 아니고 권리도 아니고 다정한 아내도 아니다. 저당 잡힌 건물이고 늘어난 부채고 나를 잡아먹으려 드는 무서운 아내일 뿐이다. 이처럼 재성은 다스리기도 어렵고 관계 맺기도 어려운 무척 까다로운 대상이다. 재성이 사주에 들어있는데도 곤궁할 바에는 차라리 무소유의 가벼움을 바랄 일이다.

재성이 부담스러운 운명

아래는 거대기업의 총수를 지낸 사람의 명식이다.

시	일	월	연
乙	甲	壬	戊
丑	戌	戌	子

木	木	水	土
土	土	土	水

비겁 (일간) 인성 재성
재성 재성 재성 인성

甲목 일간에 土가 4개나 된다. 재성이 많은 재다신약 명식이다. 연월에 인성인 子수와 壬수가 있는 걸 보니 어린 시절 어머니의 보호가 대단했을 것 같다. 눈에 띄는 구조적 결함은 재성 토가 네 기둥에 모두 보이는 점이다. 일간의 영향력이 발휘되는 일시에까지 재성이 나와 있고 건조한 사막 같은 戌토가 월과 일에 겹쳐있다. 토를 빼낼 金이 없다 보니 물까지 말라버릴 지경이다.

중공업, 건설, 상선, 전자산업을 거쳐 그룹의 부회장과 회장까지 지냈지만 金(파이프라인)이 없어 연월의 물길을 일시로 흘려보낼 수 없었던지 부친의 숙원이었던 대북사업에 어려움을 겪었다. 재성이 사회적인 영역(활동 공간)을 확장해주고는 있지만 그 재성이 메마른 흙이다. 연월의 물길이 끊어지는 순간, 일간에게는 엄청난 부담이고 짐이 될 수밖에 없다. 대운에서라도 물을 마르지 않게 할 金이 있으면 좋겠는데 대운마저 土운[38]이 남아 있어서인지 안타까운 일이 발생하고 말았다.

관성官星, 성찰 가능한 자의식·타자의 관점에서 자신의 욕망을 제어하는 능력

    관계 : 남성에게는 아들, 딸

        여성에게는 남편, 연인

    작용 : 일간을 압박하는 구속이나 제약

        자신을 객관적으로 볼 수 있는 시선

    관건 : 관성은 일간을 감시하고 괴롭히는 감독관일까?

        자아실현을 도우는 이상적 파트너일까?

관성의 본질

    관성도 재성처럼 일간의 외부에 존재하는 원격오행이다. 차이점이라면 일간이 욕망하는 객체가 재성인데 반해 관성은 일간을 제어 대상으로 여긴다는 것이다. 관성은 재성에서 한 단계 더 나아간 오행이다. 단계는 하나 더 나아갔지만 관계거리는 재성과 같다.

---

38   이 분은 54세에 작고했다. 58세부터 토가 있는 무진, 기사대운이 이어진다.

육친의 확장 단계를 생각해보자.

a) 1단계 : 비겁

비겁은 일간의 자존심과 자존감을 높여준다. 같은 목적을 위해 협력할 수 있다. 상황에 따라 경쟁심을 유발하는 측면도 있다.

b) 2단계 : 식상

식상은 일간이 삶을 이어가기 위해 꼭 필요한 먹고 마시고 배설하는 기본욕구와 관련이 있다. 일간이 자신의 존재감을 확인할 수 있는 다양한 표현 활동도 의미한다

c) 3단계 : 재성

대상을 지배하려는 욕망이 발동하고, 장악할 수 있는 힘이 생긴다.

d) 4단계 : 관성

일간에게 가해지는 억압을 사회적 순환의 기운으로 받아들인다.

관성은 되돌아가는 과정이다.

일간은 자신의 욕망을 따라 재성까지 왔지만 이제 사회적 메커니즘을 수용해야 하는 관성에 이르렀다. 일간에서 볼 때 재성에서 관성으로 가는 경로는 단순한 확장이 아니라 되돌아가는 코스다. 관성은 일간의 욕망을 객관적으로 바라볼 수 있는 '제 3자적 시선'이다. 자신의 욕구나 아픔에만 골몰해 있는 주관적 시점이 아니라 타자의 관점에서 자신의 욕망을 제어할 수 있는 헤아림의 능력이다. 성찰이 가능한 자의식이다.

관성의 작동방식

　물리적으로 생각하면 관성은 일간을 억압하는 힘이니 부자연스럽다. 그렇지만 그 힘이 합당한 명분으로 일간을 지배해 오면 어느 정도는 감내해야 한다. 그렇게 하는 것이 일간에게도 유익하다. 일간은 관성이 있어야 자신의 사회적 좌표를 객관적으로 인식할 수 있다. 일간과 관성이 조화를 이루면 원만한 품성을 갖춘 사회적 개인이 된다.

　이제 이렇게 중요한 관성이 어떤 메커니즘을 갖고 있는지 알아보자. 육친 오각형에서 되돌아가는 반환점은 재성과 관성 사이에 있다. 반환점이 생기는 이유는 재성과 관성 사이의 거리가 휘기 때문이다. 이것은 단순한 물리적 거리가 아니다. 힘이 작용한 시간과 공간의 경로다.

　힘은 시간과 공간을 휘게 한다. 시공이 휘면 기가 변화하고 그것은 우리의 정신에도 영향을 미친다. 관성의 파동이 진동하면 일간의 자기인식이 내부에만 머물지 않는다. 외부에서 내부를 관찰하는 사회적 의식이 생긴다.

　관성은 일간이 사실을 관찰하고 판단해 그것에서 또 다른 사고를 할 수 있는 추론 능력도 부여한다. 일간은 관성이 있어야 이성적 존재가 된다. 이렇게만 설명하면 관성은 이상적이다 못해 고결하기까지 하다.

　균형이 깨어진 관성은 공정한 시선을 갖기 어렵다. 타자의 처지를 헤아리고 공감하기 보다는 대상을 속이고 약한 객체들을 수탈하고 억압하는 쪽으로 흐를 수 있다. 세상을 옥죄는 관성으로 변질될 수 있다.

관성의 순기능

a) 관성과 일간의 관계가 순조로우면 일간은 명예를 얻는다.

b) 명식에 관성이 적절하게 배치된 사람은 개인의 욕구보다 사회의 소망이나 기대에 순응하려 한다.

c) 규제나 규칙을 지키려 하고 일탈행위를 잘 하지 않는다.

d) 재성에서 한걸음 더 나아간 관성은 활동 폭이 넓고 깊이까지 갖추고 있다.

관성의 역기능

a) 관성과 일간의 관계가 깨져 있으면 명예는커녕 일간은 관성으로부터 끊임없이 시달린다.

일간이 약한데 관성만 너무 강하면 일간의 활동은 위축된다. 심하면 피해의식이 생겨 사회생활을 하기 어렵다. 자신을 성찰할 수 있는 객관적 시선도 균형이 흐트러지면 아무 소용이 없다.

조화가 깨진 육친은 모두 다 문제를 일으키지만 특히 관성의 경우는 극과 극을 오간다. 존귀하게 대접받으며 품위를 지킬 수 있게 도와주는 부드럽고 온화한 관성과 과도한 압박감으로 정신분열을 일으키게 만드는 원수 같은 관성을 상상해보기 바란다.

이 문제는 개인차원을 넘어 사회적 관점으로도 생각해볼 수 있다. 공권력의 폭압, 재벌의 횡포도 관성의 역기능에 해당한다. 그런데 우리 사회에서는 충효열忠孝烈을 높이 샀던 유학의 영향 때문인지 관성과 인성에 관계되는 사건들은 쟁점화하기가 유난히 어렵다.

관성을 극복해낸 운명, 조지 오웰

일간을 위협하는 관성과 일생에 걸쳐 팽팽한 균형을 유지한 운명을 살펴보자. 작가 조지 오웰의 명식이다. 관성이 사회 비판정신으로 잘 승화된 좋은 사례다.

시	일	월	연
庚	甲	戊	癸
午	申	午	卯
金	木	土	水
火	金	火	木

관성 (일간) 재성 인성
식상 관성 식상 비겁

소설 〈1984년〉, 〈동물농장〉으로 잘 알려진 조지 오웰은 한여름 정오에 甲목으로 태어났다. 달아오른 불 때문에 재성을 의미하는 땅은 지쳐있다. 인성을 나타내는 물도 부족한데 나무는 쇠 조각申金위에 위태롭게 서 있다. 게다가 시에도 금庚金이 있어 관성의 강박에서 벗어나기 어려운 운명이다.

甲목은 어쩔 수 없이 金에 뿌리를 내려야 하는 상황이다. 다행히 일지 申금(12지편 참조)의 지장간 壬수가 메마른 갑목에게 물을 공급한다. 이런 처지에 놓인 갑목의 마음을 한 번 헤아려보자. 사회적 통제와 제약을 의미하는 관성 金이 일지와 시간에 있다. 관성에 피해의식을 가지면서도 지장간 임수의 도움 때문에 뭐라고 말하기 어렵다.

재성도 건조한 무토라 일간이 긴밀한 정을 느끼기는 어렵다. 그래서인지 자라는 동안에도 아버지와 떨어져 지낸 적이 많았다. 젊은 시절, 미얀마에서 인도 제국 경찰공무원으로 5년간 복무했으나 식민지에서의 관료생활이 적성에 맞지 않았다. 결국 공무원 생활을 정리했고 부모로부터도 독립했다. 이때부터 그는 글을 써서 생계를 유지하겠다는 생각으로 혹독한 시련을 겪으며 저널리스트의 길을 걸었다.

그를 소개한 자료나 평전에는 부친이 안정된 공무원 생활을 하였기에 중류 이상의 생활을 했다고 하지만 사주로 판단해보면 부모의 도움은 미미했을 것이다. 인성인 水만 보더라도 월의 기세에 짓눌려 자식을 제대로 양육할 수 없다.

관성과 식상이 팽팽히 맞서다

오웰의 명식은 金 관성과 火 식상이 한 치의 양보도 없이 극렬하게 대치하는 구조다. 관성이 있어 그는 체제에 대한 비판의식이 강했고 정치 성향도 분명했다. 또 식상의 작용이 있어 인간의 창조적 발상을 위협하는 부당한 규제나 폭력을 강요하는 정치세력 앞에서 몸을 사리지 않고 맞섰다. 金과 火의 첨예한 대립 때문에 힘겨운 고난 속으로 스스로 걸어 들어갔다고 볼 수 있다.

오웰의 운명 구도에서 일간이 관성과 식상 중 어느 하나를 선택해서 편을 든다는 것은 대단히 어려운 일이다. 일간 갑목으로서는 관성과 식상의 조화를 위해 한평생 치열하게 고뇌했을 것이다.

그는 인간의 개인성을 위협하는 파시즘이나 공산주의 같은 극단적 이데올로기, 거대권력의 출현을 우려했다.

생각해보면 우리 모두의 운명에는 스스로 극복해야만 하는 결함이나 해결해야 하는 과제물이 들어 있다. 인성이 취약한 사람은 인성에 기대지 않고 성장기를 통과해야 하는 과정 자체가 운명이 내준 숙제일 것이다. 재성이 문제인 사람은 재성과의 관계를 잘 풀어내는 것에 매달려야 한다. 또 식상이 없는 사람은 식상 없이 어떻게 원만한 활동을 이어나가야 할 지를 고민해야 한다. 식상이 많은 사람은 자신의 기질이 주변과 충돌하지 않도록 조심해야 한다.

오웰에게는 시간에 나와 있는 庚金 관성이 일생 동안 자신을 괴롭힌 불편한 대상이었을 것이다. 그래서 그는 인류의 보편적 가치나 공동선을 지키기 위해 금[39]관성에 맞서 싸웠고 그 과정을 식상인 火를 활용해 진솔하고도 기품 있는 작품으로 남겼다.

---

39 오웰의 작품에서는 괴물로 표현되었다.

운명 풍경화, 한 사람의 세계를 고스란히 드러내다

한 인간을 제대로 이해하려면 운명 풍경화를 그려보면 된다. 태어난 연월일시로 사주를 세우고 그것을 육친 관계로 바꾼 다음 대운을 대입해, 살아온 시간을 묘사하고 살아갈 날들을 예측해보는 것이다. 나 자신을 이해하는 과정도 똑 같다. 사주, 육친, 대운 등 각자 할당받은 재료를 가지고 자신의 운명 풍경화를 채워보면 된다.

우리는 모두 서로 다른 기운을 가지고 세상에 나왔다. 이것은 우리가 받은 그림 재료가 모두 다르다는 것이고 그릴 수 있는 운명 그림도 제각각이라는 말이다. 그러다 보니 구색이 갖추어진 요소를 받은 사람들도 있고 조금 기우뚱한 소재를 받은 사람들도 나온다. 분배받은 재료가 조화롭고 또 풍부하면 좀 더 수월하게 그림을 그릴 수 있다. 그런데 충분치 않은 운명 재료로도 최선의 운명 그림을 그려낸 사람들도 있다.

비결은 균형에 있다.

음양의 관점에서 조화롭다는 것은 토土를 중심으로 금수金水와 목화木火의 기운이 팽팽하게 조응하는 것을 의미한다. 음의 기운인 금수는 공간이 수축하고 시간이 압축하는 과정이고, 양의 기운인 목화는 공간이 팽창하고 시간도 풀려나가는 과정이다. 이 기운들이 명식(연월일시, 4대)을 통과하고 있다.

지금 이 시각, 우리는 우리의 삶을 통해 우리보다 앞선 부모나 조

부모, 증조부모의 순환에 기여하면서 후손들을 위한 거름도 마련하고 있다. 이런 배경을 이해하고 나서 개인의 운명을 응시하면 좀 더 풍성한 그림을 그릴 수 있다.

이제 모자라는 오행을 가지고도 최선의 그림을 그려낸 프랑스 소설가, 프루스트의 운명을 살펴보자.

프루스트, 부족한 재료로 화폭을 채우다

소설을 쓰고 예술을 살다

마르셀 프루스트(1871~1922)는 의과대학 교수였던 아버지와 부유한 유대계 가문 출신인 어머니 사이에서 2남 중 맏이로 태어났다. 10세 때 앓게 된 천식으로 평생을 고통 받았던 그는 허약한 몸 때문인지 모친에 대한 집착이 유난히 심했다. 학창시절에는 아버지의 권유로 법률 공부도 해보았지만 적성이 맞지 않아 포기했다. 이후 문학에도 기웃거렸지만 자신의 문학적 재능에 대한 특별한 확신도 없었다.

넉넉한 부르주아 집안의 자손이었던 그는 파리시내의 살롱들을 전전하며 청년기를 허비했다. 그러다 30대 중반에 이르러 아버지와 어머니가 차례로 세상을 떠나자 늦게나마 허송세월로 보낸 자신의 삶을 되돌아본다. 그러면서 자기의 인생 전체를 송두리째 남겨두는 자신만의 글쓰기 영역을 발견해냈고 그것을 구현해내기 위해 칩거에 들어갔다. 이후 그는 오랜 시간에 걸쳐 인간의 내면세계와 세속적 욕망과 무의도적 기억까지 꼼꼼하게 해부해낸 소설 〈잃어버린 시간을 찾아서〉를 써나갔다.

그의 생애에서 발견되는 특징은 크게 세 가지다.

첫째, 어릴 때부터 경험한 신체적 고통으로 가뜩이나 예민한 감각은 더욱 민감해져서 남들과 다른 감수성을 가지게 되었다. 둘째, 살롱을 드나들며 상류계급인 귀족을 선망하고 동경했지만 귀족들의 삶에서 그는 진리나 진실이 아닌 위선과 허영심을 발견했다. 셋째, 죽기 전에 자신의 삶을 소설의 형태로 기록했고 그것이 존재의 진실을 드러내는 동시에 예술이 되었다.

직선적 시간을 거부한 운명

명식을 분석하기 전에 소설에 나오는 문장[40]을 살펴보자.

"한 시간은 그저 한 시간만이 아니다. 그 한 시간은 향기들·소리들·인상들·날씨들로 가득 차있는 하나의 그릇이다."

이 글에는 시간에 대한 프루스트의 생각이 담겨있다. 그에게 시간은 그냥 흘러 지나가버리는 것이 아니라 공간과 물질이 매 순간 함께 다가와 감각을 지배하고 의식에도 영향을 미치는 어떤 것이었다.

---

40 미학자 김진영의 번역이다.

1871년 7월 10일 자시에 출생한 프루스트의 명식이다.

시	일	월	연
壬	癸	乙	辛
子	丑	未	未

水	水	木	金
水	土	土	土

비겁 (일간) 식상 인성

비겁 관성 관성 관성

대운

癸	庚	辛	壬	癸	甲
丑	寅	卯	辰	巳	午

수	금	금	수	수	목
토	목	목	토	화	화
51	41	31	21	11	01

癸水 일간이 무더운 여름 未월에 태어났다. 계수의 속성을 생각해

보자. 생명과 기억이 압축된 계수는 인간의 감성과 깊은 연관이 있다. 의식의 깊은 곳까지 흘러들어 에너지도 제공한다.

토가 강한 여름에 태어난 계수가 물이 마르지 않으려면 탄탄한 金이 있어야 하지만 프루스트의 경우는 금이 부족하다. 그나마 연에 약한 辛금이라도 나와 있고 시에 壬子수가 있어 일간에게 힘을 실어준다. 그 덕에 간신히 계수의 주체성을 유지할 수 있고 유복한 가정환경에서 성장할 수 있었다. 월간에 있는 乙목은 식상으로 개인적 기질, 취향, 감수성을 표현한다.

음양의 균형을 따져보면 火土가 강하다. 일간의 입장에서 재성과 관성(사회적 관계)이 무척 부담스럽다. 또 눈에 띄는 구조적 결함은 지지에 있는 강한 토 丑未未가 서로 부딪히는 점이다. 지지에 金이 있다면 토의 기운을 빼낼 수 있으니 충돌을 완화시킬 수 있다.

그 과정을 물상으로 설명하면 이렇다. 금은 땅속에서 홈 파인 경로가 되어 물의 이동을 도와준다. 파이프(금)가 있으면 물이 순환할 수 있는 수로水路로 쓰인다. 마치 수돗물이 수로를 따라 공급되듯 계수의 순환도 문제없이 이어진다.

만약 프루스트의 사주에 금이 조금만 더 보강되었다면 천식발작으로 고생하지도 않았을 것이고 일상에서도 먹고 마시는 일이 조금은 수월했을 것이다. 식상(을목)에 해당하는 문학적 재능도 어릴 때부터 드러나 청년기의 방황도 다른 방향으로 전개되었을 것이다.

사주에 인성金의 기운이 부족해서인지 프루스트는 실제로 어머니가 자신을 옆에서 지켜주고 돌봐주었지만 늘 어머니를 그리워하고 지나치게 집착했다. 어머니가 살아 계실 때도 항상 어머니를 찾던 그에게 어머니의 사망은 상상하기 어려울 정도의 충격이었다. 한동안은 무척 괴로워하면서 요양원에서 지냈다. 이후 정신을 추슬러 작품을 남기기로 다짐하고 오래된 침대 속으로 들어가서 자신만의 외롭고 고독한 시간의 실타래를 풀어냈다.

책을 마무리할 때가 되었다. 지금까지의 여정을 떠올려보자. 처음에는 운명 속에 깃든 과학을 보았다. 그다음은 음양5행, 10간 12지, 60갑자, 육친을 설명하며 운명방정식이 어떻게 작동하는지 설명했다.
이런 얘기를 할 독자가 있을지 모르겠다.
"그래. 맞다. 여기까지 읽으니 이제 운명이 뭔지 알 것 같다. 그런데 내 운명을 어떻게 봐야 할지 그걸 모르겠다. 인터넷 만세력에서 생년월일시를 넣고 사주를 뽑았다. 대운도 알았다. 그다음이 문제다. 뭘 어떻게 봐야 하는지 방법을 모르겠다."
이제 책의 내용을 어느 정도 파악하고는 있지만, 그 내용을 사주에 어떻게 적용하는지 궁금해하는 독자를 위해 명식에 접근하는 단계를 소개하겠다. 스티브 잡스를 통해 운명방정식을 푸는 해법을 터득하기 바란다.

명식, 이렇게 풀어라!

스티브 잡스, 빛의 세계에서 빛을 발한 운명

애플의 창업자이자 제품 개발자, 성공한 기업가, 세상을 바꿔놓은 천재, 기술에 예술의 향기를 불어넣은 아티스트 등 스티브 잡스를 설명하는 수식어는 무척 많다.

명식에 다가갈 때는 한 사람을 둘러싸고 떠도는 세상의 평가는 잠시 내려놓아야 한다. 권세를 가진 유명인이건 갈 곳이 없는 노숙자건 명식의 무게는 똑 같다. 냉정한 시선으로 명식을 대해야 한다. 스티브 잡스는 왜 전기와 전자 쪽에서 두각을 나타냈던 것일까? 사주를 처음 접하는 사람을 기준으로 설명할 것이다.

1955년 2월 24일 저녁에 출생한 스티브 잡스의 명식[41]이다.

```
시  일  월  연
丁  丙  戊  乙
酉  辰  寅  未

火  火  土  木
金  土  木  土

비겁  일간  식상  인성
재성  식상  인성  식상
```

대운

```
壬  癸  甲  乙  丙  丁
申  酉  戌  亥  子  丑

수  수  목  목  화  화
금  금  토  수  수  토
57  47  37  27  17  07
```

41 스티브 잡스는 유시에서 술시로 바뀌는 경계 지점에 출생했다. 이 책에서는 생시를 유시로 잡았다. 술시보다 유시의 기운을 더 많이 호흡한 것으로 판단했기 때문이다.

운명방정식, 이렇게 푼다

먼저 타고난 생년월일시를 만세력에서 찾아 사주(네 기둥)와 팔자(여덟 가지 요소)를 세워야 한다. 그것을 오행으로 바꾸고 일간을 중심으로 육친을 적는다. 남자가 음의 해에 났으니 대운은 역행한다. 여기까지 되면 기본 준비는 끝났다.

지금부터 운명을 분석하는 방법을 단계별로 살펴보자.

1. 음과 양의 비율을 가늠한다

제일 먼저 할 것은 사주의 여덟 가지 요소를 따져보며 음양의 무게를 파악하는 것이다. 운명분석에서 제일 중요한 것이 바로 이것이다. 사주를 구성하는 각 요소를 음과 양으로 균형을 맞춰보는 것이다. 사주에서 음과 양을 저울질해 중화를 이루었는지 아닌지를 판단한다.

중화는 수축과 팽창이 평형을 이룬 상태를 의미한다.

오행에서 수축하는 힘은 金水로 표현되고 팽창하는 기운은 木火로 나타난다. 음양의 잣대로 판단할 때 이 사주는 무게 중심이 어느 쪽으로 기울까?

사주를 분석할 때는 천간보다 지지를 중시한다. 시기(timing)보다는 입지(positioning)에 비중을 더 두는 것이다. 지지 중에서는 월지의 영향이 가장 크다. 월지를 지배하는 오행을 눈여겨 봐야 한다.

잡스의 명식에서 목화와 금수를 따져보자.

```
시   일   월   연
火   火   土   木
金   土   木   土
```

(연간, 월지, 일간, 시간) : (시지)의 비율로 목화가 월등히 많다.

木火가 우세하다는 것은 팽창하는 힘이 수축하는 기운보다 강하다는 말이다. 풍선으로 치면 부풀어 있다. 중화를 이루려면 金水가 필요하다. 이제 목화와 금수를 나누어 수와 화, 금과 목의 관계를 살펴보자. 수와 화의 균형은 완전히 깨져있다. 화는 강하지만 수는 부족하다. 진토 속에 깃든 계수만 발견될 뿐 드러난 수는 없다. 금과 목의 조화도 어긋나 있다. 월지를 차지한 녹에 비하면 시지에 있는 금은 위태롭기만 하다. 金水가 필요해 보인다.

土는 어떨까? 잡스의 명식은 토가 너무 많다. 연지와 월간에 건조한 미토와 무토가 있고 일지에도 토[42]가 있다. 토를 처리하기 위해서는 금이 절대적으로 필요하다.

2. 육친을 살핀다

육친은 일간을 기준으로 정하는 것이니 일간을 제외한 일곱 곳에 표시하면 된다. 육친을 따져보면 한 인간의 심리 상태와 인간관계, 그가 일으키는 사회적 파장까지 알 수 있다. 일간을 둘러싼 환경을 속속

---

42 일지의 진토는 습한 흙이라 문제될 것은 없다. 월지의 인목에 힘을 실어주고 있다.

들이 이해할 수 있다.

  비겁 일간 식상 인성
  재성 식상 인성 식상

 육친을 보니 일간을 상생하는 인성이 둘, 일간의 정체성을 강화시키는 비겁이 하나, 일간의 능력을 뽐내는 식상은 셋이나 된다. 또 일간이 상극하는 재성이 하나 있고 일간을 제어할 관성 水는 보이지 않는다.
 잡스의 운명을 이해하려면 식상을 따져보는 것이 좋다.
 식상은 개인적 기질에서 나오는 개성과 재능이다. 창조적 발상을 하기 때문에 주관도 뚜렷하다. 속마음을 드러내 주변과의 소통도 돕고 일간의 경제 활동도 보장해주는 고마운 육친이다.
 문제는 이 식상이 너무 많다는 거다. 더욱 걱정스러운 것은 그 식상이 토라는 사실이다. 잡스는 토를 빼낼 재성 금이 부족하다. 수 관성은 아예 없다. 이렇게 되면 관성의 통제도 받지 않은 일간은 명식의 균형이 흐트러지는 줄도 모르고 식상으로만 나아간다. 자신의 생체 에너지가 바닥나는 줄도 모르고 일에만 매달리는 일 중독자가 되고 만다.

3. 일간을 탐색한다

 잡스의 일간은 병화다. 병화는 최대로 발산하는 태양의 빛, 순식간에 사방으로 퍼져나가는 에너지이다. 넓은 곳에 골고루 퍼져나가 세상 만물을 명확하게 드러낸다. 이치에 밝고 솔직해서 무엇을 숨길 수 없다 병화가 일간인 사람들은 자신의 힘으로 세상을 밝히고 싶은 포부가 있다.

병화 일간은 잠시도 멈추지 않고 앞으로만 나간다. 행동하기 전에 따지는 성격이 못된다. 감당할 수 없는 일도 시작하고 본다. 자신의 내부에서 끓어오르는 열정을 곧이곧대로 구현하려 한다.

잡스 명식에 병화만 나와 있었다면 업무에서의 치밀함을 설명할 수 없다. 병화는 일을 벌이기는 하지만 마무리까지 깨끗하게 하기는 어렵다. 이런 부족함을 시간을 차지한 정화가 해결한다. 팽창하는 것에만 관심을 쏟는 병화를 대신해 섬세한 정화가 미세한 영역을 속속들이 비추며 꼼꼼하게 살림을 챙기는 셋이다.

병화가 밖으로 시선을 향하는 동안 정화는 안에서 정교한 작업을 지속적으로 이어간다. 스티브 잡스가 쉬지 않고 혁신적 상품을 만들어 낼 수 있었던 것은 명식에 정화가 있었기에 가능했을 것이다. 그것도 일간 옆에 바짝 붙어서 말이다.

4. 부족한 오행이 무엇인지 판단한다

사주공부를 해본 사람은 용신이라는 말을 들어 보았을 것이다. 이 용신을 운의 좋고 나쁨을 따지는 길흉의 판단으로만 받아들이는 경향이 있는데 그건 좀 문제가 있다. 용신은 사주에서 꼭 필요로 하는 오행이다. 명식에서 음양의 균형을 맞추려면 있어야 하는 오행이지만 아쉽게도 아예 없거나 혹 있다 하더라도 부족한 경우, 사주의 순환을 책임지는 오행이 용신이 된다. 따지고 보면 용신도 음양의 조화, 음양의 균형과 다르지 않다. 그래서 사주를 분석할 때는 따로 용신을 찾으려 하지 말고 음양의 균형을 잘 살피면 된다.

목화는 팽창하고 금수는 수축한다. 줄이면 화와 수가 된다. 복잡다단한 변화가 일어나는 이 세상도 단순하게 보면 수와 화가 변화를 일으키며 돌고 도는 것에 불과하다.

1) 水와 火의 관계

이 명식은 火는 충분하고 水는 부족하다. 특히 일간이 火인 점을 고려하면 그 일간을 다스릴 관성 水가 없다는 점이 무척 아쉽다.

관성은 자신을 객관적으로 볼 수 있는 시선이다. 일간이 발동하는 의욕이나 욕망을 제어할 수 있는 힘이다. 잡스의 사주에 水가 있었다면 자신의 몸도 챙겨가며 일을 했을 것이다. 열정에 휘둘려 끝없이 자신을 몰아세우지는 않았을 것이다. 그에게 水가 있었다면 자신의 에너지를 조절하면서 좀 더 오래 활동할 수 있었을 것이다.

2) 金과 木의 관계

水와 火의 조화를 따지고 나면 金과 木의 균형도 챙겨야 한다. 큰 기준에서 작은 기준으로 다시 저울질해 보는 것이다. 잡스의 명식에서 금은 절실히 필요하고 목은 더 필요치 않다. 금이 요청되는 것은 부담스런 토를 처리하기 위해서다.

여기서 인성인 木의 상태를 살펴보는 것이 좋겠다.

목은 연간과 월지, 두 곳에 있다. 그런데 목을 상생해주는 水가 부실하다. 진토 속에 깃든 계수에 의지해 일간에게 힘을 실어주고는 있지만 목의 입장에서는 삶이 고단할 수밖에 없다. 잡스에게 水는 일간을 다스리기 위해서도 있어야 하지만 인성을 북돋우기 위해서도 꼭 필요한 오행이다.

3) 용신(구세주 오행)은 金과 水

잡스의 명식이 균형을 이루려면 金과 水가 있어야 한다. 용신이라는 과정을 만들어 설명했지만 결론은 음과 양의 균형으로 돌아왔다.

대운을 적용하다

명식을 살피고 나면 대운을 대입한다.

잡스의 대운이다.

대운

壬	癸	甲	乙	丙	丁
申	酉	戌	亥	子	丑

수	수	목	목	화	화
금	금	토	수	수	토
57	47	37	27	17	07

7세부터 시작하고 역행한다. 정축 병자 을해의 겨울대운을 거쳐 갑술 계유 임신의 가을대운을 향해 달린다. 대운이 수축하는 기운으로 이어져 일간이 바라고 기대하는 것들을 성취해나갈 수 있다.

대운진입 전

1955년 2월 24일 저녁, 샌프란시스코에서 사내아이가 태어났다. 부모가 아이를 키울 수 없는 처지여서 아이는 태어나자마자 입양되었다. 명식을 보면 연간에도 인성이 있고 월지에도 인성이 있다. 인성이 분산돼 있어 낳아주는 부모와 길러주는 부모가 달랐다고 해석할 수 있다.

30년간 이어지는 정축 병자 을해의 겨울대운

부족한 수를 해결할 수 있는 겨울대운이 이어진다. 일간 병화가 자신의 재능을 분출할 수 있는 식상 토로 마음껏 나아간다. 겨울대운 중 정축에는 자신이 나아갈 길을 정했고 병자와 을해에는 사업을 벌이고 큰 성공을 거둔다.

丁丑대운 (겨울의 끝) : 7~16세 (1962~1971)

겨울대운이 시작되었다. 명식에도 토(식상)가 적지 않은데 처음 만난 대운에도 토가 있다. 사주에 식상이 많은 사람이 식상대운을 만났으니 가만히 있을 수가 없다.

이 시기에 잡스는 전기 콘센트를 건드려 응급차가 출동하게 만들고 바퀴벌레 약을 삼켜 부모를 놀라게 한다. 학교에서도 교사가 시키는 대로 차분하게 학습을 따라가는 것보다는 스스로 이것저것 시도해보려 한다. 눈에 보이는 것들을 그냥 두고 넘어갈 수가 없는 것이다. 집 안에 있는 물건이란 물건은 모두 분해해 고장을 내고 이웃집 차고에까지 가서 부품과 기계를 관찰한다. 그러면서 전기와 전자에 관심을 가지게 되었고 열여섯 살 되던 해에 친구의 소개로 스티브 워즈니악을 만난다. 둘은 의기투합해 주파수 계수기를 만들고 잡스는 제품 판매에 뛰어들었다.

대운의 천간에 火가 있으니 일간의 마음도 전기, 전자 쪽으로 기울었을 것이다. 정축대운은 앞으로 자신이 무엇을 하면 좋을지 방향을 잡아가는 시기다.

丙子대운 (겨울의 한복판) : 17~26세 (1972~1981)

천간에는 일간과 같은 병화가 있고 지지에는 토를 적실 수 있는 넉넉한 자수가 왔다. 대운 천간의 병화는 자신과 뜻을 같이하는 동료, 죽이 잘 맞는 사업 파트너로 볼 수 있다. 함께 일을 도모하며 거침없이 세상으로 나아간다.

리드대학교에 입학했으나 한 학기만 끝내고 학교를 떠난다. 이후 비디오 게임회사에 들어가 실력을 인정받는다. 그러다 덩치는 크고 기능은 복잡한 컴퓨터를 대체할 수 있는 소형 컴퓨터를 만들겠다는 생각으로 1976년 21세에 워즈니악과 함께 컴퓨터 사업(애플컴퓨터)을 시작한다. 투자자도 끌어들이고 전문 경영인도 영입하면서 회사는 설립 4년 만에 폭발적으로 성장하고 잡스는 25세에 2억2천만 달러를 거머쥔 거부가 되었다.

여기서 잡스는 사주에 목이 있고 수가 부족하니 수가 들어오는 대운에는 관인상생이 일어나 학교를 다니는 게 맞지 않을까, 하는 의문을 품는 독자도 있을 것이다. 합당한 지적이다.

잡스의 경우는 관성이 명식에 없다 보니 대운에서 관성이 오면 관인상생의 흐름보다는 식상생재, 재생관의 마음이 요동친다. 즉 일간의 능력을 발휘하는 토 식상이 금 재성을 향한다. 재성은 다시 수 관성으로 이어지고 관성은 또 목 인성으로 이어지는 흐름을 타는 것이다.

잡스의 사주는 기존의 조직이나 윗사람의 가르침에 기대어 자신의 길을 찾는 유형이 아니라 자기 스스로 좌충우돌하며 길을 개척해나가는 스타일이다. 그래도 일간 병화가 기대하는 것들을 잘 펼쳐낼 수 있었던 것은 겨울대운이 받치고 있었기 때문이다.

乙亥대운 (겨울의 초입) : 27~36세 (1982~1991)

인성이 들어있는 겨울대운이다. 일간을 지원해주는 든든한 후원세력이 마련된 셈이니 병화는 활동반경을 더욱 넓혀나간다. 새로운 영역에 대한 호기심이 발동하고 위험을 무릅쓰고 일을 벌인다.

이 시기에 잡스는 애플의 이사회와 힘겨루기를 하다 업무에 대한 지휘권도 뺏기고 회사의 경영권까지 내놓게 된다. 그가 만들고 팽창시킨 회사에서 창업자인 그가 쫓겨나는 일이 발생했다. 수가 부족한 사람이 수 대운을 통과하는 순조로운 때에 왜 이런 일이 생겼을까?

그가 애플에서 퇴출된 사건은 따져볼 필요가 있다. 유념할 것은 나쁜 시기에 발생한 일이 아니니 결과가 그에게 불리하게 작용하지는 않는다는 것이다. 대운을 고려해 생각해보자.

잡스의 일간은 병화다. 대운의 정화와 병화는 육친으로 따지면 비겁이다. 정축대운에는 자신이 평생에 걸쳐 매진할 일을 발견했고 뛰어난 실력을 가진 진十를 만났다. 병지대운에는 그 능력자와 함께 사업을 벌였다. 정축대운의 정화와 병자대운의 병화가 잡스에게는 힘을 실어주는 동료이자 뜻을 같이 하는 집단이나 조직이었다. 그는 수가 들어온 겨울대운 중에 그들과 함께 많은 업적을 이루었다.

같은 겨울대운이지만 을해대운은 천간에 火 비겁 대신 木 인성이 왔다. 이렇게 되면 일간은 자기 주도적으로 일을 하고 싶어진다. 자기 생각에 대한 자신감도 있고 확신도 강해지는 시기라 일을 처리할 때 자기 계획대로 밀어붙인다. 그러다보면 사람들과 자주 마찰을 빚고 불협화음을 일으켜 조직에서 내몰릴 수 있다. 자신이 구축한 일터에서 내쫓겨 위치도 흔들리고 황폐한 시간을 보낼 수 있다. 그러나 그 여파가 오래 가지는 않는다. 흥미로운 점은 그다음이다.

겨울대운 중에서도 천간에 탄탄한 인성이 들어있는 을해대운이다 보니 비겁의 도움 없이 일간 혼자서 일을 벌이고 새로운 사업에도 뛰어든다. 그를 쫓아낸 사람들 덕에 그는 오히려 자신의 좌표를 더욱 다양하게 그릴 수 있게 되었다. 水가 작동하는 대운이라 잠시나마 훼방꾼 역할을 했던 비겁도 결국 일간의 가치를 높여주는 활력소가 되었다.

을해대운은 잡스의 신변에 많은 변화가 일어났다. 새 컴퓨터회사, 넥스트를 세웠고 그래픽 작업용 컴퓨터를 만들던 픽사를 사들였다. 결혼을 하고 자식도 낳았다.

30년간 이어지는 갑술 계유 임신의 가을대운

겨울대운 30년 동안 일간 병화는 자신에게 부족한 원기를 충분히 공급받을 수 있었다. 그래서 세상을 향해 자신의 빛을 거침없이 내뿜었다. 火土가 많아 金水가 필요한 사람이 수대운을 만났으니 당연한 일이다. 끓어오르는 열정만큼 아이디어도 넘쳐 무슨 일이든 두려워하지 않고 시작할 수 있었다. 이 水는 운에서 제공해주는 것이다. 명식에 들어있는 요소가 아니다 보니 운이 지나가면 다시 에너지의 고갈을 느낄 수 있다.

수의 계절을 보내고 금의 계절, 가을대운이 왔다. 일간(병화)의 활동(토 식상)이 결실(금 재성)로 이어진다. 일간은 지금까지 없었던 제품, 그 누구도 생각해내지 못했던 혁신적인 기술을 세상에 선보이고 사람들은 그런 일간의 업적을 칭송하고 일간을 떠받든다. 화는 토를 향하고 토는 금을 기대하며 끝없이 나아간다.

그러나 재성 金이 나아갈 水가 부족하다. 계유대운, 임신대운의 계수와 임수는 이 문제를 해결할 수 없다. 이렇게 되면 금이 토와 뒤엉겨 버린다. 잡스의 경우는 금이 수로 순조롭게 나아갈 수 없으면, 즉 수를 확보하지 못하면 육신에도 문제가 생긴다. 수 관성이 작동하지 않으니 자신의 기력이 바닥난 줄도 모르고 계속 일간의 역량을 발휘하는 식상에만 매진하기 때문이다. 사업을 몰아치면 몰아칠수록 자신의 생명선은 하강곡선을 그린다.

가을대운에 잡스는 많은 일을 벌였다.

갑술대운(1992~2001)에는 애니메이션 〈토이 스토리〉를 제작했고 애플로 복귀해 모니터와 본체가 하나로 결합된 아이맥을 만들었다. 또 컴퓨터를 통해 음악 파일을 구매하고 관리할 수 있는 아이튠스와 아이팟을 내놓았다.

계유대운(2002~2011)에는 아이팟과 컴퓨터와 휴대전화가 결합된 아이폰을 선보였고 태블릿 컴퓨터 아이패드도 만들었다. 이제 사람들은 빛의 화신, 빛의 달인, 빛의 지배자인 스티브 잡스가 꿈꾼 대로 언제 어디서나 아이폰과 아이패드를 이용해 소식을 주고받고 생각을 공유하며 흥미로운 일상을 이어가고 있다. 그러나 명식에 수가 약해 금이 수로 나아가지 못했던 잡스는 계유대운이 끝나는 2011년에 세상을 떠났다.

스티브 잡스 사주의 특유성

전자 기기에 매료된 이유

　잡스의 명식은 화가 강하다. 인식의 주체인 일간도 병화고 시간도 정화가 나와 있다. 더욱이 수를 제공해주는 겨울대운도 천간은 정화와 병화가 차지했다. 빛을 사용해 세상을 바꾸고 싶은 그의 열망을 이해해볼 수 있다.

식습관

　잡스는 중학교 때부터 채식을 했고 췌장암 판정을 받고도 육류를 섭취하지 않았다. 육류는 오행으로 따지면 金에 속한다. 金水와 木火의 균형에서 판단한다면 그가 육식을 거부한 것은 대단히 잘못된 결정이다. 금이 많은 사람은 동물성 단백질을 먹지 않아도 잡스처럼 몸에서 불균형이 일어나지는 않는다. 그는 금수의 기운이 꼭 필요한 사람이다.
　다만 이런 생각은 해볼 수 있다. 잡스가 병원과 의사를 불신하고 육식을 거부했던 이유는 사주에 금수가 약하다 보니 그런 기운 자체를 낯설어할 수는 있다는 것이다. 밭(토)에서 나는 채소·과일·견과류(목)만 먹고도 충분히 활동할 수 있다고 믿었을 것이다.

에너지의 소진

　잡스의 일간은 병화다. 병화는 자신의 기력이 소진될 때까지 끝없이 나아가는 속성이 있다. 끓어오르는 열정만큼 아이디어도 넘쳐 무슨 일이든 두려워하지 않고 시작하는 유형이다. 에너지가 부족하다고 멈추어 쉬거나 머뭇거리지 않는다.

비가 귀한 지역에서는 어쩌다 찾아든 빗물을 그냥 흘려보내지 않고 요긴하게 사용할 것이다. 중요한 것은 이 물을 어떤 방법으로 소비하는가이다. 물론 다시 비가 내릴 날을 기대하며 조금씩 아껴 쓰겠지만 그래도 최후의 순간을 대비해 빗물을 아주 조금은 남겨 놓아야 한다. 물탱크의 바닥이 완전히 드러날 정도로 물을 없애면 안 된다.

잡스의 경우도 마찬가지다.

겨울대운에서 왕성한 활동을 하며 많은 것을 이루었다. 가을대운에서는 한 박자 쉬며 활동의 폭을 조절할 필요가 있다. 겨울대운처럼 다시 달려가기만 하면 생체에너지의 고갈이 일어난다. 일간 병화가 자신의 잠재력인 식상(토)을 발휘하면 발휘할수록 금수의 균형을 회복하지 못한 육신은 무너져 내리는 것이다.

스티브 잡스의 명식을 분석하면서 대운까지 적용해 설명한 데에는 이유가 있다. 독자 스스로 자기 운명을 탐구해보라는 것이다. 오행을 알고 60갑자를 이해하고 육친을 꼼꼼히 탐색한 후에 자신의 명식에 차근차근 다가가기를 기대한다.

사주팔자를 탐구하고 운명을 예측하는 것에 관심이 있는 독자는 〈쓰는 운명, 이상 김수영〉, 〈스타를 만드는 운명, 이수만 양현석 박진영〉 등의 사주명리 활용서를 참고하기 바란다.

글 뒤에

당신이라는 독자에게!

운명탐구의 여정을 끝내야 할 때입니다.

2개의 문장부호가 만나는 순간입니다.

이제 저희는 독자를 향해 조심스레 마침표 하나를 내려놓을 것입니다. 그 마침표를 건네받은 독자는 당연히 쉼표로 바꾸어야겠지요. 그리고는 당신이라는 텍스트, 당신의 운명이라는 그 텍스트를 본격적으로 읽어나가겠지요.

독자는 무언가를 더 찾아내는 사람입니다. 글쓴이가 미처 파악하지 못한 갖가지 요소들을 세밀하게 감지하는 사람이지요. 책에 들어가지 못한 것, 함께 따라오지 못한 의미를 글쓴이보다 더 정확하게 포착해내는 텍스트의 발견자입니다. 그래서 글을 쓴 사람보다 언제나 몇 걸음 더 앞서가는 사람입니다.

마침표를 쉼표로 이어받은 당신에게 묻겠습니다.

책을 다 읽은 지금, 당신에 대해 아니 당신의 운명에 대해 어떤 생각이 드시는지요? 부디 자신(自身)을 다 파악했다고, 그래서 사는 일에 자신(自信)이 생겼다고 얘기하는 당신이 아니기를 바랍니다.

알면 조심스러워집니다. 쉽게 정의할 수 없게 되고 더 고민하게 됩니다. 내가 아는 건 아주 조금이고 그래서 앞으로 더 많이 탐구해야겠다는 다짐을 하게 되는 것. 어쩌면 그것이 무언가를 아는 사람의 자세일 겁니다. 운명도 마찬가지입니다.

이 글을 읽는 당신은 책을 처음 펼칠 때의 당신이 아니지요. 그때와는 사뭇 달라진 당신입니다. 음양오행이 무엇인지, 운명이 무엇인지 어렴풋하게나마 알게 된 사람입니다. 운명을 안다고 패배가 없고 좌절이 사라지는 건 아닙니다. 그러나 그 어떤 순간에도 운명에서 뽑아낸 재료로 최선의 판단을 할 수 있습니다.

독자 여러분, 지루하고 따분한 일상, 슬프고 답답한 상황에서도 매 순간 당신 안에서 반짝거리고 있는 운명의 조각들을 읽어내기 바랍니다. 운명이 건네는 진실한 욕망과 대면하기를 기원합니다.

고맙습니다.

운명의 발견
사주명리로 만나는 스티브 잡스의 모든 것

© 임성민, 정문교 2016

발행일 2016년 4월 15일 초판 발행 | **지은이** 임성민 정문교

펴낸 곳 봄꽃 여름숲 가을열매 겨울뿌리 | **등록** 2015년 6월 16일 제 2015-00189호

주소 서울시 마포구 월드컵북로 31길 26, 301호 | **대표전화** 02-308-2461

팩스 0505-312-3116 | **블로그** blog.naver.com/seasonsinthelife

이메일 seasonsinthelife@naver.com

ISBN 979-11-955785-0-4(03100)

이 책의 저작권은 저자에게 있으며 저작권법에 따라 보호를 받는 저작물이므로 무단전재와 복제를 금합니다. 정가는 뒤표지에 있습니다. 잘못된 책은 구입하신 곳에서 교환해 드립니다.

이 도서의 국립중앙도서관 출판예정도서목록(CIP)은 서지정보유통지원시스템 홈페이지 (http://seoji.nl.go.kr)와 국가자료공동목록시스템(http://seoji.nl.go.kr/kolisnet)에서 이용하실 수 있습니다. (CIP 제어번호 : CIP2016008381)